THOMAS-MANN-STUDIEN

ACHTUNDVIERZIGSTER BAND

THOMAS-MANN-STUDIEN

HERAUSGEGEBEN VOM THOMAS-MANN-ARCHIV
DER EIDGENÖSSISCHEN TECHNISCHEN HOCHSCHULE
IN ZÜRICH

ACHTUNDVIERZIGSTER BAND

VITTORIO KLOSTERMANN · FRANKFURT AM MAIN

THOMAS MANN ALS ESSAYIST

INTERNATIONALES FORSCHUNGSKOLLOQUIUM
MESSINA 2012

HERAUSGEGEBEN VON JUTTA LINDER
UND THOMAS SPRECHER

VITTORIO KLOSTERMANN · FRANKFURT AM MAIN

Bibliographische Information der Deutschen Nationalbibliothek

Die Deutsche Nationalbibliothek verzeichnet diese Publikation in der Deutschen Nationalbibliographie; detaillierte bibliographische Daten sind im Internet über *http://dnb.dnb.de* abrufbar.

Gedruckt auf Alster Werkdruck der Firma Geese, Hamburg,
alterungsbeständig ISO 9706 und PEFC-zertifiziert.
Satz: Mirjam Loch, Frankfurt am Main
Druck: Wilhelm & Adam, Heusenstamm
Bindung: Litges & Dopf, Heppenheim
Printed in Germany
ISSN 0563-4822
ISBN 978-3-465-03857-3

INHALT

Vorbemerkung

Überaus reich, so weiß man seit jeher, ist neben dem dichterischen Schaffen Thomas Manns auch seine essayistische Produktion gewesen. Welches Ausmaß sie aber letzten Endes hatte, dies zeigt sich eigentlich erst in unseren Tagen, und zwar angesichts des Fortschreitens der *Großen kommentierten Frankfurter Ausgabe*. Kontinuierlich werden von dieser Edition, die mit der Abteilung Essays mittlerweile – zuzüglich der Bände der *Betrachtungen eines Unpolitischen* – auf halber Strecke angelangt ist, dem Bisherigen noch Texte hinzugefügt, die kaum oder gar nicht bekannt, ja manchmal sogar unveröffentlicht geblieben waren. Um Kleinwerk handelt es sich dabei größtenteils, was jedoch insgesamt auch zu Überraschungen führen kann, wie es beispielsweise bei dem Zuwachs an politischen Wortmeldungen nach 1945 der Fall ist. Mit einem Wort, das Thema „Thomas Mann als Essayist" ist heute wieder hochaktuell.

Diesen Tatbestand zu unterstreichen, hat sich das Messineser Projekt – das Internationale Forschungskolloquium, das von der Universität Messina (Lehrstuhl für Deutsche Literatur der Philosophischen Fakultät) in Zusammenarbeit mit dem Thomas-Mann-Archiv der ETH Zürich vom 19. zum 20. April 2012 veranstaltet worden ist – zur Aufgabe gemacht in Form eines repräsentativen Querschnitts durch die Mannsche Essayistik, der mit Hilfe von zehn auf diverseste Aspekte gerichteten Beiträgen zu ziehen war. Voranzuschicken als Auftakt zu dem Unternehmen war dabei die Behandlung der Gattungsfrage, das System mußte erstellt werden, nach dem sich inhaltlich wie formal die Handhabung des Genres in unserem speziellen Fall erschließen läßt (Thomas Sprecher, Zürich/Fribourg). Zu beleuchten galt es in der Folge den imposanten Großkomplex der Dichterporträts, der mit seiner identifikatorischen Komponente eine so ganz eigene Rolle in der Essayistik Manns gespielt hat (Helmut Koopmann, Augsburg). Vorzuführen waren ferner soziologische Überlegungen, wie sie der Schriftsteller in Verbindung mit ästhetischen Fragen im Rahmen der Antisemitismus-Debatte anstellte (Fabrizio Cambi, Rom/Trient). Auch Grundfragen der Ästhetik, so die Diskussion um Kritizismus und Dichtung, als welche sie sich an der Auseinandersetzung mit den russischen Nachbarn entzündet hatte, mußten zur Sprache gebracht werden (Margherita Cottone, Palermo). Ein Modell schließlich der Porträtkunst, die den Schriftsteller so charakterisiert hat, war zu erläutern, was dann mit dem schönen Exempel Chamisso geschah, das allgemein viel zu selten zum Zuge kommt (Volkmar Hansen, Düsseldorf). Weiterhin galt es, den Bogen der Einzelbeschäftigungen zu umreißen, wozu als Kardinalpunkt auf dem Sektor Musik die Mannsche Wagner-Rezeption in ihrem Auf und Ab zur Erörterung stand (Hans Wißkirchen, Lübeck). Das Verhältnis zur Psychoanalyse und zur Mythologie durfte nicht fehlen, so ist die Aufnahme Freuds zusammen mit der Annäherung an Jung zu einem eigenen Thema gemacht worden (Massimo Bonifazio, Catania). Und zum Thema gemacht wurde gleichfalls die – überhaupt in der Diskussion so präsente – Nietzsche-Debatte, dabei zunächst einmal auf ihre Evolution hin, die sie für Mann in seiner mittleren Zeit genommen hatte (Gianluca Miglino, Messina). Dann aber auch, wie sie sich in späteren Tagen, nämlich in der Nachkriegsepoche zeigte, und dies eingeordnet in die politische Großabrechnung mit Hitlerdeutschland in den Jahren des *Faustus* (Ruprecht Wimmer, Eichstätt/Ingolstadt). Erforderlich war schließlich, indem das Kolloquium beim Politischen angelangt war, eine Berücksichtigung der Mannschen Initiativen in ihrem pragmatischsten Teil, der denn auch von den Radiosendungen im Zweiten Weltkrieg gebildet wurde (Jutta Linder, Messina).

Veröffentlicht werden die Akten des Kolloquiums im vorliegenden Band der Thomas-Mann-Studien in der Reihenfolge, die für die Vorträge selbst seinerzeit gegolten hat. Da sie schon damals, und zwar ausnahmslos, auf Deutsch gefaßt worden waren, hatte man angesichts des großen einheimischen Publikums es für nützlich gehalten, betreffende Abstracts auf Italienisch auszulegen; geschlossen werden sie insgesamt im Anhang in dieser Sprache gebracht. Italienisch waren gleichfalls die Grußworte, die von institutioneller Seite – dem Dekan der Philosophischen Fakultät (Vincenzo Fera), der Direktorin des neuphilologischen Fachbereichs (Rosa Maria Palermo), dem Lehrstuhl für Deutsche Literatur (Jutta Linder), der Leitung des Thomas Mann-Archivs (Thomas Sprecher als *past director*) – die Tagung eröffneten.

Die Tagung wurde in der Aula Magna sowie der Aula Cannizzaro des Rektorats der Universität durchgeführt und von Jutta Linder geleitet. Die Moderation der drei jeweils halbtägigen Arbeitssektionen übernahmen sukzessive Volkmar Hansen, Fabrizio Cambi und Helmut Koopmann. Ausflüge führten die Referenten nach Taormina (Teatro greco romano, Naumachie) und Catania (Monastero dei Benedettini di San Nicolò).

Herzlich gedankt sei den Institutionen, die das Messineser Forschungsvorhaben unterstützt und somit ermöglicht haben: der Università degli Studi di Messina, dem Thomas-Mann-Archiv der ETH Zürich, der Ambasciata della Repubblica Federale di Germania Roma, dem Istituto Svizzero Roma, dem Goethe-Institut Palermo, der Accademia Peloritana dei Pericolanti Messina.

Messina/Zürich, April 2014 Die Herausgeber

Vincenzo Fera

Grußwort

È con grande gioia che accolgo qui questa mattina, anche a nome del Magnifico Rettore, gli illustri ospiti che dalla Germania, dalla Svizzera e dall'Italia si sono dati appuntamento a Messina per un importante e impegnativo incontro su „Thomas Mann saggista". Il Colloquio è stato promosso dal „Dipartimento di Lingue, Letterature e Culture straniere", che opera nell'ambito della Facoltà di Lettere ed è diretto dalla collega Rosa Maria Palermo: un Dipartimento caratterizzato dalla presenza di numerosi giovani ricercatori, che arricchiscono la Facoltà di nuova linfa progettuale. Nato sotto l'egida dell'Università e con la collaborazione dell'Archivio Thomas Mann di Zurigo, l'incontro è stato pure sostenuto dall'Accademia Peloritana dei Pericolanti, dall'Ambasciata della Repubblica Federale di Germania in Roma, dall'Istituto Svizzero di Roma e dal Goethe-Institut di Palermo.

La qualità degli interventi che si preannuncia dal nutrito programma lascia presagire che il Colloquio si tradurrà in un volume di grande spessore metodologico e critico. Un vero evento, al quale concorrono in modo decisivo le istituzioni svizzere e tedesche che rappresentano nel mondo la linea di frontiera più avanzata sul piano scientifico per gli studi su Thomas Mann.

Una simile operazione sarebbe stata impensabile a Messina senza lo straordinario impegno che per l'affermazione dei valori letterari tedeschi ha profuso in questi anni la prof. Jutta Linder, sollecitando la ricerca d'archivio e lo studio dei manoscritti: il nostro convegno è stato da lei preparato con lungo amore, e con lungimiranti obiettivi. Jutta è arrivata a Messina nel 1998, impiantando nel corso di laurea in Lingue la sua strategia di lavoro orientata su due grandi linee: la prima con varie pregnanti ramificazioni si addentra nella biografia e nell'opera di Goethe, la seconda percorre itinerari letterari e storico-culturali relativi a Thomas Mann. Tra i punti più significativi della ricerca, per la convergenza di innumerevoli piani, è anzi proprio il rapporto stretto che Jutta riesce a stabilire tra Goethe e Mann, individuando influenze e peculiarità, chiarendo la presenza positiva di un vero e proprio modello goethiano. La studiosa inoltre si è impegnata ad ancorare la prospettiva letteraria tedesca agli interessi del territorio in cui è stata chiamata a professare il suo insegnamento: mi piace ricordare uno dei suoi più interessanti saggi che porta alla ribalta la nostra isola, pubblicato nel Goethe-Jahrbuch del 2003, con il titolo *Totes und Lebendiges. Zu Goethes Begegnung mit der griechischen Antike in Sizilien.*

Messina, con i suoi docenti e con i suoi studenti, partecipa quindi a pieno titolo alla ricostruzione dell'opera letteraria di Thomas Mann, alla ricerca di nuove prospettive critiche nell'approccio a un gigante della letteratura del Novecento, alla stessa illustrazione della biografia, ancora per tanti versi difficile da interpretare.

Auguro al Colloquio il pieno successo nei due giorni della sua realizzazione, sicuro come sono che avrà un grande impatto nel mondo degli studi.

Vincenzo Fera war von 2004 bis 2012 Dekan der Facoltà di Lettere e Filosofia dell'Università degli Studi di Messina.

Thomas Sprecher

Grußwort

Magnifico Rettore, Egregio Signor Preside, Pregiatissima Direttrice, Gentili Signore e Signori,

quando Goethe lasciò la Germania, dove andò? In Italia. Quando Thomas Mann lasciò la Germania, dove andò? In Italia. La gente dei paesi nordici di oggi, perciò, si muove su orme fidate quando viene in Italia.

Da parecchio Thomas Mann è, in questo, un trait d'union ben sperimentato.

La ricerca manniana è da molto tempo una ricerca di carattere internazionale, e giustamente anche gli specialisti italiani forniscono in questa direzione un contributo di grande rilievo. L'opera di Thomas Mann viene nuovamente tradotta e commentata. Già varie volte si sono tenuti importanti convegni in Italia: a Roma, Ravenna, Pisa e Pavia. Mi rallegro molto perciò del fatto che ora una conferenza internazionale si svolga anche in Sicilia.

Quasi sempre in tali congressi si discute dell'opera narrativa di Thomas Mann, dei suoi romanzi. Nel nostro caso ci occuperemo della sua saggistica. Proprio per il fatto che si tratta di un argomento rimasto finora piuttosto in ombra, questo incontro promette di essere estremamente eccitante.

Sul programma troviamo scritto: „Università degli Studi di Messina in collaborazione con il Thomas-Mann-Archiv“. Ma, in effetti, è stata la professoressa Jutta Linder a fare praticamente tutto il lavoro di preparazione. Il mio contributo è stato semplicemente quello di non mettere ostacoli al suo entusiasmo. Vorrei perciò ringraziarla vivamente. Così come vorrei ringraziare Lei, Magnifico Rettore, e Loro, Egregi Signor Preside della Facoltà di Lettere e Signora Direttrice del Dipartimento di Lingue, per il sostegno dato a questo incontro. Noi partecipanti lo apprezziamo tanto di più, in quanto ci rendiamo molto bene conto di quanto siano esigue, oggigiorno, le risorse finanziarie per questo tipo di iniziative.

Le relazioni di questo Colloquio verranno stampate nell'ambito delle Thomas-Mann-Studien e il relativo volume ricorderà quindi in maniera duratura l'incontro di Messina. Ma questo non rimarrà l'unico frutto di tale incontro. Questi seminari hanno sempre il pregio di far conoscere gli scienziati e il pubblico e di farli interagire di persona.

In questo senso, spero nel successo di questo Convegno e attendo con gioia di ascoltare interventi e discussioni stimolanti.

Thomas Sprecher war von 1994 bis 2012 Leiter des Thomas-Mann-Archivs der ETH Zürich.

Thomas Sprecher

Thomas Mann als Essayist

Einleitung

Der Essay als literarische Form oder Gattung geht bekanntlich zurück auf Michel de Montaigne (1533–1592).[1] Nach Deutschland kam er Mitte des 18. Jahrhunderts, doch so richtig Fuß faßte er hier erst ein Jahrhundert später. Dann aber gewann er „ein beträchtliches Publikum unter der deutschen Leserschaft".[2] Um 1900, als Thomas Manns Essayistik begann, war der Begriff „Essay" sehr en vogue: „... erstaunlich, was sich alles [...] als ‚Essays' aufspielt [...]: Reiseeindrücke, Aperçus, gesammelte Feuilletons, Rezensionen, zusammengedruckte Gelegenheitsarbeiten, Reden und Vorträge".[3] Einen Text als Essay zu bezeichnen, wertete ihn offensichtlich auf.

Thomas Mann kannte Montaigne,[4] wie auch die Herkunft des Essays aus Frankreich und England. Er schrieb das Wort gelegentlich klein und markierte es so als Fremdwort, und er sprach den Essay ausdrücklich der westlichen Kultur zu (vgl. 23.1, 177, 186). Am 3. Mai 1929 schrieb er dem französischen Literarhistoriker Charles Du Bos: „Die Höhe der kritisch-essayistischen Kultur ist Erbteil und neidenswerte Ueberlieferung bei Ihnen zu Hause – wir Deutschen gerade haben immer noch allen Grund, mit Neid darauf zu blicken, denn immer noch fällt es dem deutschen Geist sehr schwer, die Vereinigung von Ernst und Eleganz für möglich, für erlaubt zu halten." (23.1, 398 f.)

Für Thomas Mann war die Verwendung des Essays von Anfang an selbstverständlich. Es handelte sich um eine etablierte Gattung, deren Gebrauch nicht mehr gerechtfertigt werden mußte. Hinzu kam, daß als

[1] *Les Essais de messire Michel, seigneur de Montaigne*. Erster und zweiter Band 1580 (Bordeaux: Millanges), dritter Band 1588 (Paris: Langelier).

[2] Ludwig Rohner: Der deutsche Essay. Materialien zur Geschichte und Ästhetik einer literarischen Gattung, Neuwied/Berlin: Luchterhand 1966, S. 119.

[3] Ebd., S. 101.

[4] Vgl. 14.2, 499. Am 15. September 1933 an Unbekannt: „Ich fand in Montaigne das Ur- und Vorbild des europäischen Essayisten." Die Briefe aus dem Zeitraum 1933–1938, aus denen zitiert wird, werden im IV. Briefband der GKFA (24.1) abgedruckt werden.

zeitgenössisches Vorbild in nächster Umgebung schon ein großer Essayist wirkte: Heinrich Mann. Sodann zählten zu seinen angestammten Hausgöttern stilbildende Essayisten, vor allem Schopenhauer und Nietzsche, aber auch Sigmund Freud, und darüber hinaus Goethe und Schiller, dessen Abhandlung über naive und sentimentalische Dichtung Thomas Mann sogar als „klassischen und umfassenden Essay der Deutschen" (15.1, 812) bezeichnete. Der Essay konnte also nationale Bedeutung erlangen. Dies machte die schriftstellerische Möglichkeit der Essayistik zur Notwendigkeit, und Thomas Mann hielt es sich bewußt bei der Behandlung des Friedrich-Stoffs, der ihm den Weg zum Nationaldichter ebnen sollte (vgl. 15.2, 88). Er fand dann *Friedrich und die große Koalition* nicht nur „zweifellos das Präsentabelste, was ich auf diesem Gebiet geleistet", sondern zählte den Essay auch „– ohne falsche Bescheidenheit – zu dem wenigen Präsentablen dieses Genres, was überhaupt in deutscher Sprache vorhanden" (an Carl Helbling, 4.9.1920; 22, 366).

Im damit zusammenhängenden Essay [*Carlyles „Friedrich", in vollständiger deutscher Ausgabe*] von 1916 führte er aus, „seitdem unsere Philosophen europäische Essayisten sind, wie Schopenhauer und Nietzsche", sei „der Fortschritt eines Prozesses unverkennbar, den man wohl als die Literarisierung Deutschlands bezeichnen darf: eines Prozesses, dessen Fortschritt vielleicht mit dem ‚Fortschritt' selbst, in des Wortes politischer Bedeutung, sehr viel zu tun hat, mit einer geistig-formalen Annäherung Deutschlands an den Westen, an die ‚Demokratie'" (15.1, 179). Das mag im Umfeld der *Betrachtungen eines Unpolitischen* erstaunen, in dem die Literarisierung, Demokratisierung und Verwestlichung Deutschlands kritisch betrachtet wird. Im Carlyle-Essay aber wird diese Entwicklung aus ästhetischer Sicht eher bejaht. Ein essayistischer Einschlag tue der Würde der Geschichtsschreibung keinen Abbruch.

Thomas Mann hat ein Schriftstellerleben lang Essays geschrieben. Einmal behauptete er zwar tatsächlich, „kein Essayist" zu sein (14.1, 231). Es muß dies aber als eine rhetorische Aussage verstanden werden, die gegen die viertausend Essayseiten eine schwache Stellung hat. Einzuräumen ist indes, daß Thomas Mann den Begriff „Essay" für eigene Schriften relativ selten benutzt.[5] Er spricht eher von Versuchen: *Versuch über das Theater*, *Versuch über Tschechow*, *Versuch über Schiller*, oder auch von „Feuilleton" (an Ferdinand Lion, 3.9.1934; an Heinrich Mann, 11.9.1934). Bei anderen Autoren hingegen hielt er mit dem Begriff „Essay" nicht zurück.

[5] Vgl. etwa 14.1, 169, 210; 15.1, 358, 806.

Was sind Essays?

Gattungstypologisch – oder vielmehr: in der Praxis der Buchverlage – werden Essays oft *ex negativo* bestimmt: Essay ist, was weder Roman, Erzählung, Schauspiel, Gedicht, Tagebuch oder Brief ist. Man faßt sie auch unter der Rubrik „nichtfiktional": „Diese Ausgabe", heißt es im Kommentar zum ersten Essay-Band der GKFA, „enthält alle nichtfiktionalen zur Veröffentlichung bestimmten Texte Thomas Manns aus der Zeit von 1893 bis Juli 1914" (14.2, 601, vgl. 584). Das ist insofern problematisch, als auch fiktionale Texte Essays sein oder enthalten können.

Negativ ist auch die Bestimmung „nichterzählende Prosa". Sie ist in vielem mehr oder weniger synonym bzw. übergreifend für Bezeichnungen wie Versuche, Prosa, Aufsätze, Studien, Skizzen, Porträts, Huldigungen, Charakteristiken, Reflexionen, Kritiken oder Schriften. Alle möglichen Formen fallen also unter die Sammelbezeichnung „Essay", rasch erledigte Pflichtübungen wie mit Kunstsorgfalt erarbeitete Großversuche. Wenn man nicht weiß, wie man einen Text nennen und wo man ihn einordnen soll, so ist's ein „Essay". Die Überschrift „Gesammelte Schriften" würde im Allgemeinen besser passen.

In der Lehre werden viele Unterscheidungen vorgeschlagen, zum Beispiel: begrifflicher Essay, ironischer Essay, familiärer Essay etc. Weitere Adjektive sind: konsiderativ, porträtistisch, wissenschaftlich, exemplarisch, dichterisch, konservativ, betrachtend, polemisch, reproduzierend, feuilletonistisch, sachlich, ironisch, literaturkritisch, berichtend, meditativ, gesellig-dialogisch, pathetisch, radikal, magisch, liebhaberisch etc.[6] Diese Differenzierungen haben etwas Beliebiges und stellen im Grunde eine gattungstypologische Bruchlandung dar – am Ende bildet jedes Adjektiv der deutschen Sprache eine Untergruppe.

Gliederungsversuche

1. Thematisch

Wie aber könnte man das vielteilige Konvolut von Thomas Manns einschlägigen Schriften auf- und einteilen? Die Gesammelten Werke von 1960 haben den Versuch einer thematischen Gliederung gemacht. Die vier Bände *Reden und Aufsätze* sind wie folgt geordnet:[7]

[6] Vgl. Rohner (zit. Anm. 2), S. 138.

[7] Vgl. http://www.thomasmann.de/thomasmann/werk/die_werke_im_ueberblick/essays; zugegriffen am 11.3.2012.

– Bd. IX: literarische Essays (ohne daß dies so angegeben wäre),
– Bd. X: Reden und Aufsätze, Huldigungen und Kränze, Einleitungen und Buchbesprechungen, Miszellen,
– Bd. XI: Tagebücher und Lebensabriß, Autobiographisches, Über eigene Werke, Miszellen, Reden zum Zeitgeschehen,
– Bd. XII: *Betrachtungen eines Unpolitischen*, Aufsätze und Bemerkungen zum Zeitgeschehen.

Der 1974 erschienene Nachtragsband XIII wurde so aufgeteilt: Autobiographisches / Über eigene Werke, Über Literatur, Kunst und Philosophie, Über Bücher, Zum jüdischen Problem, Für den Tag und die Stunde, Glückwünsche und Nachrufe.

Das ist alles nicht falsch, aber ein wenig behelfsmäßig. „Manches Stück, das der einen Rubrik zugeteilt ist, könnte ebensogut in einer anderen untergebracht sein" (XI, 695), sagte schon der Autor selbst, als er sich vor eine analoge Aufgabe gestellt sah.

2. *Chronologisch*

Zum Glück gibt es da noch die Chronologie – eine entscheidende Erleichterung für jeden Kompositeur von Sammlungen unter sich so heterogener Texte. Die GKFA gliedert deshalb die Essays streng chronologisch. Ihre Essay-Abteilung umfaßt sieben Bände. Drei sind schon erschienen:

Band 14: Essays I 1893–1914 (hrsg. von Heinrich Detering, 2001)
Band 15: Essays II 1914–1926 (hrsg. von Hermann Kurzke, 2002)
Band 19: Essays VI 1945–1950 (hrsg. von Herbert Lehnert, 2009).

Die vier weiteren Bände sind noch in Bearbeitung:

Band 16: Essays III 1926–1933
Band 17: Essays IV 1933–1939
Band 18: Essays V 1939–1945
Band 20: Essays VII 1950–1955.

3. *Nach Anlässen*

Nach ihrem Anlaß kann wohl die Mehrheit der Essays wie folgt geordnet werden:

1. Bis 1907 handelte es sich im Wesentlichen um Antworten auf in den Redaktionen beliebte *Rundfragen*. Thomas Mann behauptete zwar, daß er „kein Freund von Rundfragen" (an Unbekannt, 15.9.1933) sei. Aber er gab ihnen zumeist doch Folge. Ablehnung hätte den Verzicht auf kostenlose Werbung bedeutet. Der Schriftsteller aber bedarf schon

um 1900 massenmedialer Präsenz. Zumal von einem Nationaldichter wird erwartet, daß er sich bedeutend öffentlich äußert. Er hat nur, wenn er das Wort übt, Gewicht;

2. Glückwünsche zu runden *Geburtstagen*, von Schriftstellern, zum Beispiel zum 80. Geburtstag Tolstois, oder auch von Institutionen oder Zeitschriften;
3. *Nachrufe* und *Gedächtnisreden* (zum Beispiel auf Otto Julius Bierbaum, Strindberg, Friedrich Huch, Wedekind, zum 100. Todestag Schillers);
4. *Buchbesprechungen* (zum Beispiel *Wassermanns „Caspar Hauser“*, 1908). Viele Buchbesprechungen gehören zur Abteilung Huldigungsindustrie, die Bücher der Zeitgenossen haben Thomas Mann meist wenig angesprochen;[8]
5. *Politische Aufrufe* (zum Beispiel der Aufruf zur Gründung des Hans-Pfitzner-Vereins für deutsche Tonkunst);
6. *Leserbriefe* (vgl. 19.2, 20);
7. *Tischreden*;
8. *Botschaften* zu bestimmten Anlässen (vgl. 19.2, 9, 107);
9. *Dankadressen* (vgl. 29.2, 111);
10. *Vorworte*, *Einleitungen* und *Nachworte*;
11. *Berichte von Reisen* (*Meerfahrt mit „Don Quijote“*) und Beschreibungen von Städten (*Das schöne Augsburg*). Es gibt kaum harmlose Reisebeschreibungen Thomas Manns, sie sind in der Regel politisch aufgeladen, so daß die Landschaft zur Kulisse wird. Auch *Pariser Rechenschaft* ist ein Reisebericht, aber weit mehr, wie sein Titel programmatisch erklärt, ein Rechtfertigungsdokument, ein Zeugnis von Thomas Manns Internationalisierung sowie der politischen Revision und Öffnung;
12. *Einführung und Schluß zu Vorlesungen* aus eigenen Werken;
13. *Vorträge*, *Festreden*, *Radioansprachen*.

Typisch für den „genuinen“ Essay ist, daß er nicht als Reaktion erfolgt. Der wahre Essayist, nach Montaignes Muster „ohne Amt freilich und ohne Pfründe“,[9] schreibt nicht im Auftrag Dritter, er ist Agent nur eigener Impulse. „Der richtige Essayist [...] wählt sein Thema in Muße, aus Neigung, in völliger Freiheit. Keine äußere Instanz, kein System, von denen er sich das mindeste vorschreiben ließe: weder von einer Zensur noch von einer Redaktion, nicht von der Leserschaft, ja nicht einmal vom

[8] Vgl. Marcel Reich-Ranicki: Thomas Mann als literarischer Kritiker, in: TM Hb, 707–720, 710.

[9] Rohner (zit. Anm. 2), S. 30.

Gegenstand, der sein Denken in Bewegung setzt."[10] Auch Thomas Mann hat sich entsprechend geäußert: „Ein tief wurzelnder Widerwillen gegen alles von außen Aufgenötigte, gegen jede mir nicht aus dem eigenen Inneren erwachsene Pflicht hat mich seit je untauglich gemacht, nach fremden Wünschen zu arbeiten". (An Unbekannt, 15.9.1933) Das ist deutlich übertrieben, aber es gibt bei ihm doch eine starke Gruppe nicht von Aufforderungen Dritter veranlaßter Texte. Man kann viele Stellungnahmen zu Schriftstellern dazu zählen, die aphoristischen Notizen (14.1, 211 ff.), manche Aussagen zum Tage, die spontane Reaktion auf politische und andere Zeitereignisse.

Auch wenn sich die meisten Essays bestimmten Anlässen verdanken, der Anstoß also von außen kam, so ist ihre Summe doch repräsentativ für Manns Interessen. Es ist kein Zufall, daß etwa die zeitgenössische Musik oder die bildende Kunst insgesamt weit weniger Beachtung finden als die Klassiker der deutschen Literatur. Es gibt, umgekehrt, kein Thomas Mann wirklich wichtiges Thema, das nicht in die Essayistik eingedrungen wäre. Der Anlaß legte in vielen Fällen nur frei, was ohnehin zum Ausdruck drängte.

4. Nach Funktionen

Thomas Manns Essays haben unterschiedliche Funktionen, und entsprechend ergeben sich auch verschiedene Redesituationen, deren narratologische Analyse entsprechend differenziert werden müßte. Wiederum nicht abschließend können genannt werden:

- *Selbstdeutung.* Essays gestatten, den eigenen Denkraum zu erkunden und zu erweitern. Oft mußte sich Thomas Mann eine Meinung erst bilden. Bei den größeren Essays führte dieser Prozeß naturgemäß in viel tiefere Schichten als bei schnell erledigten Antworten auf Umfragen.
- *Selbstdarstellung*: Die Essayistik war, neben Interviews und Dichterlesungen, und sich mit diesen Auftritten berührend, eine weitere, wichtige Form, sich als Person zu präsentieren. Das Publikum will nicht nur die Kunst, sondern auch den Künstler, es wünscht die Einheit von Person und Werk. Die Essayistik befriedigt hier andere Bedürfnisse als das Erzählwerk.
- *Richtigstellung* (etwa das, was man heute nach Schweizer Medienrecht als Gegendarstellung[11] bezeichnen würde) und *Verteidigung.* In *Bilse und ich* (1906) zum Beispiel verteidigte Thomas Mann sich und seine Schaf-

[10] Ebd., S. 315.
[11] Art. 28gff. Zivilgesetzbuch.

fensweise; in *Über Fiorenza* (1907) nahm er sein Werk gegen den Vorwurf in Schutz, es sei ein antiklerikales oder antichristliches Tendenzstück.

- Damit verwandt ist die *Rechtfertigung*: So ist der *Brief nach Deutschland [Warum ich nicht nach Deutschland zurückgehe]* (1945) eine klassische politisch-psychologische Rechtfertigungsschrift.
- *Parteinahme, Angriff*: In *Der Doktor Lessing* (1910) geht es um Parteinahme: Thomas Mann greift in eine Auseinandersetzung ein und klagt öffentlich an. Die Radioansprachen *Deutsche Hörer!* (1940–1945) sind Kampftexte, voller Aggression und Polemik, militante Predigten, die sich so wirkkräftig wie möglich an ihr Publikum wenden wollen. Nun paßt Polemik nach dem Essay-Theoretiker Ludwig Rohner nicht zum Essay, es gehöre vielmehr Sympathie dazu.[12] Dies ist bei Thomas Mann oft der Fall, er lobt gern, manchmal ostentativ, wobei Kritik und Ironie nicht fehlen dürfen, wo es ernst gilt. Aber er läßt eben durchaus auch seine polemischen Fähigkeiten erblühen, wo dies vonnöten ist.
- *Gutachten*: Einige wenige Essays Thomas Manns sind rechtsrelevante Gutachten. Der Autor ist hier in der Position des Experten, der über literarische Zensur von Pornographie und Erotik oder über Frank Wedekinds *Lulu* zu urteilen hat, im Sinne einer sachlichen Stellungnahme zu juristischen Zwecken. Allerdings kommen auch diese Texte durchaus essayistischer daher, als es Rechtsgutachten üblicherweise tun.

Themen

Gegenstand ist gemeinhin der Mensch.[13] Es geht nicht um die Natur, nicht um Naturwissenschaft, nicht um das Pflanzenreich oder seltene Tiere, um Technik und Sport. Diese Affinität des Essays zu humanistischen Themen entsprach Thomas Manns Interessen. Innerhalb dieses immer noch übergroßen Rahmens aber sind seine Arbeiten thematisch höchst unterschiedlich. Man kann sie, wie dies die Werkausgabe von 1960/74 versucht hat, nach Themen unterteilen. Es gibt eine Gruppe von autobiographischen Texten, dann von solchen, die eigenen Werken gewidmet sind, Selbstdeutungen, Werkberichte (*Die Entstehung des Doktor Faustus*), Texte, die Schriftstellern und ihren Werken gelten. Das können Porträts von Dichtern sein oder auch Besprechungen ihrer Bücher. Das von Helmut Koopmann herausgegebene Thomas-Mann-Handbuch unterscheidet zwischen literarästhetischen, kulturkritischen und autobiographischen Essays, den

[12] Vgl. Rohner (zit. Anm. 2), S. 316.
[13] Vgl. ebd., S. 365.

Betrachtungen eines Unpolitischen, den politischen Essays, und ein Beitrag gilt Thomas Mann als literarischem Kritiker.

Zumal in ihrer zeitlichen Abfolge präsentieren sich die Themen naturgemäß sehr unterschiedlich. So berichtet Thomas Mann etwa von seiner Arbeit (14.1, 169ff.), danach erörtert er die „Judenfrage" (14.1, 174ff.), dann macht er einen Satz über Maximilian Harden. Oder er spricht über Tolstoi (14.1, 200), dann über das Freilichttheater (14.1, 201), dann über den *Süßen Schlaf* (14.1, 202).

Titel

Die Geschichte des Essays kennt reizvolle Titel: *Von den Menschenfressern* (Montaigne), *Das Aufstehen an kalten Morgen* (Hunt), *Über das Schlafen in der Kirche* (Swift), *Naturgeschichte der Stubenfliege* (Lichtenberg), *Über die Weiber* (Schopenhauer), *Taormina oder ein sittlicher Konflikt* (Hehn), *Der staatserhaltende Beruf der Hölle* (Bamberger), *Der Bubikopf* (Heinrich Mann), *Über die Dummheit* (Musil). Öfters werden die Essays in der Titelwahl verkleinert: Matthias Claudius wählte den Titel *Tändeleyen und Erzählungen*, oder man sprach von „Skizzen", „Fragmenten", „Spielereien", „Kleinigkeiten" oder „Kleiner Prosa".

Bei Thomas Mann gibt es dergleichen kaum. Seine Essays werden durch den Titel nicht gemindert – sonst allerdings schon, so nennt er etwa *Meerfahrt mit „Don Quijote"* „eine Art von Plauderei" (an Gottfried Bermann Fischer, 1.11.1934). Auch nach aparten Titeln muß man suchen (vielleicht: *Frühlingssturm!*; *Über den Promenadenschutz in Münster*; *Gegen Dickfelligkeit und Rückfälligkeit. Wunsch an die Menschheit*; *Braucht man zum Dichten Schlaf und Zigaretten?*). Manche haben gar keinen Titel. Im übrigen überschreiten viele Beiträge Thomas Manns, wie in der Essayistik nicht unüblich, die thematische Grenze, die ihr Titel zieht. Über *Gabriele Reuter* etwa schrieb er seinem Bruder Heinrich, er sei „angeblich über Gabriele Reuter, aber sehr allgemein und persönlich gehalten" (an Heinrich Mann, 27.2.1904; 21, 270).

Merkmale

Man kann an Thomas Manns Essayistik alle Forschungsansätze zur gattungstypologischen Bestimmung des Essays durchdeklinieren und grundlegenden Begriffen nachgehen wie Subjektivität, experimenteller Charakter, kritisches Potential, gedankliche Haltung, spezifische ästhetische Verfahrensweisen oder sprachliche Besonderheiten. Solche Merkmalskataloge sind in der Regel weder abschließend noch hierarchisiert. Einige Merkmale seien nachfolgend kurz beleuchtet. Unnötig zu erwähnen, daß man überall weit ausgreifender vorgehen müßte.

1. Umfang

Essays sind Prosastücke von relativer Kürze.[14] Dies hängt damit zusammen, daß sie mehrheitlich für Zeitungen geschrieben werden. Auch bei Thomas Mann stehen am Anfang meist kürzere, für die Presse verfaßte Texte. In GKFA 14.1 (1893–1914) gibt es auf 389 Druckseiten 92 verschiedene Texte; im Durchschnitt kommt man also auf etwa vier Seiten. Band 15.1 (Sommer 1914–1926) zählt 1195 Seiten, die sich auf 202 Texte verteilen. Dies ergibt rund sechs Druckseiten pro Text. Thomas Mann hat in diesen zwölfeinhalb Jahren im Durchschnitt also rund 16 Essays jährlich geschrieben oder alle drei Wochen einen.

2. Lockerer Aufbau

Der Essayist gibt die Spielregeln oder tut so, als vereinbare er solche mit der Leserschaft. Er kann dabei vorgehen, wie in den *Meistersingern* empfohlen: „WALTHER: Wie fang' und ich nach der Regel an? SACHS: Ihr stellt sie selbst, und folgt ihr dann."[15] Der Essay kann aber auch regellos sein oder die Regeln von Zeit zu Zeit wechseln. Auch bei Thomas Mann ist es nicht immer leicht, Regeln herauszuschälen. Oft ist der Aufbau seiner Essays locker. Essayistik, hielt er einmal fest, könne einfach auch „Spiel, Spaß, Kunst sein" (an Ida Herz, 5.11.1933).

3. Systemlosigkeit

Die Gattung Essay kommt Thomas Mann auch aus inneren Gründen entgegen. Ihre offene Form ist nicht an Logik und Linearität, nicht an die stringente Form wissenschaftlicher Beweisführung gebunden. Der Essayist ist kein Systematiker. Essays errichten keine Systeme, und sie bauen auch nicht auf solchen auf. Das entspricht Thomas Manns Denken. Keine Autorität erntet in Essays restlose Anerkennung, denn die letzte Autorität

[14] Vgl. ebd., S. 347 ff.

[15] Richard Wagner: Musikdramen. Bd. 1: *Die Meistersinger von Nürnberg*, III, 2, hrsg. und eingeleitet von Wolfgang Golther, Berlin/Leipzig: Bong o.J., S. 352.

ist der Essay selbst. Er ist nicht allwissend, aber allmächtig, vor seiner erhabenen Willkür, Verdammung und Gnade ist nichts und niemand gefeit. Auch dies entsprach Manns schriftstellerischen Instinkten.

Während im Traktat abgeschlossen Gedachtes wiedergegeben wird, ist im Essay das Denken selbst am Werk, da offenbart sich unter den Augen des Lesers immer viel Werden und Geburt. Ludwig Rohner widmet deshalb in seinem Standardwerk zum Essay ein Kapitel dem „Vorgreifenden des Essays".[16] Der Essayist bietet keine objektive Nachweise und definitive Antworten, er stützt sich nicht aufs Gesicherte ab. Er wagt sich vielmehr ins Unerprobte, eben um es zu probieren. Er nähert sich seinem Gegenstand experimentell und betrachtet ihn dialektisch aus verschiedenen Perspektiven. Der Essayist ist einer, der geht, und zwar im Doppelsinn – nicht nur: der wandert, sondern auch: der verläßt. Exemplarisch können dafür die *Betrachtungen eines Unpolitischen* genommen werden: ein Rückzugsgefecht, ein Monument des Abschieds, wenn auch nicht eines gänzlichen. Daß es ein Abschiednehmen werden würde, wurde dem Autor vermutlich erst nach und nach bewußt.

4. Sorgfalt

Seit Montaigne behaupten Essayisten, sie schrieben aufs Geratewohl drauflos, obwohl schon Montaigne bei weitem nicht so flüchtig war, wie er vorgab.[17] Der Essayist tut so, als sprudle und spritze es bei ihm, dabei ringt er um Worte wie einer. Er ist kein Amateur und Dilettant, sondern Rhetoriker. Auch Thomas Mann hat den Gestus wohlgeübt, als sei das Ganze unerarbeitet, als handle es sich bloß um „Improvisationen" (22, 474) und nicht um stilistisch ausgefeilte Kunstprosa. Die autobiographische Skizze *Im Spiegel* (1907) stellte er wiederholt „als ein rasch geschriebenes Produkt jugendlichen Übermuts" hin; die Handschrift zeigt aber, daß er „den Text mit großer Sorgfalt verfasst und dabei unterschiedliche Konzepte und Tonfälle erprobt hat" (14.2, 240).

5. Zitate

Essayisten sind gute Verwerter.[18] Sie nehmen sich, was ihnen nützt. Schon Montaigne schrieb: „Was mir auffällt, eigne ich mir an."[19] Essayisten sind

[16] Rohner (zit. Anm. 2), S. 380ff.
[17] Vgl. ebd., S. 37, 39.
[18] Vgl. ebd., S. 37.
[19] Michel de Montaigne: *Essais*, Auswahl und Übersetzung von Herbert Lüthy, Zürich: Manesse 1953, S. 701.

Leser,[20] sie lesen viel systematischer, als sie sich anmerken lassen. Auch Thomas Mann greift, was die Kommentarbände in den GKFA erkennen lassen, und wie übrigens auch beim Erzählwerk, also mit analoger Arbeitsweise, gierig auf gelehrte und andere Quellen zurück, literarische, literaturtheoretische, kritische. Seine Essays bestehen „zum allergrößten Teil aus Gefundenem, aus Zitaten, Anspielungen, indirekten Übernahmen, Spielereien mit Vorlagen" (15.2, 875). Er war ein hocheffizienter Exzerpierer und Filetierer. Mit alldem steht er in unverfälschter Nachfolge Montaignes.

6. Zeitgebundenheit

Die meisten Essays wurden für ein bestimmtes Publikum geschrieben, waren gedacht zur Publikation in einem bestimmten Umfeld. Sie stehen unübersehbar in ihrer Zeit: Es sind Schriften zur Zeit, auf sie bezogen, Momentaufnahmen. Aber nicht nur: Es gibt bei Thomas Mann auch Stellungnahmen zu weniger zeitgebundenen Themen, zum Beispiel zur Frage von Verlagsvorschüssen an Schriftsteller oder zum Abiturientenexamen.

7. Subjektivität

Der Gattung Essay eignet ein subjektiver Einschlag.[21] Der Autor ist tendenziell mehr einbezogen als in anderen Gattungen. Oft enthält der Essay persönliche Aspekte, Meinungen, Bekenntnisse, eine individuelle Optik. Es verhält sich wie bei Vorträgen, bei denen Sprecher und Gesprochenes grundsätzlich zusammengehören und als organische Verbindung betrachtet werden. Auch bei Thomas Mann äußert sich die Subjektivität nicht nur dort, wo er ausdrücklich von sich redet. In manchen Essays, die sich einer bestimmten sachlichen Thematik zu widmen vorgeben, greift er Gedanken auf, mit denen er selbst umgeht. So spricht er im *Vorwort zu einem Roman* (Buchausgabe von Erich von Mendelssohns Roman *Nacht und Tag*) von Fragen im Zusammenhang mit autobiographisch-konfiterischem Schreiben (14.1, 387), die ihn im Zusammenhang mit dem *Felix Krull* gerade selbst beschäftigten. Generell dienten Essays der Beschäftigung mit Problemen, die sich Thomas Mann selbst stellten, künstlerischen, politischen, aber auch solchen des Alltags.

[20] Vgl. Rohner (zit. Anm. 2), S. 318: „Jeder Essayist verfügt über Bildung, ist ein großer Leser."

[21] Vgl. ebd., S. 318ff.

Mit der Autobiographie berührt sich der Essay auch im Modus der Beichte.[22] Der Essay kann Konfession sein. Damit sind freilich nicht Reue und Zerknirschung gemeint, sondern Preisgabe von Innerem, psychologische Enthüllung. Dieser gattungsmäßige Zug des Essays deckte sich mit Thomas Manns protestantischem Bekennertum. Konfession bedeutet gleichzeitig auch Selbsterhöhung. Das Ich wird als Problem auf den Sockel gestellt. Je größer das Problem, desto höher der Sockel. Dies widerspiegelt jene „gewisse anmuthige Eitelkeit", die schon Goethe an Montaignes Essays bemerkt hat.[23]

8. Direktheit

In den *Betrachtungen eines Unpolitischen* spricht der Autor von dem „unsäglich Kompromittierenden und Desorganisierenden alles Redens" (13.1, 16). Weshalb „Kompromittierung"? Es geht hier nicht um Feigheit vor der Wirklichkeit, sondern vielmehr um die Einsicht, daß das direkte Reden der Wirklichkeit nicht beikommt, daß man mit Meinungen die Wahrheit zuverlässig und zwangsläufig verfehlt. Daß die Flucht aus der Kompromittierung durch neue Äußerung und Erklärung nur zu neuer Kompromittierung führt, in einem Prozeß endloser Ent- und Neuverschuldung. Aber auch der Essayist redet oft nicht direkt, sondern läßt reden, und gerade was apodiktisch daherkommt, kann Rollenspiel sein. Auch in der Essayistik verwendet Thomas Mann Masken und Tarnungen, auch hier nimmt er Posen ein. Man kann viele Essays und Passagen in ihnen als Spiel begreifen; in dem auch Kehrtwendungen und Widersprüche mühelos Platz finden. Auf welcher Seite der Autor steht, ist dann meist die falsche Frage. Der Wanderer blickt einmal nach links, einmal nach rechts, und bleibt bei alldem Wanderer. Essays dürsten nicht nach Eindeutigkeit, noch die stringenteste Äußerung kann versteckten Hintersinn mit sich führen. Aus privaten Äußerungen in Tagebuch und Briefen läßt sich der redaktionell-rhetorische Zuschuß bei den Essays erkennen und sehen, wie Thomas Mann seinen öffentlichen Verlautbarungen Ausgewogenheit, Gerechtigkeit zuführt, Nuancierung, Vorbehalt, Gegengift,

[22] Vgl. ebd., S. 35 ff.

[23] Johann Wolfgang von Goethe: Sämtliche Werke. Briefe, Tagebücher und Gespräche. Frankfurter Ausgabe. 1. Abt., Bd. 21: *Der deutsche Gilblas, eingeführt von Göthe [...]*, hrsg. von Stefan Greif und Andrea Ruhlig, Frankfurt/Main: Deutscher Klassiker Verlag 1998, S. 664–671, 669. [Diese Ausgabe nachfolgend als FA] Goethe schrieb über Montaigne zudem, er habe „dasjenige, was bisher nur im Beichtstuhl als Geheimnis dem Priester ängstlich vertraut wurde, nun mit einer Art von kühnem Zutrauen der ganzen Welt vorgelegt" (*Zur Farbenlehre. Historischer Teil,* FA, 1. Abt., Bd. 23, 670).

wie er ihnen distinktive Lichter aufsetzt. Mit begrifflicher Unschärfe erhält er sich politische, private und künstlerische Freiräume und mildert das Maß der Kompromittierung. Manchmal geht es aber auch in die andere Richtung, und als Musterdemokrat tritt Thomas Mann öffentlich mit einem Grad an Unzweideutigkeit auf, der den privaten Äußerungen essentieller Skepsis abgeht.

Warum überhaupt Essayistik?

Warum aber Essayistik, wenn sie vor allem kompromittiert? Heinrich Detering nennt neben dem „Pflichtgefühl des Werkmenschen" weitere Motive: das „Postulat einer Integration der ‚Kritik' in die Kunst", ferner den Grundgedanken „der prekären und produktiven Unfestigkeit, Vielseitigkeit, *Bajazzo*haftigkeit des sie betreibenden modernen Künstlers" (14.2, 580). Ein profanes Element kommt hinzu: Essays sind Werbeträger. Sie gehören zu den Strategien des Marketings, der Ruhmesmehrung, dem Reputationsmanagement, der Markenpflege. Sie vergrößern den Bekanntheitsgrad. Es reichte wie erwähnt schon vor hundert Jahren nicht mehr, nur alle sieben Jahre ein Buch zu publizieren; verlangt war längst ein weit höherer Rhythmus öffentlicher Präsenz. Thomas Manns Essays waren in der Regel Zeitungsbeiträge. Diese mußten verhältnismäßig kurz sein, was wiederum bedeutete, daß sie schnell geschrieben werden konnten. Damit rief sich der Autor beim Publikum ohne übermäßigen Aufwand regelmäßig in Erinnerung.

Verhältnis zum Erzählwerk

In der Einleitung zu den *Betrachtungen eines Unpolitischen* (13.1, 11 ff.) macht Thomas Mann längere Ausführungen zu seiner Arbeit. Was er tue, sei nicht sein „eigentlicher Beruf und Geschäft". Er sitze dabei nicht am „Werktisch", dieser sei „verwaist". Die *Betrachtungen* seien kein „Buch", kein „Werk", keine „Kunstübung", keine „Komposition", sondern „Erguß", „Memorandum", „Inventar", „Diarium", „Chronik". Allerdings präsentiere sich der Band zuweilen als „Komposition und Werk", und zwar – nun nimmt Thomas Mann seine Aussage wieder etwas zurück – „mit halbem Recht". Es sei nämlich ein „Mittelding zwischen Werk und Erguß, Komposition und Schreiberei". In der Vorrede zum Sammelband *Rede und Antwort* (15.1, 358 f.) spricht Thomas Mann später von „Zufallserzeugnissen“, „Stegreifwerken“, „Bei- und Außenwerk“, er setzt sie ab von der „Hauptaufgabe“, dem „laufenden Hauptgeschäft“. Ähnlich dann im *[Vorwort zu „Altes und Neues“]* (XI, 693): „kritische Improvisationen“, „leichtgewichtige Sammlung“, „Versuche“, „schriftstellerische Einlagen in die erzählerische Arbeit“.

Das führt zur Frage nach dem Verhältnis der Essayistik zum Erzählwerk. Schon als 20jähriger setzte sich Thomas Mann in *Kritik und Schaffen* mit der Beziehung von Kunst und Kritik auseinander. In der *Mitteilung an die literaturhistorische Gesellschaft in Bonn* vom Juli 1907 heißt es dann:

> Nun weiß ich wohl, daß ich es mir eigentlich ein für allemal verbieten sollte, mich auf solche Dinge [Umfragen] einzulassen; weiß aus wiederholter Erfahrung, daß eine mich selbst einigermaßen befriedigende Beantwortung solcher Fragen mich unverhältnismäßig viel Zeit und Nervenkraft kostet; daß ich bei der Schriftstellerei das peinvolle Gefühl nicht los werde, mich ganz unnütz zu kompromittieren, und daß ich also viel klüger täte, bei meiner ‚Musik‘ zu bleiben. Aber es hilft nichts: Obgleich die Ernüchterung, der Katzenjammer, das Gefühl der Entkräftung und der Reue nach jedem Anfalle stärker wird, scheint es, daß ich das Schriftstellern nie ganz werde lassen können. Ich werfe mich von Zeit zu Zeit mit einer Leidenschaft darauf, die ich beim ‚Musizieren‘ einfach nicht kenne – einer für mein Künstlertum desto gefährlicheren und entnervenderen Leidenschaft, als sie mit jenem ‚*unseligen* Hang zum Polemischen‘ verbunden ist, den Goethe bedauernd bei Platen feststellte. (14.1, 169)

Ja, die Essayistik kostet Zeit und Nerven. Beim *Versuch über das Theater*, fährt Thomas Mann fort, habe er „nicht Tage, sondern Wochen damit im Kampfe gelegen“. Wahrscheinlich müsse er das bereuen. Allerdings kostet auch das Erzählen Zeit und Nerven. Und ähnlich hat sich Thomas Mann zuvor schon in Bezug auf das Briefschreiben geäußert: „Sollte ein namhafter Mann und ernster Künstler lieber nicht so viel Zeit daran wenden, zwei ewig namenlose Kinder mit glänzenden Briefen zu unterhalten?“ hielt er um 1904 im Notizbuch fest, und gab sich selbst zur Antwort: „Ich thu es dennoch; habe Würde genug, um viel verschwenden zu dürfen. Solche Briefe sind eine Kunstübung wie eine andere, und da ich nachmittags an das eigentliche, repräsentirende, symbolisirende ‚Werk‘ fast niemals Hand zu legen wage, so sehe ich nicht, wie die Stunden besser zu benützen wären.“ (Notb II, 112) Auch für die „Verschwendung“ der Essayistik hatte Thomas Mann Würde genug.

Die Essayistik ist nicht „Dichtung“ und „Musizieren“, sondern „Schriftstellerei“. Bei ihr „kompromittiert“ sich Thomas Mann, der dazu weiter ausführt: „Wieder einmal habe ich geschwätzt, direkt geredet, theoretisiert, Wurzeln aufgedeckt, mich festgelegt, bloßgestellt, mich gebunden ausgeliefert: ein elendes Gefühl, – das durch das Bewußtsein, dies alles auf eine möglichst geschmeidige und *un*verbindliche Art getan zu haben, nur wenig gelindert wird…". (14.1, 170) Das Bedenkliche ist nicht nur der Aufwand an Zeit und Kraft, sondern vor allem auch der Umstand, daß der Essay Direktheit abverlangt. Plump gesagt: Der Autor kann sich nicht hinter dem Erzähler, nicht hinter Figuren verstecken. Er muß sich selbst zeigen. Das aber wurde schon relativiert: Der Autor verfügt über genügend rhetorische Kompetenz, um sich zur Figur zu machen.

In gewisser Weise erlaubt die Essayistik Korrektur: Ein Roman ist fertig und definitiv, ein Essay auch, nicht aber die Essayistik als solches. Es gibt hier zeitlebens kein letztes Wort. So kennen wir nur einen Goethe-Roman, aber vier Goethe-Essays. Ergänzungen, Aktualisierungen sind in weiteren Essays jederzeit möglich, auch, Schritt für Schritt und Schrift für Schrift im Ganzen dem Gültigen etwas näher zu kommen.

Das essayistische Werk ist weniger umfangreich als das fiktionale. In der GKFA gelten zwölf Bände dem Erzählwerk, sieben den Essays. Diese waren nicht zweitrangig. Aber doch nachrangig? Nun, sie waren meist nicht das Hauptgeschäft, sondern wurden zwischendurch (etwa „[n]ach dem Thee", Tb, 21.3.1921) geschrieben, wodurch sie das „Musizieren" nicht verdrängten. Aber man kann sich Thomas Mann ohne Essayistik schlechthin nicht denken. Es läßt aufhorchen, daß er eine „Leidenschaft" für sie bekennt, die der erzählerischen Arbeit abgehe.

Zudem hatten die Essays in der schriftstellerischen Ökonomie meist die Funktion der Komplementarität, sie ergänzten das Erzählwerk. Kurze Texte waren in kurzer Zeit herzustellen, sie behinderten die Arbeit an Roman und Erzählung nur wenig. Deshalb sprenkelt die Entstehungszeit der Essays die ganze Lebenszeit. Sie fällt nicht nur *zwischen* jene der großen Werke, sondern auch *in* diese.

Zuweilen kam es vor, daß sie zum Hauptgeschäft avancierten, so vor allem die *Betrachtungen eines Unpolitischen*. Aber auch viele kürzere Essays besetzten die Tage ganz selbstverständlich und verdrängten das Erzählen nicht nur vorübergehend. Damit zusammen hängt zum einen, daß die besten Essays das ästhetische Niveau des Erzählwerks halten, aber auch, daß Thomas Mann das innere Bedürfnis hatte (eben von der „Leidenschaft" besessen war), sich von Zeit zu Zeit diskursiv zu äußern. Dann ließ er sich das Thema nicht von außen diktieren, sondern wählte es selbst. Auch die Umfragen behandelte er im übrigen nie als Schulprüfung. Er gab Antwort nur, soweit es ihm paßte, andererseits aber Antwort auf gar nicht gestellte Fragen. Es gehört zu den Eigenheiten von Essays, daß sie ohne genaues Thema bestehen können.

Vielleicht erfüllten die „zwischen den Werken gewachsen[en]“ (XI, 695) Essays auch jene Funktion, die manche kleineren Erzählungen zwischen den Romanen innehatten, nämlich der Sammlung und Erholung, bis es im Großen weiterging. Die Essays umranken und durchschlingen das Erzählwerk nicht nur bei der Produktion, sondern auch thematisch, psychologisch und ästhetisch. Es gibt offene und verdeckte Anspielungen. Da wird gedeutet, nachbearbeitet, aber auch schon vorbereitet. In Essays können Denkformen probiert werden, die später im Erzählwerk ausgeführt werden. Zum Beispiel kristallisierte sich die Polarität Bürger-Künstler erstmals schon im Essay *Carl von Weber: „Ehre ist Zwang genug“* vom Oktober 1896 heraus (vgl. 14.2, 66).

Es ist zulässig, die Essays auf ihre Bedeutung für das Erzählwerk zu befragen. Nicht vergessen werden darf dabei aber ihr Eigenwert. Sie waren, neben Tagebuch und Briefwerk, eine weitere literarische, nun nicht private, sondern öffentliche Form, sich über sich selbst klar zu werden, sich zu positionieren und andere neben sich. Thomas Mann begriff die Essayistik als Arbeit am Gesamtwerk, als Stufen im Aufstieg zur Größe. Rolf G. Renner spricht zu Recht von „Einheit“: „Zum einen erweist sich, daß fiktionale und essayistische Texte bei Thomas Mann um dieselben Bilder, Diskurse, Phantasien und produktiven Entwürfe zentriert sind [...]. Zum anderen zeigt sich das essayistische Werk nicht anders als das ästhetische einer Selbstreflexion verbunden“.[24]

Zum Eindruck der Einheit trägt auch der Umstand bei, daß Erzähl- und essayistisches Werk fließende Übergänge haben. Einerseits können narrative Elemente in die Essayistik aufgenommen werden (zum Beispiel der Anfang der Schiller-Rede von 1955), andererseits lassen sich wiederholt essayistische oder auch „scheinessayistische“ (an René Schickele, 24.11.1933) oder „pseudo-essayistische“ (an Fredrik Böök, 18.7.1934) oder „humoristisch-pseudowissenschaftliche“ (23.1, 267) Einschübe in Romanen und Erzählungen erkennen.[25] So hat Thomas Mann, der einmal betont hat, er wolle „die Grenze zwischen Essay und Dichtung nicht fester“ machen, „als sie ist“ (23.1, 399), in *Lotte in Weimar* eine Passage aus *Goethe als Repräsentant des bürgerlichen Zeitalters* aufgenommen, was er später für einen „essayistischen Fremdkörper“ (an René Schickele, 27.11.1937) angesehen hat. Goethe ist andererseits in den Essays präfiguriert, er wandelt schon auf essayistischem Grund, bevor Lotte ihn heimsucht. Bei

[24] Rolf G. Renner: Literaturästhetische, kulturkritische und autobiographische Essayistik, in: TM Hb, 629-677, 632.

[25] Vgl. ebd., S. 633: Die „ästhetischen Texte Thomas Manns [sind] häufig von diskursiven und essayistischen Passagen durchsetzt“.

Tonio Kröger gibt es ein „lyrisch-essayistisches Mittelstück" (XI, 115). Max Frisch hat in diesem Zusammenhang im *Tagebuch 1946–1949* von der „kostümierten Essayistik bei Thomas Mann" gesprochen.[26]

Dieser seinerseits hat auf zwei Unterschiede hingewiesen: Er hielt seine Essayistik für mehr zeitgebunden als sein dichterisches Werk (vgl. an Harry Slochower, 1.9.1935), und sah sodann eine Differenz bei der Darstellungsform: „Die großen Gegensätze werden schicklicher Weise nur in der Tragödie und im Essay in Reinkultur vorgestellt. Der Roman, auch wenn er Geist hat, muß das Leben in seiner Rundheit geben." (An Martin Havenstein, 9.5.1912; 21, 497)

Verhältnis zu Tagebuch und Briefen

Auch mit dem Brief- und dem diaristischen Werk sind die Essays zwingend in Verbindung zu setzen, nicht nur in Bezug auf das autobiographisch-konfiterische Merkmal. In Briefen und Tagebüchern gibt es immer wieder essayistische Passagen, und umgekehrt kommt es da zu Gedanken und Formulierungen, die sich später in Essays wiederfinden. Ein Beispiel dafür ist der *Briefwechsel mit Bonn*, der über längere Zeit hinweg in Brief und Tagebuch vorbereitet wird, bis sich dann alles in dieser bedeutenden Schrift kristallisiert.

Die Abgrenzung zur Gattung „Brief" kann manchmal Schwierigkeiten bereiten. Offene Briefe, die, über den formalen Adressaten hinaus, an die Öffentlichkeit gerichtet sind (zum Beispiel *Ein Brief*, *An den Buchhändler Heinrich Jaffe*), fallen unter die Essays. Das ist der Fall bei zum Abdruck bestimmten „Briefen" an Redaktionen. In den „Regesten und Register" sind solche Texte gelegentlich aufgeführt, in der Werk-Bibliographie von Georg Potempa[27] aber zuverlässig unter Essays, und so sind sie, was die GKFA betrifft, in die um Vollständigkeit bemühte Essay-Abteilung aufzunehmen und nicht den Briefen zuzuzählen, unter denen eine Auswahl getroffen werden muß.

[26] München: Droemer 1965, S. 178f.

[27] Georg Potempa: Thomas Mann – Bibliographie. Das Werk, Mitarbeit Gert Heine, Morsum/Sylt: Cicero 1992.

Haupttypen

Ein Wort nun zu den Haupttypen von Manns Essays, den autobiographischen, den politischen und den Dichteressays.

1. Autobiographische Essays

„Autobiographie aber ist alles ...“: Die Zusammenstellung sei, heißt es im Vorwort zum Sammelband *Altes und Neues*, „beinahe [...] Ersatz für eine Autobiographie“ (XI, 695). In der Tat: Neben den als solches deklarierten Texten sind auch viele andere autobiographischen Gepräges. Antworten auf Rundfragen können es sein, Aussagen zu den Lieblingsplatten oder dazu, was der Dichter gerade schreibt und liest, und zu dieser Gruppe gehört etwa auch der launige Bericht aus der Familie *[Eine Liebhaberaufführung im Hause Mann]*. Stilistisch gibt Thomas Mann dem Autobiographischen durchwegs eine eigene Färbung – seine Texte sind sogleich als Thomas-Mann-Texte erkennbar.

2. Politische Essays

Seit dem Kriegsausbruch 1914 ist Politik ein selbstverständlicher Bestandteil der Weltsicht. Von diesem epochalen Umbruch an kommt es auch zu politischen Essays, zunächst zu Kriegsaufsätzen. *Gedanken im Kriege* war die erste politische Schrift Thomas Manns. Mit ihr begann ein neues Genre. Es ging nun nicht mehr um das Werk eines Nachmittags oder weniger Tage. Vielmehr entstand der Text während Mitte August und Anfang Oktober 1914. Wir wissen nicht genau, wie es zu ihm gekommen ist, aber sicher war es keine Rundfragenantwort. Der Antrieb kam hier ebensosehr von innen wie bei dem Gewalts-Essay der *Betrachtungen*.

Gedanken im Kriege ist ein Musterbeleg für das „Sich-Kompromittieren“, denn er wurde dem Autor immer wieder vorgehalten, zuerst von der Seite der Kriegsgegner und der Frankophilen, dann, nach der republikanischen Wende, von den Antirepublikanern, den Nazis, später auch wieder in den USA. Hat *Gedanken im Kriege* zwanzig Seiten Umfang, so geht *Friedrich und die große Koalition* sogar über 70 Seiten. Diese Essays führten die Unterart der langen Texte fort, welche sich später vor allem auf die Porträtierung von Künstlern bezogen; vor dem Ersten Weltkrieg war mit 45 Seiten der *Versuch über das Theater* (1907) der umfangreichste Text gewesen. Die politischen Essays dienen nicht immer primär der Selbstvergewisserung, sie können auch zum Aufruf werden wollen. Naturgemäß geht ihnen das Lockere, Lässige, Leichte ab, das sonst zu den Merkmalen von Essays gerechnet wird. Flanieren, das ist kein übliches Verhalten im Krieg, und so ist der Begriff „Kriegsessay" eigentlich ein Widerspruch in sich.

3. Dichteressays

Neben den politischen Essays am meisten Beachtung gefunden haben stets die Dichteressays. Mit Vorliebe gehen die Essayisten „den poetae minores nach, den Randgestalten, den Vergessenen"[28]. Thomas Mann hält es hierin anders. Seine Arbeiten sind den Grossen und Bedeutenden gewidmet, die in jenem Zentrum der Aufmerksamkeit stehen, das er für sich selbst beansprucht. Es seien „Huldigungen für geliebte Führer und Bildner meines Lebens" (XI, 694). Die Essays sind ein Gradmesser für die Bedeutung, die ein Künstler in seinen Augen besaß: Je höher er ihn schätzte, desto ausführlicher hat er ihn essayistisch gewürdigt. Die Galerie ist lang: Goethe, Schiller, Wagner, Schopenhauer, Nietzsche, Kleist, Tolstoi, Dostojewski, Tschechow, Ibsen, Fontane, Heine, Freud, Shaw, Hauptmann. Diese Essays haben, wie Thomas Mann am Beispiel Wagner sagte, „lange und tiefe Wurzeln in meinem Leben" (an Henri Focillon, 19.10.1933). Und gerade den Wagner-Aufsatz von 1933 hielt er für seine bis dato „beste essayistische Arbeit" überhaupt (an Otto Veit, 3.12.1934).

In diesen Essays nimmt Thomas Mann Maß. Er mißt die Kollegen, er mißt sich an ihnen, zunehmend aber sie an sich selbst. Er wird dann zu jenem, der die Vorgänger schafft, modelliert, stilisiert. Hans Vaget und Heinrich Detering haben darauf hingewiesen, daß etwa Manns Essay *Der alte Fontane* für das Fontane-Bild weitreichende Folgen hatte (14.2, 361). Der Status von Dichtern in der Nachwelt verdankt sich der Nachwelt. Deshalb haben viele hier Thomas Mann zu danken. Wohl enthalten seine Dichter-Essays identifikatorische Passagen, ja regelrechte Anverwandlungs-Etüden. Im Ganzen aber herrscht keine hagiographische Tendenz, immer kommt Kritik hinzu. Diese Mischung aus Affirmation und Kritik gilt auch in Bezug auf Thomas Mann selbst: Er fand, worin man ihm beipflichten muß, geistvolle Polemik stets erhellender als geistloses Lob.

[28] Rohner (zit. Anm. 2), S. 395.

Entwicklungen

Die Essays zeigen Entwicklungen an in Thomas Manns Verhältnis zu bestimmten Personen und Themen, etwa zu Freud und der Psychoanalyse, oder zur Demokratie, oder zur Homosexualität. Ohne weiteres lassen sich aber auch bei Thomas Mann *als Essayisten* Veränderungen erkennen. Heinrich Detering bemerkt in seinem magistralen Nachwort zum ersten GKFA-Essayband: „In den einundzwanzig Jahren [...] bis zum Kriegsausbruch 1914 entwickelt sich [...] ein essayistisches Werk von beachtlichem Umfang, erstaunlicher Vielfalt der Themen, Positionen und Ausdrucksmittel und von literarischer Leuchtkraft." (14.2, 578) Für den Zeitraum 1914–1926 hält Hermann Kurzke in seinem nicht minder brillanten Kommentar fest, Thomas Mann habe sich als Essayist frei geschrieben und gefestigt. Aufwendige, mehr als hundert Druckseiten starke Arbeiten gelingen, wie die Groß-Essays *Friedrich und die große Koalition* oder *Goethe und Tolstoi.* Es gibt keine gescheiterten Projekte mehr wie einst *Geist und Kunst.* Die Texte erscheinen meistens an gut sichtbaren Plätzen, nicht mehr so versteckt wie in den frühen Jahren; die großen Zeitungen Europas stehen dem Autor jetzt offen. (15.2, 867)

Mit den *Briefen aus Deutschland* wendete sich Thomas Mann erstmals explizit an ein außerdeutsches Publikum. Dies wurde im amerikanischen Exil dann natürlich fortgeführt. Auch in den USA war die Gattung Essay bekannt und populär; Thomas Mann kam nie auf den Gedanken, sie nicht weiterzuführen, auch wenn seine Essays nun auf englisch erschienen.[29]

In der großen Schaffensplanung hatte die Form an Wert noch gewonnen – Essays störten nicht mehr nur das Musizieren, sondern konnten selbst Musik und Komposition[30] sein, sonst hätte Thomas Mann sich nicht die ganz großen Essays vorgenommen. Mehrere von ihnen machten Karriere, hatten Erfolg und Resonanz und wirkten auf den Autor zurück (19.2, 836). Manche zeugen im literarischen Werk neues Leben. Eine wenig beachtete Sentenz wird zum ehernen Zitat im *Tod in Venedig* (vgl. 14.2, 579f.), andere Passagen sehen sich Jahrzehnte später wörtlich in weitere Essays übernommen. Man kann daher die vielen Essays auch als *einen einzigen Text* lesen, in dem nach vorne und zurückverwiesen wird, in dem immer mehr miteinander zusammenhängt. Viele durchlaufende Fäden lassen sich im essayis-

[29] Das ging so: „Thomas Mann schrieb den Text in seiner deutschen Handschrift. Davon wurde eine deutsche Typoskript-Abschrift hergestellt für den Übersetzer oder für den Druck." (19.2, 838)

[30] Vgl. zum Wagner-Aufsatz: „Ich schreibe mir erst noch mein Material zusammen und mit der Komposition ist noch kaum begonnen." (an Félix Bertaux, 1. Januar 1933)

tischen Gewebe entdecken, und so verwandelt sich tatsächlich jeder Essay zum Bruchstück einer großen Konfession. Renner spricht von „diachronen Zusammenhängen, sie sind Teil von Vorstellungen und programmatischen Entwürfen, die Thomas Mann ein Leben lang bestimmen".[31] Die Essayistik, so schroff ihre Themen wechseln, bildet doch ein Kontinuum. Quer durch konturieren sich Motive und Gedankenstrukturen heraus. So war Thomas Mann in den frühen Jahren beschäftigt mit der Suche nach seinem Platz zwischen „Plastik" und „Kritik". Es handelte sich oft um das Problem der künstlerischen Produktivität oder um die Frage nach dem Ort des Schriftstellers in der Gesellschaft. Dabei ging es Thomas Mann auch darum, eigenen Positionen Gehör zu verschaffen, sie öffentlich durchzusetzen. Immer wieder versuchte er seiner eigensten Kunstform, dem Roman, zentrale Geltung zu sichern, im *Versuch über das Theater*, in *[Roman und Theater in Deutschland]*, in *Der alte Fontane*, im langen Kampf gegen den Gesamtkunstwerks-Anspruch von Wagner-Essays und anderen Texten mehr (vgl. 14.2, 358 f.).

Seit 1914 arbeitete Thomas Mann übrigens „häufig mit Textbausteinen, d.h. er übernimmt Zitate, Argumente, Passagen und ganze Absätze aus anderen Arbeiten, montiert sie neu zusammen, furniert sie vorne und hinten für den neuen Zweck" (15.2, 874). In diesem Zusammenhang sei noch darauf hingewiesen, daß manche Essays nicht oder nicht allein von ihm stammen; in solchen Fällen hat ein Familienmitglied den Wortlaut nach seinen Anweisungen formuliert (vgl. 19.2, 107).

Sammelbände

Regelmäßig hat Thomas Mann – eine weitere Form der Zweitverwertung – seine nicht-erzählerischen Arbeiten zu Sammelbänden gebunden. So kamen 1915 *Friedrich und die große Koalition*, 1922 *Rede und Antwort* heraus. Dieser Titel war etwas zufällig, vorher hätte der Band „Improvisationen" oder „Zwischenfälle" heißen sollen (15.2, 244). Sammelbände sind in der Regel Auswahlbände, auch *Rede und Antwort* war es. Von den damals vorliegenden rund 150 Texten wurden 44 aufgenommen. Weg fielen vor allem die politischen, die polemischen und die allzu persönlichen Texte. Sie betrachtete Thomas Mann offenbar einerseits als besonders zeitgebunden und daher veraltet, andererseits mochte ihm nun, 1921, daran gelegen sein, seine Meinungen aus den Kriegsjahren nicht erneut unter die

[31] Renner (zit. Anm. 24), S. 629.

Leute zu bringen. Stefan Zweig schrieb dazu: „Im strengeren Sinn hat das Buch keine Gegenstände, obzwar es meisterlich über Fontane, Friedrich den Großen, Chamisso, Heine und Keyserling spricht, sondern bloß einen Gegenstand: Thomas Mann." (15.2, 245) Zweig strich also, nur leicht überzeichnend, die starke Subjektivität dieser Texte mit ihrer endlosen Verdeutlichung des Eigenen heraus.

Indem er seine Texte in die Sammelbände aufnahm, hat Thomas Mann sie für wiederabdruckungswürdig erachtet. Er spielte dies allerdings herunter: Freunde seien es gewesen, die nach früheren Texten gerufen hätten, schreibt er im *[Vorwort zu „Altes und Neues"]*, und so habe er „aus den alten Büchern" ausgelesen, „was mir darin zur Not noch heute gefallen wollte" (XI, 694). Als es 1934 darum ging, ob eine Laudatio auf Gerhart Hauptmann aufzunehmen sei, der auch unter dem neuen Regime in Deutschland verblieben war, hatte Thomas Mann zwar Skrupel, weil man ihm die Aufnahme in Exilantenkreisen verübeln würde, entschied sich aber zuerst doch dafür, denn: „Was ich geschrieben habe, habe ich geschrieben." (An Gottfried Bermann Fischer, 21.6.1934) Die Skrupel verstärkten sich indes bei der Beschäftigung mit den Korrekturen, und so fiel der Text am nächsten Tag doch weg. „Was ich geschrieben habe, habe ich geschrieben" (an Gottfried Bermann Fischer, 22.6.1934), meinte Thomas Mann erneut, aber die Stunde der Wiederveröffentlichung komme erst später.

Ein Sammelband war mehr als die Summe seiner Teile, nicht nur äußerlich ein Buch. Die aufgenommenen Texte veränderten ihren Charakter und jedenfalls ihr Erscheinungsbild. Sie standen nun in einem anderen Kontext; dabei fiel auch das Ephemere von Zeitungsartikeln weitgehend von ihnen ab. Das Buch war immer das Ziel des Romanciers, die Materialisierung seiner Kunst, und außerdem führte der Sammelband zum ultimativen Ziel Gesammelter Werke. Schließlich waren Sammelbände auch verlegerisch von Interesse, auch wenn ihr Absatz nicht immer erfreute.[32] So kamen in schöner Folge weitere Sammelbände hinzu: *Bemühungen*[33] (1925), *Die Forderung des Tages* (1930), *Leiden und Größe der Meister* (1935), *Achtung Europa!* (1938), *Adel des Geistes* (1945), *Neue Studien* (1948), *Altes und Neues. Kleine Prosa aus fünf Jahrzehnten* (1953), nach Thomas Manns Tod dann noch *Nachlese* (1956). Die Titel seiner Sammelbände sind – auch dies

[32] Vgl. an Anton Kippenberg, 1. Juni 1931: „Essaybände werden so wenig gekauft, und ich habe so oft die Erfahrung gemacht, daß auch meine Aufsätze dem Publikum unbekannt sind." (23.1, 532)

[33] Vgl. an Korfiz Holm, 19. Juli 1925: „Ich nehme den Aufsatz jetzt auch in den X. Band meiner ‚Gesammelten' hinein, der ‚Bemühungen' heißen wird (eine noch nie gefundene Übersetzung von ‚Essays') [...]." (23.1, 176, vgl. auch 177, 186)

nicht untypisch – so allgemein und auswechselbar, daß man aus ihnen nicht erriete, welche Texte darunterfallen.

Leiden und Größe der Meister hielt Thomas Mann für seine „beste" und „geschlossenste" essayistische Sammlung – „in den früheren war zuviel kleines Gelegenheitszeug" (an Annette Kolb, 9.4.1935). Er sprach ihr auch „Wahrheitsliebe" und „skeptische Nuanciertheit" zu.[34] Seine weiteren Äußerungen dazu zeigen, daß er diesen Sammelband als Ausweis der Zeitzeugenschaft, ja mehr als das: als Zeugnis einer verantwortlichen Zeitgenossenschaft wie auch seiner Integrität verstand. Dem in Deutschland verbliebenen Ernst Bertram schrieb er, er hoffe, „das neue Essaybuch" lasse ihn „die Einheit, Kontinuität, Notwendigkeit meines Wesens und meiner Haltung" empfinden, „das ‚Organische' darin" (an Ernst Bertram, 4.6.1935).

Auch in den USA erschienen, übersetzt, solche Sammelbände, zum Beispiel *Three essays* (1929) oder *Past masters and other papers* (1933), und auch an ihnen war Thomas Mann durchaus „gelegen" (an Helen Lowe-Porter, 18.6.1933).

Daß manche Sammelbände weitere Auflagen erlebten, schuf Gelegenheit zu redaktioneller Bearbeitung. Thomas Manns im TMA erhaltenes Belegexemplar von *Adel des Geistes* zeigt, daß er es wieder las und dabei Anstreichungen, Kürzungen und Änderungen vornahm (vgl. 19.2, 62 f.).

Einzelbeobachtungen

1. Antwort auf Rundfragen

„Le style c'est le corps", schreibt Gottfried Benn in seinem Essay *Genie und Gesundheit* (1930)[35]. Es kommt also sehr wohl darauf an, in welcher Verfassung der Körper ist, der Kunst produziert. Deshalb richteten sich mehrere Rundfragen auf die physischen Gegebenheiten, zum Beispiel so:

1. Nehmen Sie regelmäßig vor der künstlerischen Arbeit Alkohol in irgend einer Form zu sich, und welche Wirkungen schreiben Sie dem zu? – 2. Haben Sie, falls Sie nicht regelmäßig Alkohol vor der Arbeit nehmen, es aber gelegentlich doch

[34] Vgl. an Gottfried Bermann Fischer, 26 April 1934: „Aber glauben Sie nicht, daß heute wirklich die Schweiz der richtige Erscheinungsort ist für diese Aufsätze mit ihrer Wahrheitsliebe und skeptischen Nuanciertheit? Man kann doch heute beides in Deutschland nicht brauchen."

[35] Gottfried Benn: Gesammelte Werke in der Fassung der Erstdrucke, Prosa und Autobiographie, hrsg. von Bruno Hildebrand, Frankfurt/Main: S. Fischer 1984, S. 108.

einmal getan haben, dann eine Steigerung oder eine Hemmung Ihrer Arbeitsleistung beobachtet? – 3. Sehr dankenswert wäre eine Mitteilung Ihres Standpunktes zur Alkoholfrage im allgemeinen, besonders aber Ihrer Beobachtungen über die Wechselwirkung zwischen Alkohol und Dichtung. (14.2, 170)

Thomas Mann gab auch dazu bereitwillig Auskunft. Diese Rundfragen hatten, wie man sieht, den Gewinn, ihn zu Stellungnahmen zu veranlassen, zu denen es sonst wohl kaum gekommen wäre. Zum Beispiel auch zur Frage, ob er Sport treibe. Meistens sind seine Antworten selbsterklärend: Man kann sie lesen und verstehen, ohne daß man die Umfrage selbst kennen muß. Ganz allgemein braucht man bei Essays keine Vorkenntnisse zu haben, der Text transportiert mit, was man zum Verständnis wissen muß. Vielleicht ist dies aber aufgrund des zeitlichen Abstands heute weniger der Fall, und jedenfalls ist man dankbar für den Kommentar, den die GKFA-Bände bieten.

2. *Kunstleitung*

Viele solche Antworten sind kein einfacher Bericht, sondern eine veritable Kunstleistung. Zum Beispiel hatte sich Thomas Mann im Rahmen einer Rundfrage an deutsche Schriftsteller und Künstler von 1903 zum französischen Einfluß auf das eigene Werk zu äußern (*Der französische Einfluß*). Es handelt sich um eine künstlerisch-autobiographische Stellungnahme, im Gegensatz aber etwa zum Tagebuch um eine veröffentlichte. Sie ist durchaus stilisiert. Es geht Thomas Mann nicht um Gerechtigkeit oder objektive Wahrheit, sondern um Bekanntmachung eines bestimmten Selbstbildes. Klärung und Verklärung gehen Hand in Hand. Er nennt manche Dichter nicht, die er früher genannt hat, und verkleinert die Bedeutung einzelner Autoren (14.2, 87). Er gibt also im Wortsinn nicht Auskunft, sondern teilt ein Bild mit, das der Wirklichkeit nur beschränkt entspricht. Gleichzeitig nimmt er sich die Freiheit heraus, auch über Gegenstände zu sprechen, auf die sich die Frage gar nicht bezog, nämlich „über sein Verhältnis zu Wagner, über seine (welt-)literarischen Vorbilder und über sein Verhältnis zum ‚Nationalismus'". (14.2, 87)

3. *Süßer Schlaf*

Nicht als Antwort auf eine Umfrage entstand der Essay *Süßer Schlaf* (1909). Sein Gegenstand ist „essay-mäßig". Auch seine Machart ist es. Er richtet sich nicht an ein konkretes Publikum, etwa eine Redaktion oder die Leserschaft einer Zeitschrift, er gibt nicht Antwort auf eine von andern gestellte Frage. Er kommt viel „poetischer" daher.

Süßer Schlaf ist ein Muster dafür, wie man objektive und subjektive Aussage ineinander verwebt. Der erste Abschnitt handelt vom Schlaf als solchem, der zweite von Thomas Manns Kinderschlaf. Wen interessiert das? Danach fragt der Autor nicht. Er tut so, als sei alles hochinteressant, oder auch, als erzählte er für sich selbst, als brauchte das gar niemanden zu interessieren. Der erste Satz führt über elf Zeilen und ist reine Artistik. Den Schluß bildet ein Bekenntnis zu Richard Wagner. Dorthin mußte dieser Essay nicht führen, damit mußte er nicht enden. Der Essay könnte mehr oder weniger auch von hinten nach vorn gelesen werden, er könnte halb so lang sein oder doppelt so lang; und beim Lesen weiß man nie, was als nächstes kommt und wie lange „es noch geht".

Der Essay stellt sich hin, als gebe es nur ihn, obwohl er weiß, daß er sich einer langen Reihe von Vorgängern anfügt, er suggeriert Gegenwärtigkeit, reine Gegenwärtigkeit ohne Rückbindung. Und der Autor tut so, als spreche er so vor sich hin, gewissermaßen aus unmittelbarem Entzücken, dabei ist seine Sprache hochliterarisch, er macht Anspielungen und verdeckte Zitate. Auf acht Seiten drängen sich Märchen, Bildvorlagen, antike Mythologie, literarische Tradition – Schiller, Grillparzer, Kleist –, Biologie, Bibel und Buddha (vgl. 14.2, 285 ff.).

4. Geist und Kunst

Nicht alle Essaypläne reiften. So wollte Thomas Mann eine Art Poetik schreiben, einen großen Essay „Geist und Kunst". Es ging ihm dabei nicht um Darstellung einer eigenen Meinung, sondern erst darum, zu einer solchen vorzustoßen, sich selbst also über einen Gegenstand zu verständigen. Der Essay kam aber bekanntlich nicht zustande. Seine „essayistische Disziplin" habe nicht ausgereicht, schrieb Thomas Mann, „ihn zu komponieren" (14.1, 354). Ganz gleich tönt das wie beim Verfassen erzählender Literatur. Es ging hier um schwierigste Fragen, um Begriffe, Positionen, um Zusammenhänge, auch um Festlegungen, das war alles andere als ein Improvisieren. Mehr oder weniger geheimes Vorbild war Schillers schon erwähnter Essay über *Naive und sentimentalische Dichtung* (1795). Es gelang Thomas Mann nicht, das Ganze beziehungsreich zu verzahnen, und so blieb es Steinbruch und der Essay „ein Werk meines verstorbenen Freundes G. v. Aschenbach" (21, 512). Dieses Scheitern läßt die Ansprüche erkennen, die Thomas Mann an seine Essayistik stellt. Sie erklären, weshalb manche Essays nicht einmal geplant wurden. Sie waren „ein ernstes und anspruchsvolles literarisches Unternehmen“ (23.1, 663), wie Thomas Mann ausführte, als er es ablehnte, einen Essay über Musils *Der Mann ohne Eigenschaften* zu verfassen.

Rezeption

Verglichen mit dem Erzählwerk ist die wissenschaftliche Beschäftigung mit Thomas Manns Essaywerk entschieden geringer. Die Bibliographie einschlägiger Sekundärliteratur bleibt überschaubar. Das Sachregister der Zusammenstellung der Rezeption von Klaus W. Jonas und Holger R. Stunz[36] enthält für die Jahre 1907–2008 lediglich zehn Hinweise auf Veranstaltungen zur Essayistik; davon betreffen die meisten nicht einmal Thomas Mann.

Zum Band *Bemühungen* (1925) schrieb Richard Specht, Thomas Mann sei der „Stilmeister des heutigen Deutschland“.[37] Später war die Aufnahme kritischer. So fand Klaus Günter Just 1960 Thomas Mann als Essayist „ein wenig provinziell“. Seine Essayistik stehe künstlerisch nicht auf der Höhe der epischen Produktion, sondern wirke merkwürdig konservativ.[38] Bruno Berger meinte, die „stilistische Vollendung und Reichhaltigkeit der Aussage“ könne „nicht darüber hinwegtäuschen, daß es Th. Mann nicht gegeben ist, metaphysische Bezüge herzustellen, und daß Intuition durch schärfste Beobachtungsgabe, wachesten Verstand, kritischen Intellekt und funkelndste Ironie – eben nicht ersetzt werden kann“.[39] Solche Kritik kann nicht mehr ernst genommen werden. Sie zeigt aber, mit welchen Maßstäben Manns Essays noch in den 1960er Jahren zu Leibe gerückt wurde. Offenkundig haben sie ihre große Zeit noch vor sich.

[36] Klaus W. Jonas/Holger W. Stunz: Die Internationalität der Brüder Mann. 100 Jahre Rezeption auf fünf Kontinenten (1907–2008), Frankfurt/Main: Klostermann 2011 (= TMS XLIII), S. 468. Hinzu kommt noch ein einschlägiger Eintrag auf S. 73. Hervorzuheben sind die Herbstkolloquien der Deutschen Thomas-Mann-Gesellschaft zu den Themen „Thomas Manns Essays über Schriftsteller“ (1998) und „Thomas Mann und die Politik (Essays II)“ (1999).

[37] Richard Specht: Thomas Manns Essaywerk, in: Neues Wiener Journal, 22. August 1926; vgl. dazu 23.1, 248.

[38] Klaus Günther Just: Essay, in: Deutsche Philologie im Aufriß, hrsg. von Wolfgang Stammler, Bd. 2, 2. Aufl. Berlin 1960, Sp. 1898–1948, 1938.

[39] Bruno Berger: Der Essay, Form und Geschichte, Bern: Francke 1964 (= Sammlung Dalp XCV), S. 231.

Literatur

1. Primärliteratur:

Thomas Mann: Essays, nach den Erstdrucken, textkritisch durchgesehen, kommentiert und hrsg. von Hermann Kurzke und Stephan Stachorski, 6 Bände, Frankfurt/ Main: S. Fischer 1993 ff.

Thomas Mann: Große kommentierte Frankfurter Ausgabe (GKFA). Erschienen sind:

Band 13: *Betrachtungen eines Unpolitischen*, 2009
Band 14: Essays I 1893–1914, 2002
Band 15: Essays II 1914–1926, 2002
Band 19: Essays VI 1945–1950, 2009.

In Bearbeitung sind:
Band 16: Essays III 1926–1933
Band 17: Essays IV 1933–1939
Band 18: Essays V 1939–1945
Band 20: Essays VII 1950–1955.

2. Sekundärliteratur

Blackman, Ruth: Mann's Last Essays: Author as Critic, in: The Christian Science Monitor, 19.2.1959.

Brener, Bernhard. J.: The interrelationship of the essays and the fiction of Thomas Mann as revealed through selected works, Diss. New York 1959.

Carlsson, Anni: Der Kritiker Thomas Mann, in: Universitas. Zeitschrift für Wissenschaft, Kunst und Literatur, Jg. 22 (1967), S. 1181–1188.

Eder, Jürgen: „Allerlei Allotria". Grundzüge und Quellen der Essayistik bei Thomas Mann, Diss. Bonn: Bouvier 1993 (= Studien zur Literatur der Moderne, Bd. 24).

Exner, Richard: Roman und Essay bei Thomas Mann. Probleme und Beispiele, in: Schweizer Monatshefte, Jg. 44 (1964/65), S. 243–258.

Exner, Richard: Zur Essayistik Thomas Manns, in: Germanisch-Romanische Monatsschrift, N.F., Bd. 12 (1962), S. 51–78.

Gisselbrecht, André: Essay und Roman bei Thomas Mann, in: Werk und Wirkung Thomas Manns in unserer Epoche, hrsg. von Helmut Brandt und Hans Kaufmann, Berlin/Weimar: Aufbau-Verlag 1978, S. 88–116.

Heine, Gerd: Thomas Mann lobt, in: Blätter der Thomas Mann Gesellschaft, Nr. 21 (1985/86), S. 5–15.

Koopmann, Helmut: Nachwort, in: Thomas Mann: Rede und Antwort. Über eigene Werke, Huldigungen und Kränze. Über Freunde, Weggefährten und Zeitgenossen, Frankfurt/Main: S. Fischer 1984.

Kurzke, Hermann: Die politische Essayistik, in: Thomas-Mann-Handbuch, hrsg. von Helmut Koopmann, 3. Aufl., Stuttgart: Kröner 2001, S. 696–706.

Kurzke, Hermann: Einleitung, in: Thomas Mann: Essays III: Schriften über Musik und Philosophie, ausgewählt, eingeleitet und erläutert von Hermann Kurzke, Frankfurt/Main: Fischer Taschenbuch 1978, S. 7–25.

Lesniak, Slawomir: Thomas Mann, Max Rychner, Hugo von Hofmannsthal und Rudolf Kassner – eine Typologie essayistischer Formen, Würzburg: Königshausen & Neumann 2005

Mörchen, Helmut: Schriftsteller in der Massengesellschaft. Zur politischen Essayistik und Publizistik Heinrich und Thomas Manns, Kurt Tucholskys und Ernst Jüngers während der Zwanziger Jahre, Stuttgart: Metzler 1973.

Reich-Ranicki, Marcel: Thomas Mann als literarischer Kritiker, in: Thomas-Mann-Handbuch, hrsg. von Helmut Koopmann, 3. Aufl., Stuttgart: Kröner 2001, S. 707–720.

Renner, Rolf Günter: Literarästhetische, kulturkritische und autobiographische Essayistik, in: Thomas-Mann-Handbuch, hrsg. von Helmut Koopmann, 3. Aufl., Stuttgart: Kröner 2001, S. 629–677.

–: Repräsentanz und Selbstprüfung: Thomas Mann in der Emigration, in: Das Subjekt der Dichtung. Festschrift für Gerhard Kaiser, hrsg. von Gerhard Buhr/Friedrich A. Kittler/Horst Türk, Würzburg: Könighausen & Neumann 1990, S. 119–137.

Schopf, Roland: Physiognomisches Sehen in der literarkritischen Essayistik Thomas Manns, Heidelberg: Winter 1978 (= Beiträge zur neueren Literaturgeschichte, Folge 3, Bd. 36).

Siefken, Hinrich: Der Essayist Thomas Mann, in: Thomas Mann, hrsg. von Heinz Ludwig Arnold, 2., erw. Aufl., München: Ed. Text + Kritik 1982, (= Sonderband Thomas Mann) S. 133–147.

Specht, Richard: Thomas Manns Essaywerk, in: Neues Wiener Journal, 22.8.1926.

Temming, Tobias: „Bruder Hitler“? Zur politischen Bedeutung Thomas Manns. Essays und Reden aus dem Exil, Berlin: Wissenschaftlicher Verlag 2008.

Tucci, Francesca, Der Künstler, der Literat und die Widersprüchlichkeit des Deutschtums. Thomas Manns Essayistik 1893–1919, in: Wege des essayistischen Schreibens im deutschsprachigen Raum (1900–1920), hrsg.

von Marina Marzia Brambilla und Maurizio Pirro, Amsterdam/New York: Rodopi 2010 (= Amsterdamer Beiträge zur neueren Germanistik, Bd. 74), S. 175–196.

Vaget, Hans Rudolf: Kaisersaschern als geistige Lebensform, in: Der deutsche Roman und seine historischen und politischen Bedingungen, hrsg. von Wolfgang Paulsen, Bern/München: Francke 1977, S. 200–235.

Helmut Koopmann

Literarische Gemälde
Thomas Manns Dichterporträts

Präliminarisches

Was ist ein literarisches Gemälde? Ein Widerspruch in sich, weil es zweierlei vermischt, was nicht zueinander paßt? Kein Literaturlexikon führt das Stichwort „Literarisches Gemälde", und ein solches über Dichterporträts sucht man ebenfalls vergebens. Wir bewegen uns mit unserem Thema also in höchst unsicherem Gelände. Es ist auf der einen Seite begrenzt von der Biographie, auf der andern Seite von der Memoirenliteratur, oder, wenn man andere Orientierungspunkte wählt, von der Hagiographie hier und dem Dokumentarbericht dort. Oder, um noch ein drittes Ordnungssystem zu bemühen: das Dichterporträt ist irgendwo anzusiedeln zwischen dem historischen Essay und der Legende. Das heißt auf der einen Seite: Theoretische Vorgaben für das, was ein Dichterporträt ist, gibt es nicht, und so bleibt die Frage, was denn das literarische Porträt eigentlich ausmacht. Sind literarische Gemälde nichts anderes als miniaturisierte Biographien? Wie fiktiv dürfen sie sein, wie authentisch müssen sie sein? Wieweit kommt ein Dichterporträt ohne die umgebenden Zeitumstände aus, wieweit müssen sie hinein? Andererseits: wieweit muß das dichterische Gemälde sich von der Geschichtswissenschaft fernhalten, um nicht zu deren bloßem Hilfsarbeiter zu werden? Oder haben wir es am Ende nur mit Essays zu tun, deren Verfasser sich angesichts fehlender Eingrenzungen die Freiheit nehmen, so zu verfahren, wie sie es für angemessen halten?

Doch wenn auch unbestimmt ist, was denn ein literarisches Porträt ausmacht, so gibt es doch gleichsam historische Vorgaben, die es weniger unbestimmt erscheinen lassen, als das der erste Augenschein vermuten läßt. Denn das literarische Porträt hat ein höchst ehrenwertes Alter. Schon Plutarch verglich in seinen *vitae parallelae* vor knapp zweitausend Jahren den Biographen mit einem Porträtmaler; und wenn es auch an Definitionen fehlt, so hat doch die abendländische Geschichte des literarischen Porträts einiges Unabdingbare festgehalten.

Wie sieht diese Geschichte aus? Der größere Rahmen des Dichterporträts ist zweifellos die Biographie. Plutarch, dem es darum ging, Bildnisse bedeutender Menschen zu liefern, bot freilich nur ausschnitthafte Charakter-Darstellungen. Aber Tacitus hat mit seiner Agricola-Biographie Plutarchs *vitae parallelae* entscheidend verändert, denn er stellte einen Charakter in sein historisches Umfeld. Damit war der Kurs der Biographie über Jahrhunderte hinweg vorgezeichnet: sie hatte auch über die Zeit und die von ihr gegebenen Möglichkeiten dessen zu berichten, der dargestellt werden sollte. Eine weitere Wendung nahm die Biographie unter Sueton: es ging nicht länger nur darum, Lebensgeschichten zu bewahren, sondern es galt, sie moralistisch zu nutzen; seine Viten der zwölf Kaiser sollten in einer Zeit des Umbruchs quasi systemkonsolidierend wirken. Das Mittelalter brachte zwar einen Rückschritt: es gab eigentlich nur die Hagiographie und die Legende – beide forderten zu bedingungsloser Verehrung auf, Irdisches wurde weitgehend ausgeblendet. Anders gesagt: über etwa tausend Jahre hinweg wurde die weltliche Biographie, die durchaus schon Konturen angenommen hatte, vernachlässigt. Doch in der Renaissance setzte eine neue Blütezeit ein: die Biographie gewann wieder an Ansehen. Das bekannteste Beispiel ist Vasaris *Leben von Malern, Bildhauern und Baumeistern* (um 1530). Biographien haben in Umbruchzeiten ein besonderes Gewicht; auch Vasaris Darstellung idealisierte den *Uomo singulare* und war ein Loblied auf die *Virtù*. Plutarchs *Lebensbeschreibungen* wurden erneut gedruckt, und der im 16. Jahrhundert auch wiedergelesene Theophrast (um 300 v. Chr.) fügte dem Dichterporträt noch eine weitere Facette hinzu: bei ihm ging es nicht um einzelne lebende Charaktere, sondern vielmehr um Charaktertypen und Personifikationen menschlicher Tugenden und Untugenden – an „Individualität" war diese Zeit überhaupt nicht interessiert. Dann kam bekanntlich eine Blütezeit des biographischen Schreibens in allen europäischen Ländern, vor allem in England. Die neue wichtige Forderung an die Biographie: die nach vollkommener Authentizität. Von da an rückt die Biographie in die Nähe einer exakt arbeitenden Historiographie mit gelegentlicher Neigung zur Übertreibung und Registration von tausend Belanglosigkeiten (wie etwa bei James Bothwell mit seinem *Life of Johnson* aus dem Jahre 1791, der umfassendsten Biographie, die es damals gab). Eine Biographie will seitdem vor allem dokumentieren. Aber literarische Porträtisten können das besser als Historiographen. „... daß sie sich auf eine einzige Hauptbegebenheit oder auf eine einzige Hauptperson einschränken [...], daß sie ihrem Gegenstand durch die kleinsten Nüancen folgen, [...] Karaktere in ihren verborgensten Zügen entwickeln, giebt ihnen [= den Malern literarischer Gemälde] eine Mine von Wahrheit, einen Ton von Ueberzeugung, eine Lebendigkeit der Schilderung, die kein Geschichtschreiber [...] seinem Werke mittheilen kann [...] – so meinte Schiller.[1] Aber es gab schon bald Gegenstimmen, die das literarische Porträt nicht auf einen Einzelnen und seine Einzigartigkeit reduziert wissen wollten. Im Vorwort von Goethes *Dichtung und Wahrheit* ist festgehalten, was der als Hauptaufgabe der Biographie und damit auch des literarischen Porträts ansah: „den Menschen in seinen Zeitverhältnissen darzustellen, und zu zeigen, in wiefern ihm das Ganze widerstrebt, in wiefern es ihn begünstigt, wie er sich eine Welt- und Menschenansicht daraus gebildet, und wie er sie, wenn er Künstler, Dichter, Schriftsteller ist, wieder nach außen abgespiegelt".[2] Aber das erfordere, so Goethe weiter, daß man das Individuum und sein Jahrhundert kenne, und zwar so genau kenne, „daß man wohl sagen kann, ein jeder, nur zehn Jahre früher oder später geboren, dürfte, was seine eigene Bildung und die Wirkung nach außen betrifft, ein ganz anderer geworden sein". Das war beste Tacitus-Nachfolge. Damit war aber auch eine neue Phase des Dichterporträts eingeläutet: das Interesse an der neuentdeckten Subjektivität verband sich mit dem Wissen um seine Geschichtlichkeit. Natürlich geht es auch weiterhin vor allem um die Großen der Weltgeschichte, aber sie werden jetzt als Gestalten verstanden, die aus der Spannung zwischen Geschichte und Individuum lebten, und das zieht sich bis ins zwanzigste Jahrhundert hinein.

Literarische Porträts – bei Thomas Mann

Woher legitimieren sich Thomas Manns Dichterporträts? Wie sehr Thomas Mann im Einzelnen mit der Geschichte des Dichterporträts als Literaturform vertraut war, wissen wir nicht, aber vieles spricht dafür, dass er sich zumindest des Spielraums des literarischen Gemäldes sehr bewußt war und natürlich auch einiges aus der Geschichte der Biographie kannte. Denn bei ihm finden sich eigentlich alle Elemente wieder, die seit zwei Jahrtausenden zum biographischen Schreiben und damit auch zum literarischen Porträt gehören.

Wir wollen sie noch einmal nennen. Da ist ein gewisser Anspruch auf Objektivität, aber der Biograph ist kein rückwärtsgewandter Konservator, sondern ist quasi auf die literarische Wiederauferstehung eines gelebten

[1] Schillers Werke. Nationalausgabe. Bd. 19: Historische Schriften. Dritter Teil, hrsg. von Waltraud Hagen und Thomas Prüfer, Weimar: Böhlaus Nachfolger 2003, S. 10.

[2] Goethes Werke, hrsg. im Auftrage der Großherzogin Sophie von Sachsen, 1. Abt., Bd. 26, Weimar: Böhlau 1889, S. 7.

Lebens aus. Eigentlich will er diesem Leben ein Denkmal setzen. Auffällig ist das Bemühen, Gradlinigkeit und innere Kontinuität eines Lebens darzustellen, es nicht in seiner möglichen Zerrissenheit, sondern in seiner notwendig so gewordenen Einheitlichkeit zu begreifen. Widersprüche werden eigentlich nur dort toleriert, wo sie zum Charakter unübersehbar dazugehören. Jeder Biograph wird sich bemühen, die großen Linien ausfindig zu machen, um zu einem Gesamturteil zu kommen, das gern zustimmend gegeben wird. Meist ist dem Biographen eine gewisse affirmative Grundstimmung eigen, es geht am Ende um Anerkennung und Bewunderung, nicht um Abscheu, Haß, Verachtung oder Kritik an dem, der beschrieben wird. Diese literarischen Gemälde sind in der Regel auch explikativ gedacht; sie wollen die Geschichte eines Lebens nahebringen, wollen, wo es nötig ist, Unerklärliches erklären, Unbekanntes einleuchtend machen. Biographie ist in diesem Sinne Lebensdeutung, weit über die bloße Faktizität des Geschehenen hinaus. Manches literarische Gemälde hat zwar den Anspruch auf Objektivität – aber das pflegt häufig ein Irrtum zu sein: Objektivität gibt es nur bei Fakten und Daten (jede Grabinschrift reduziert das Objektive auf das Geburts- und das Todesdatum und ist darin „richtig"); der literarische Porträtist ist ein sehr subjektiver Maler, der sich nur scheinbar einer historisch abgesicherten Objektivität verpflichtet fühlt. In Wirklichkeit will er ja etwas ganz anderes: er will werben, weniger für sich als vielmehr für den Gegenstand seines Schreibens. Und so kann ein literarisches Gemälde durchaus auch Hagiographie sein, kann Fakten und historische Daten umdeuten, kann scheinbar Unerklärliches erklären. Zweierlei aber ist – zumindest seit Goethes *Dichtung und Wahrheit* – unverzichtbar: die an vorgegebenes Material gebundene Retrospektive, die ein Leben in seiner Prozeßhaftigkeit begreifen will, die auf innere Konsequenz und Geschlossenheit bedachte, etwas Vergangenes bewahrende, affirmative Exegese; die Einbettung eines Lebens in seine Zeit und der Blick auf die Geschichte, die die Identität eines Individuums mitgestiftet hatte; oft auch ein ethischer Anspruch (der literarische Porträtist ist nicht selten ein Moralist): das findet sich auch in Thomas Manns Porträts. Alle Konstanten des biographischen Schreibens begegnen uns in dem, was er über Kleist und über Lessing, über Storm und über Platen, über Wagner und Dostojewski, über Tolstoi und Tschechow und, natürlich, über Goethe und Schiller geschrieben hat.

Es sind seine großen Lebensbilder – obwohl es auch Dutzende von kleineren literarischen Porträts gibt, die unter dem Titel *Huldigungen und Kränze* im zweiten Band der *Reden und Aufsätze* innerhalb der *Gesammelten Werke in zwölf Bänden*, die Hans Bürgin 1960 herausgegeben hatte, versammelt sind und die auch in der Stockholmer Gesamtausgabe in Band I der *Reden und Aufsätze* sowie in dem Band *Rede und Antwort* der von Peter de Mendelssohn edierten *Gesammelten Werke in Einzelbänden* so überschrieben sind; diese Lebensbilder finden sich in Vorworten und Einleitungen, in Buchbesprechungen, ebenfalls in einer ganzen Reihe von Miszellen, in Umfragen und Antworten auf zeitgenössische Ereignisse, in Begrüßungen und Vorsprüchen, in Ansprachen und Glückwünschen, in Tischreden und in Briefen. Aber die sind gewissermaßen nur verkleinerte Abbilder dessen, was er im Großen unter literarischen Porträts versteht, Miniaturen, die ihren eigenen Reiz haben, aber dann letztlich doch, selbst wenn sie ein geschlossenes Bild zu geben versuchen, fragmentarisch sind, eben aus dem Anlaß ihrer Niederschrift heraus. Doch auch sie lassen erkennen, daß Thomas Mann (wie jeder ernsthafte Verfasser literarischer Gemälde in der abendländischen Geschichte des literarischen Porträts) über Personen schreibt, die ihm etwas wert sind und denen er etwas verdankt. Seine literarischen Porträts sind denn auch ausnahmslos affirmativ: er hat nie Widerständiges behandelt, sondern nur ihm Vertrautes, und seine großen Dichterbilder sind, wie das im Vorwort zu dem Sammelband *Altes und Neues* zu lesen ist, „lauter Huldigungen für geliebte Führer und Bildner meines Lebens“ (XI, 694). Dieser von ihm seinerzeit selbst zusammengestellte Band ist Thomas Manns bedeutendste Galerie literarischer Gemälde, jene sechzehn Porträts mit dem etwas rätselhaften Untertitel „Sechzehn Versuche zum Problem der Humanität“, und um sie soll es hier vor allem gehen. Aus der Reihe dieser Porträts, die dreizehn Personen bzw. ihren Werken gewidmet sind, ragen einige heraus: Goethe sind vier Essays gewidmet, Wagner zwei, die übrigen bekommen jeweils ein Bild. Drei von ihnen, nämlich Goethe, Schopenhauer und Wagner, hat er zum „Fixsternhimmel“ seiner Jugend gerechnet (IX, 329), aber zu dem rechnet auch jemand, zu dem es keinen Essay in *Adel des Geistes* gibt: Nietzsche. Nietzsche ist dort allenfalls indirekt präsent, denn Thomas Mann nennt ihn „den Goetheschüler“ (ebd.); ein großes literarisches Porträt hat er ihm erst in seinen letzten Lebensjahren gewidmet, in jenem Aufsatz über *Nietzsche's Philosophie im Lichte unserer Erfahrung* von 1947. Ein Jahr zuvor hatte er noch bekannt, daß er über „zwei andere Bildungserlebnisse“ „nie zusammenhängend geschrieben“ habe: „über Nietzsche nicht und nicht über Dostojewski“ (IX, 656). Es wäre gewiß eine kurze Überlegung wert, warum Nietzsche, also einer der Fixsterne, hier, in *Adel des Geistes*, nicht mit einem eigenen literarischen Porträt bedacht worden ist, und zu vermuten ist: Nietzsches Werk war zu sperrig, zu widerspruchsvoll in sich selbst, zu sehr von Wendungen und Kehrtwendungen geprägt, als daß es in ein mehr oder weniger in sich stimmiges literarisches Porträt gepaßt hätte; Nietzsche widersetzte sich jeglicher Harmonisierung. Aber die uneingeschränkte innere Zustimmung zu demjenigen, den er porträtierte, war Thomas Mann offenbar wichtiger als die Auseinandersetzung mit einer rätselhaften, nicht völlig von ihm bejahten Gestalt. „Vertrauliche Huldigungen, enthusiastisch und mit zärtlicher Ironie durchsetzt, wurden mir leicht vor den Bildern der Göttlichen und Gesegneten, der Kinder der Natur in ihrer hohen Einfalt und prangenden Gesundheit", heißt es 1946 in *Dostojewski – mit Maßen*; seine Scheu beginne „vor der religiösen Größe der Verfluchten, vor dem Genie als Krankheit und der Krankheit als Genie, vor dem Typus des Heimgesuchten und Besessenen" (IX, 657). Vom Dämonischen solle man dichten, nicht schreiben, hat er hinzugesetzt. Da war also ein erhebliches Maß an innerer Reserve, Nietzsche (und Dostojewski) fügten sich nicht in zustimmungsbereite Porträts. Geschrieben hat er am Ende aber doch über beide, wenn auch mit kritischem Vorbehalt: rückhaltlos affirmative Gemälde waren es nicht. Jenen anderen Typ eines literarischen Gemäldes, der von Opposition zu seinem Gegenstand geprägt ist, gibt es bei ihm überhaupt nicht: Thomas Mann hat nie ein größeres literarisches Porträt über jemanden verfaßt, den er völlig abgelehnt hat. Sein Essay über *Bruder Hitler* ist keine Ausnahme, weil der kein freiwillig ausgemaltes Bild war, sondern eine Kampfschrift, im übrigen angeregt durch Heinrich Manns *Le Haine*, *Der Haß*, dem er sein Porträt bewußt entgegensetzen wollte. Er findet sich denn auch nicht hier, sondern im Sammelsuriumsband *Altes und Neues* unter „Politik", neben Unterschiedlichstem.

Porträtkunst heißt: In-Spuren-Gehen

Die anderen, von ihm bejahten Autoren: sie waren ihm ähnlich, er war ihnen geradezu brüderlich verbunden. Er schrieb aus gleichsam nachträglich bestätigender Wahlverwandtschaft, seine Porträts verstehen sich „als Nachfolge, als ein In-Spuren-Gehen, als Identifikation" (IX, 492), wie er das als Vorzeitphänomen in den Josephsromanen beschrieb, wie das aber ebenfalls zu seiner sehr persönlichen Lebenssignatur gehörte. Um eines ging es ihm denn auch nie: ein Leben in seiner Einzigartigkeit, seiner absoluten, unwiederholbaren und singulären Existenz als das fremde Andere darzustellen. Es war Freud, bei dem er gelesen hatte, daß menschliches Leben überhaupt eigentlich „eine Mischung von formelhaften und individuellen Elementen, ein Ineinander" sei, „bei dem das Individuelle gleichsam nur über das Formelhaft-Unpersönliche hinausragt" (ebd.). So gibt es denn für ihn keine strenge Trennung zwischen dem Typischen und dem Individuellen – und das ist auch eine Grundgegebenheit seiner literarischen Porträts. Das mag zunächst sonderbar klingen, aber das „In-Spuren-Gehen“ gilt auch für jene, um deren Einzigartigkeit ihm scheinbar in den Literaturporträts zu tun ist. Es ist alles andere als ein Zufall, daß die Reihe der Essays in *Adel des Geistes* mit einer Rede über Lessing beginnt. An Lessing interessiert nicht so sehr seine Individualität als vielmehr das, was er an Typischem, Überindividuellem, ja gerade an Klassischem gestiftet hat. Es ist nicht zu übersehen, daß die Lessing-Rede in enger gedanklicher Verbindung zu den Josephsromanen steht; gelebter Mythus sei die epische Idee seines Romans, hat Thomas Mann zu den Josephsromanen gesagt (IX, 493), und Lessings Leben ist für Thomas Mann ebenfalls gelebter Mythos, ist klassisch, weil vorbildhaft, und das ist es, was Thomas Mann an Lessing herausporträtiert – nichts Individuelles, nichts Einzigartiges, nichts Unverwechselbares. Im Gegenteil: an Lessing ist „ein erzväterlich geprägter Urtypus“ (IX, 229) bedenkenswert, etwas Patriarchalisches, er ist für Thomas Mann so etwas wie ein „Erzvater alles klugen und wachen Dichtertums“ (IX, 232), und um diesen „Typus des klugen Dichters“ (IX, 233) ist ihm zu tun; wenn Lessing auch „auf die individuellste und lebensvollste Art“ jenen Typus ausgefüllt hat, so ist an ihm eigentlich nicht das interessant, sondern daß er „ein Schema des Produktiven“ vorgebildet hat, eine „geistige Lebensform“ (IX, 232). Da treffen sich, historisch gesprochen, gleichsam Vasaris *virtù*-Denken und Theophrasts Lehre von den Charaktertypen. Lessings persönliches Dasein: entfernt, schwer nachvollziehbar, versteckt hinter der Geschichte, aber eigentlich auch nicht sonderlich bewahrenswert, sondern bedenkenswert ist nur das, was an ihm überindividuell ist. Und das ist zugleich für Thomas Mann die einzige Brücke zu ihm: sieht er sich doch selbst als einen späten Sohn jener erzväterlichen Zeit, da auch er diesen Typus verkörpert, jedenfalls sich selbst gegenüber, und so, aber auch nur so kann er Lessing porträtieren und ist imstande, das Eigentliche an diesem Dichter herauszumodellieren. Es ist ein literarisches Gemälde, dem also eines vor allem fehlt: Individualität; eine Art geistige Biographie. Alles Subjektive ist weitgehend ausgeblendet, und Thomas Mann gibt sich nicht einmal die Mühe, auf Einzelheiten einzugehen, von wenigem abgesehen, etwa vom Streit mit dem Hauptpastor Goeze: aber auch das ist eigentlich etwas Überindividuelles, etwas, das zum „Typus“ gehört, und so erfahren wir denn über das Leben Lessings so gut wie nichts, dafür aber sehr viel über das, was am Ende das Typische an ihm, was „klassisch“ ist.

Das Lessing-Porträt ist ein Versuch, in Spuren zu gehen, ist die Orientierung an etwas Väterlichem, und diese Orientierung prägt die meisten seiner literarischen Gemälde. Auch bei anderen wenig Persönliches, viel Typisches. Das beredtste Beispiel ist sein Goethe-Porträt in der Rede über *Goethe als Repräsentant des bürgerlichen Zeitalters.* Thomas Mann spricht zwar so, als wäre er in Goethes Haus geboren worden:

Diese Treppen und Zimmer waren mir nach Stil, Stimmung, Atmosphäre urbekannt. Es war die ‚Herkunft', wie sie im Buche, im Buch meines Lebens steht [...]. Das Patrizisch-Bürgerliche, museal geworden und Gegenstand leise auftretender Pietät, als Wiege des Heros; das Würdig-Wohlanständige, bewahrt und heiliggehalten um des Sohnes willen, der es zurückgelassen [...] ich sah es an, ich atmete es ein [...] (IX, 297).

Kein Zweifel, da ist tiefe Vertrautheit, aber es ist eigentlich nicht Vertrautheit mit Goethe als Person, sondern Vertrautheit mit dessen „Bürgerlichkeit". Die vorgebliche persönliche Nähe täuscht – Thomas Mann geht auch hier in Spuren, und das sind vor allem die tiefen Spuren der „bürgerlichen Epoche" (IX, 299), die für ihn am Ende des 18., zu Beginn des 19. Jahrhunderts in Goethe noch einmal sichtbar werden. Natürlich war er mit Goethe besser vertraut als vermutlich jeder andere damals schreibende Zeitgenosse, Hauptmann eingeschlossen. Aber sein Goethe-Porträt bietet vor allem ein Bild der Bürgerlichkeit – über sein Leben in Weimar erfahren wir herzlich wenig, eigentlich sogar so gut wie nichts, und wenn wir uns darüber, also über Goethes Dasein belehren lassen wollen, so müssen wir die Literaturgattung wechseln: in *Lotte in Weimar* ist, auf sehr authentische Weise, hundertfach mehr von Goethes Tageslauf, seiner Person, seinen Gesellschaften und selbst vieles von dem festgehalten, was wir heute seine „Tagesform" nennen würden. In dem Goethe-Porträt in *Adel des Geistes* aber geht es um Goethes „Bürgerlichkeit" als etwas sehr Überindividuelles. Goethe ist nicht der junge Empörer, der sich aus Frankfurt befreit hat, sondern „der Sproß des Frankfurter Bürgerhauses" (IX, 302). An ihm fällt „ein Zug bürgerlicher Ordnungsliebe" auf (IX, 305), geerbt von seinem Vater. Er ist ein Genie, aber auch „Geschäftsmann und Wirtschaftshaupt seines Hauses" und als solcher wachsam, mißtrauisch und zäh (IX, 304). Urbürgerlich ist die „Sorglichkeit" in seiner „Zeitökonomie", die einem Zeitkultus gleicht (IX, 308). Sein rastloses Tun, sein Fleiß: ebenfalls urbürgerlich. Thomas Mann schreibt: „... man kann bürgerlicher Ethik keine höhere Ehre erweisen, als indem man diese Fleißestreue bis zum letzten als bürgerlich anspricht" (IX, 309). Das mag „religiös-protestantisch begründet" sein, aber es ist nun einmal vor allem „Zubehör der Bürgerlichkeit" (ebd.). Das Ethos des Fertigmachens hat schon Novalis gesehen, aber Thomas Mann nutzt das für sich und meint, daß sogar ein Novalis „der Magie dieser Bürgerlichkeit" zugänglich gewesen sei (IX, 311).

Diese Bürgerlichkeit war sehr konservativ geprägt und ließ ihn als „geistig-kulturelle Bürgerlichkeit" denn auch die Französische Revolution als etwas Grauenhaftes erkennen, und wenn es am Schluß von Goethes Leben ins Weltbürgertum ging, so ist er für Thomas Mann doch nichts anderes, nichts Geringeres und auch nichts Größeres als „ein geistiger Bürger, ein deutscher Bürger" (IX, 314). So ist das ganze Porträt koloriert, und wenn gelegentlich auch von Goethes Aristokratismus die Rede ist, so bleibt doch die große bürgerliche Grundsubstanz, auch wenn der greise Goethe Blicke in eine neue, nachbürgerliche Welt hinein getan hat (IX, 330). Es bedarf am Ende einiger Pirouetten, um festzustellen, daß bei Goethe das Bürgerliche schließlich in „Weltgemeinschaftlichkeit" übergegangen sei, in eine neue Nüchternheit, und dieses Bürgerlich-Weltgemeinschaftliche sei für ihn sogar, „wenn man das Wort allgemein genug und undogmatisch verstehen will, ins Kommunistische" übergegangen (IX, 331). Wir haben recht gehört: mit dieser Art Kommunismus hat Thomas Mann sein Leben lang geliebäugelt, selbst noch 1954. Natürlich wußte er, was die politische Glocke geschlagen hatte, aber er glaubte, daß eben dieser Typus des Bürgerlichen die Demokratie retten könne – vor Feinden, von denen schon am Schluß der Lessing-Rede deutlich genug die Rede war. Und am Ende dieses Goethe-Porträts heißt es:

> Die großen Söhne des Bürgertums, die aus ihm hinaus ins Geistige und Überbürgerliche wuchsen, sind Zeugen dafür, daß im Bürgerlichen grenzenlose Möglichkeiten liegen, Möglichkeiten unbeschränkter Selbstbefreiung und Selbstüberwindung. Die Zeit ruft das Bürgertum auf, sich dieser seiner eingeborenen Möglichkeiten zu erinnern und sich geistig und sittlich zu ihnen zu entschließen. (IX, 332)

Ein Appell an die Zeitgenossen, 1932 – wie bei Sueton ein Versuch, ein „System" zu konsolidieren, das nicht mehr zu konsolidieren war, und ein moralischer Appell dazu.

Thomas Mann argumentiert im Übrigen mit den Kategorien von Vätern und Söhnen, und das bestimmt auch die anderen großen literarischen Porträts einigermaßen durchgehend. Was er herausdestilliert, sind Familienähnlichkeiten innerhalb dieses Jahrhunderts; für ihn ist etwa auch Freud ein „typischer Sohn des neunzehnten Jahrhunderts" (IX, 370). Mit seinen Bildern aus dem neunzehnten Jahrhundert ist ein genealogisches Denken verbunden, das sich auch darin ausdrückt, daß er wiederholt auf „Lehrer-Schüler-Beziehungen" zu sprechen kommt – die zwischen Goethe und

Nietzsche sei ebenso deutlich wie die „zwischen Goethe und Luther" (IX, 354). Das gemeinsam Verbindende: nichts Individuelles, sondern wiederum Typisches: es ist das, was Thomas Mann als „fortschreitende Verfeinerung des Deutschtums" in seinem Aufsatz *Goethe's Laufbahn als Schriftsteller* beschreibt (ebd.). An Goethe interessiert auch diesmal nicht so sehr die Person, sondern das „Nationale"; er war für Thomas Mann „ein nationaler Schriftsteller" und sprach „zur ganzen Nation" (IX, 358). Also wiederum wenig Individuelles, viel Generell-Typisches. Das bringt einen merkwürdig abstrakten Zug in seine Dichterporträts hinein. Ein Gegengewicht sind die geradezu familiaren Beziehungen, die Thomas Mann zu Lessing, zu Goethe und zu anderen herausstellt: auch sie freilich eingegrenzt durch das Generische, nicht durch das Individuelle des Daseins. Es geht ihm um Genotypisches.

Und weil Individuelles eine nur so geringe Rolle spielt, kann Thomas Mann auch über *Goethe und Tolstoi* schreiben – nach Art der *vitae parallelae*, wie bei Plutarch. Gemeinsames ist reichlich vorhanden, und das geht wiederum aufs Typische, nicht aufs Individuelle. Immer wieder Ähnlichkeiten, die Thomas Mann herausstellt: das Antäische bei beiden, das „Gesunde" – im Gegensatz zu Schiller und Dostojewski, die „kranke Menschen waren" (15.1, 832). Mit dem großen Essay über Goethe und Tolstoi kommt zugleich etwas Komparatives in seine Darstellung, denn immer wieder ist von Schiller und Dostojewski als Gegenbildern die Rede (etwa 15.1, 864). Auch wenn es Unterschiede in der Lebensstimmung gibt, so heißt es bei Thomas Mann doch zur Begründung seiner *vitae parallelae*: „Die Verwandtschaft aber ist es nicht weniger" (15.1, 870), sei es, was das Patriarchalische angeht, sei es, was die Lebensfülle der Naturkinder betrifft, deren „Sympathie mit dem Organischen" (15.1, 905) – mit einem Hinweis darauf, daß Schiller, der große Andere, daran wenig Gefallen gefunden habe. Dann das Interesse am Pädagogischen bei beiden – bei Tolstoi die Teilnahme am Unterricht in Weimar, Goethes „Pädagogische Provinz" (15.1, 920 ff.): nicht zufällig spricht Thomas Mann am Ende seines großen Aufsatzes von den „erhabenen Typen" – auch hier ist nirgendwo von der besonderen, einzigartigen Individualität die Rede.

Porträts eines Jahrhunderts

Es ist vor allem das neunzehnte Jahrhundert, das ihm Bilder für seine literarische Ahnengalerie liefert, es ist „gutes, großes neunzehntes Jahrhundert" (IX, 636) – ein anderes gibt es ja auch, wie wir wissen, ein politisches, epigonales, national aufgeblähtes, dem Germanenmythos gelegentlich unheimlich verhaftetes, auf fatale Weise schon radikalisiertes Jahrhundert, aber davon ist bei Thomas Mann nicht die Rede. Zwar schreibt er: „... wir verhalten uns zum neunzehnten Jahrhundert wie Söhne zum Vater: voller Kritik, wie billig" (IX, 363). Aber da ist nicht nur die Kritik, da ist vor allem die Bewunderung für das „Monumentale", das „grandios Massenhafte", das „große Format" (ebd.). Und was über das Bürgerliche in Goethe bzw. zu Goethes Repräsentanz des Bürgerlichen gesagt wurde, gilt auf seine Weise gleichermaßen für den großen Essay über *Leiden und Grösse Richard Wagners*. Wagner als Individualität zählt so gut wie nicht; was zählt, ist Wagners geistige Gestalt, „leidend und groß, wie das Jahrhundert, dessen vollkommener Ausdruck sie ist" (ebd.). Wagner ist nichts anderes als „ein typischer Sohn des neunzehnten Jahrhunderts" – wie Sigmund Freud, der Psychoanalytiker, mit dem er für Thomas Mann in „merkwürdigster, intuitiver Übereinstimmung" steht (IX, 370). An Wagner ist aber vor allem bemerkenswert, daß er „Mythiker" ist, und auch damit ist alles Individuelle von vornherein weitgehend ausgeblendet, denn der Mythus als das gesteigert Typische läßt Subjektives nicht zu. Was im Übrigen an Wagners Musik interessiert, ist „der allgemeine seelische Charakter", ist „etwas pessimistisch Schweres, langsam Sehnsüchtiges, im Rhythmus Gebrochenes und aus dunklem Wirrsal nach Erlösung im Schönen Ringendes" (IX, 383): reinstes neunzehntes Jahrhundert, wie Thomas Mann es sah. Wagners *Siegfried* ist für Thomas Mann „etwas sehr Modernes aus dem neunzehnten Jahrhundert, der freie Mensch, der Brecher alter Tafeln und Erneuerer einer verderbten Gesellschaft" (IX, 407). Wagner selbst ist alles andere als ein bürgerlicher Mensch „im Sinne irgendwelcher Regelrechtheit und Angepaßtheit", wie Thomas Mann schreibt (IX, 410), aber er setzt hinzu: „Und doch ist die Luft der Bürgerlichkeit um ihn, die Luft seines Zeitalters, wie sie um Schopenhauer, den kapitalistischen Philosophen, ist: der moralistische Pessimismus, die Verfallsstimmung mit Musik, die echt neunzehntes Jahrhundert sind und die es mit Monumentalität, mit großer Form verbindet, als sei Größe das Zubehör der Moral" (ebd.). Im Hintergrund dieses literarischen Abbilds eines Einzelnen wird also etwas ganz anderes sichtbar, nämlich ein Porträt des neunzehnten Jahrhunderts, und wenn es ihm vordergründig um das Wagners ging, so eigentlich um das jenes Jahrhunderts, das für Thomas Mann das väterliche Jahrhundert gewesen ist. Das Individuelle verschwindet am Ende völlig; der letzte Satz des Essays geht dahin, daß es gilt, Wagners Werk zu verehren „als ein gewaltiges und vieldeutiges Phänomen deutschen und abendländischen Lebens, von dem tiefste Reize ausgehen werden allezeit auf Kunst und Erkenntnis“ (IX, 426). Allgemeiner kann ein Dichterporträt eigentlich kaum sein, und weniger individuell auch nicht. Da wird in Spuren gegangen, aber es sind nicht die Spuren eines Einzelnen, es sind die eines Zeitalters, das man das bürgerliche nennt. Im Hintergrund steht dazu noch etwas, das Thomas Mann mit Wagner immer wieder in Verbindung gebracht hat: das Deutschtum. Er schreibt: „Ja, Wagner ist deutsch, ist national, auf beispielhafte – vielleicht allzu beispielhafte Weise“. (IX, 422) Aber zur Wagnerschen Enigmatik gehört, dass „sein wahres Träumen und Wollen weit hinausging, *denn es ging über das bürgerliche Zeitalter selbst hinaus*“, fügt Thomas Mann hinzu (IX, 510) – doch auch darin war er noch ein Repräsentant dieses Jahrhunderts, mit dem die Bürgerlichkeit an ein Ende kam. Von „Wagners Deutschtum“ ist ausführlich die Rede, und gemeint ist damit der spezifische Nationalismus des neunzehnten Jahrhunderts. Anders gesagt: Wagner wird eingebettet in einen großen Zusammenhang, er ist eine Erscheinung vor einem wahrhaft säkularen Hintergrund, den Thomas Mann nicht müde wird auszuleuchten. Wagners Werk interessiert zwar auch als seelisches Erlebnis. Aber sein Fazit: „Sein Werk ist der deutsche Beitrag zur Monumental-Kunst des neunzehnten Jahrhunderts, die bei anderen Nationen vorzüglich in der Gestalt der großen sozialen Romandichtung erscheint. Dickens, Thackeray, Tolstoi, Dostojewski, Balzac, Zola, – ihre mit demselben Hang zur moralistischen Größe getürmten Werke sind *europäisches* neunzehntes Jahrhundert [...]“. (IX, 525) Der deutsche Beitrag, so Thomas Mann, weiß nichts vom Gesellschaftlichen, aber: er liefert die Entdeckung des Mythischen.

Thomas Manns literarische Porträts sind fast alle auch Jahrhundertporträts, Bilder des neunzehnten Jahrhunderts. Es ist das eigentliche Jahrhundert seiner Herkunft. In *Adel des Geistes*, dieser großen Porträtgalerie, handelt nur ein einziger Aufsatz von einem Angehörigen des 18. Jahrhunderts, von Lessing, und nur eine Studie gilt Zeitgenössischem, seiner *Meerfahrt mit ‚Don Quijote‘*. Alle anderen in dem Band besprochenen Gestalten ragen in das neunzehnte Jahrhundert hinein, gehören zentral dazu oder entstammen ihm: von Goethe bis Freud, von Kleist bis Fontane, von Schopenhauer bis Storm, von Wagner bis Platen. Kein anderes Jahrhundert hat eine buntere Vielfalt aufzubieten. Selbst Chamissos *Peter Schlemihl* ist für Thomas Mann in Bezug auf den Schatten ein „Symbol aller bürgerlichen Solidität“ (IX, 56).

Aber das Bild, das sich uns erschließt, ist alles andere als homogen, so harmonisch die Einzelbilder auch sein mögen – über die Heterogenität der Porträts im Verbund dieser Gemäldegalerie vermag der Obertitel nur mühsam hinwegzutäuschen. Denn die Namen passen bestenfalls teilweise zusammen, und was sie trennt, ist oft größer als das, was sie verbindet. Geht Thomas Mann eindeutig in Spuren? Ja und nein. Es sind mehrere Spuren, und manchmal laufen sie einander entgegen. Bezeichnenderweise hat Thomas Mann keine einzige selbständige Arbeit über das Jahrhundert als ganzes verfaßt, obwohl er Vorbilder gehabt hätte: Georg Brandes mit seinen *Hauptströmungen des neunzehnten Jahrhunderts*, Benedetto Croce mit seiner *Geschichte Europas im neunzehnten Jahrhundert*. Eine Generalansicht gibt es nicht, auch wenn das neunzehnte Jahrhundert gelegentlich als solches in seinen autobiographischen Schriften auftaucht, im *Lebensabriß* etwa oder in *Meine Zeit*. Aber es gibt andererseits kaum einen großen Essay, in dem nicht vom neunzehnten Jahrhundert die Rede ist – und von dessen Janusgesichtigkeit. Thomas Mann ist damit übrigens in recht guter Gesellschaft: Jacob Burckhardt hat in seinen *Weltgeschichtlichen Betrachtungen* das ganze neunzehnte Jahrhundert als Revolutionsjahrhundert charakterisiert, Franz Schnabel hat in seiner *Deutschen Geschichte im neunzehnten Jahrhundert* dieses Jahrhundert als eine „Weltwende" beschrieben; es habe die seit 1789 zum Durchbruch gekommene geistige und gesellschaftliche Auflösung nicht zurückhalten können; schon für Hegel hatten Relativismus und Kulturkrisis das Erscheinungsbild des frühen neunzehnten Jahrhunderts geprägt. Es wäre nicht ohne Reiz, hieraus ein Psychogramm Thomas Manns selbst zu entwickeln, also das literarische Porträt nachzuzeichnen, das er damit mehr indirekt als direkt von sich selbst geliefert hat. Mit Bezug auf das neunzehnte Jahrhundert würde das bedeuten, dass er dieses gleichzeitig als väterliches Jahrhundert wie auch als Jahrhundert seiner Kritik angesehen hat. War es am Ende die Auseinandersetzung mit seiner eigenen Herkunft, in der auf der einen Seite der Wunsch des In-Spuren-Gehens stand, Überlieferungstreue, Traditionsverhaftetheit, Kontinuitätsdenken; andererseits aber auch die Rebellion dagegen, das Bemühen um Befreiung aus diesen von der Tradition so klar vorgezeichneten Bahnen, Auflehnung gegen die von der Vergangenheit gesetzten Grenzen? Ja, er war ein Sohn und Erbe des neunzehnten Jahrhunderts, er war abhängig von ihm, verdankte ihm unendlich viel, aber er hat diese Abhängigkeit gleichzeitig als bedrückend und gefängnisartig empfunden. Das beste Beispiel liefert freilich kein literarisches Porträt, sondern ein Roman: *Buddenbrooks*.

So fällt es nicht schwer, die literarischen Porträts als das zu bezeichnen, als was sie jedem auffallen müssen, der sich mit ihnen beschäftigt: es sind gewissermaßen geistige Biographien von Verwandten, aber es sind zugleich mehr oder weniger verkappte und doch unverhohlene Selbstporträts. Sein geistiger Schwerpunkt, so hat er einmal gesagt, liege jenseits der Jahrhundertwende, und genannt hat er „Romantik, Nationalismus, Bürgerlichkeit, Musik, Pessimismus, Humor – diese Atmosphärilien des abgelaufenen Zeitalters bilden in der Hauptsache die unpersönlichen Bestandteile auch meines Seins“ (13.1, 25). So ist es in den *Betrachtungen eines Unpolitischen* zu lesen. Etwas übertrieben gesagt: seine literarischen Porträts sind zugleich kritische Selbstanalysen. Das erklärt am Ende vielleicht auch ein wenig, warum er nicht literarische Porträts über völlig Fremde geschrieben hat. Ihn interessierte das Eigene, das er in den Anderen fand, und sah in den Anderen wiederum sich selbst gespiegelt.

Das Verhältnis zum neunzehnten Jahrhundert, affirmativ und von genealogischem Bewußtsein geprägt, änderte sich erst in seiner letzten Lebensphase: mit dem Weg ins Exil. Das neunzehnte Jahrhundert verschwand ein wenig aus seiner Optik; in *Doktor Faustus* wetterleuchtet es nur von ferne herein, und wenn dort gelegentlich vom „Alten, Väterlichen, Bürgerlich-Strengen und Würdigem“ die Rede ist, so waren das tief vergangene Zeiten. Nur einmal kommt er noch sehr ausdrücklich auf das neunzehnte Jahrhundert zu sprechen: in seiner Rede über *Deutschland und die Deutschen*, 1945. Da erscheint als wahrer Inbegriff des Deutschen die deutsche Romantik und diese als deutsche Innerlichkeit – in ihrer zwiespältigen Natur.

Am Ende waren seine Beziehungen zum neunzehnten Jahrhundert und zu den Großen, denen er seine großen literarischen Porträts widmete, irrationaler Natur – und irrational waren die Beziehungen zu den Einzelnen, vor allem zu Wagner, den er noch am markantesten porträtiert hat. Das neunzehnte Jahrhundert blieb für ihn janusgesichtig – aber am Ende war es doch das große neunzehnte Jahrhundert, das ihm vorbildhaft war, und wenn er zu Tolstoi sagte: „Vor allem war er groß, riesengroß, vom Format des neunzehnten Jahrhunderts, diesem Format, das ich bewunderte und als Ideal, als eine Art von Bindung und Verpflichtung, als einen Anspruch, schwanker Jugend das Leben nicht gerade erleichternd, in mir trug“ (XI, 311 f.), dann zeigt das, wie sehr dieses Jahrhundert sein Jahrhundert gewesen war und wie sehr er in seinen literarischen Gemälden versucht hat, dieses einzufangen.

Aber alles das war nicht sein letztes Wort. Dieses galt, wie wir wissen, Schiller, und in seinem *Versuch über Schiller* zeigt sich noch einmal Porträtkunst vom Feinsten und zugleich überdimensional, fast monumental. Es war Hagiographie, und zugleich war es ein letzter Versuch der Selbststilisierung, auf jenes Urbild Schiller hin. Hier scheint Thomas Mann vielleicht auch zum ersten und letzten Male zu gelingen, was ihm sonst Schwierigkeiten machte: an Schiller auf sehr persönliche Weise teilzunehmen. Am Eingang seiner Schrift eine suggestive Beschreibung von der

Bestattung Schillers: eine Sturmnacht, Schiller wird schweigend durch die ausgestorbenen Gassen Weimars getragen, dann mitternächtlich beigesetzt. Die Männer, die ihn getragen hatten, so lesen wir, verweilten noch ein wenig vor dem sogenannten Kassengewölbe, in das man ihn heruntergelassen hatte: eine beklemmende, eindringliche, nirgendwo sonst in diesen Essays begegnende Sprache. Aber dieser Eindruck wirklich persönlich imaginierter Nähe täuscht: das Wenigste daran war von Thomas Mann selbst, denn er hat eine Quelle benutzt, die er nur geringfügig variiert hat: das Büchlein *Schillers Beerdigung und die Aufsuchung und Beisetzung seiner Gebeine, 1805, 1826, 1827. Nach Actenstücken und authentischen Mitteilungen aus dem Nachlasse des Hofraths und ehemaligen Bürgermeisters von Weimar, Carl Leberecht Schwabe, von Dr. Julius Schwabe* (Leipzig 1852). Da war die düstere Begräbniszeremonie genau festgehalten. So zeigt der *Versuch über Schiller* noch einmal Stärke und Schwäche der Porträtkunst Thomas Manns: es sind eindringliche Sprachgemälde, aber da ist auch die Unfähigkeit und wohl zugleich der Unwille, zu sehr an die Person heranzukommen, von der er sprechen will, und er nutzt ein Zitat, wenn er nahe sein will. Eigentlich sprach er auch in der Schiller-Rede über Schillers Zeit, ja sogar über seine eigene Zeit, über die Bedrohungen der 50er Jahre – und sah in Schiller ein Antidot, ein Heilmittel, das der Verwilderung und Barbarisierung abhelfen könne. Also erneut der Blick auf das größere Ganze, und etwas Moralistisches, wie bei Sueton. Diese Rede ist, wie alle seine literarischen Porträts, frei von Antinomien, Gegensätzlichkeiten, unauflösbaren Paradoxien. Alles ist dort noch einmal versammelt, was zum literarischen Porträt und seiner abendländischen Geschichte gehört: das Affirmative, das Bedachtsein auf innere Geschlossenheit und die notwendige Lebenskonsequenz eines Daseins, die verehrende Retrospektive, der moralische Appell. Es ist ein arg harmonisierter Schiller, der uns da begegnet, und so recht trauen wir diesem Gemälde nicht, wissen wir doch genauer Bescheid über die Widersprüchlichkeiten, die Schiller prägten. Und nicht weniger störend mag sein, daß es ein Gemälde in Folio ist, ein übergroßes, alle überkommenen Maße des literarischen Bildes sprengendes Bild – ein monumentales Gedächtnisporträt und darin fast eher dem neunzehnten Jahrhundert zugehörig als seiner eigenen Zeit.

Ein Letztes zur Eigentümlichkeit der literarischen Gemälde Thomas Manns. Was brillante literarische Gemälde betraf, so hätte er von einem lernen können, der darin ein Meister war: von seinem Bruder. Aber Thomas Mann wollte anders schreiben als jener, und er ärgerte sich über den essayistischen Ruhm seines Bruders – noch im Mai 1953, als er in sein Tagebuch schrieb: „Erika peinigt mich etwas mit Lobsprüchen auf des seligen Heinrich Zola-Aufsatz“ (29.5.). Auch dessen Essay war irgendwo ein idealisiertes Selbstporträt. Aber es war eines, in dem die Zeit, die Epoche, die Seele der Epoche auf ganz andere Weise präsent war als in dem, was Thomas Mann über seine Väter schrieb. Es war ein auf seine Weise geistigeres Porträt, das Heinrich Mann ausmalte. In ihm erschien übrigens auch Tolstoi – als der Bruder Zolas. Mochte das Thomas Mann später bestimmt haben, über Goethe und Tolstoi zu schreiben? Wie wissen das natürlich nicht, aber was literarische Porträtkunst angeht: sein Bruder beherrschte sie nicht weniger als Thomas Mann, vielleicht sogar etwas besser. Doch das ist ein anderes Thema.

Fabrizio Cambi

„Mein Verhältnis zum Judentum war von jeher abenteurerhaft-weltkindlich“ Thomas Mann und das jüdische Problem

Über Thomas Manns Beziehung zum Judentum gibt es bekanntermaßen eine umfangreiche Literatur, die sich insbesondere im letzten Jahrzehnt mit diesem Spannungsfeld in allen seinen wichtigsten Facetten befasst hat. Es lässt sich danach fragen, ob man neue kritische Perspektiven überhaupt aufzeigen kann. Bei der jüngeren Mann-Forschung darf ich beispielsweise nur an den Band der *Thomas-Mann-Studien* von 2004 erinnern, der die Beiträge des Berliner Kolloquiums enthält und von Manfred Dierks und Ruprecht Wimmer herausgegeben wurde,[1] speziell an den dort erschienenen brillanten Essay *Juden, Frauen und Literaten* von Heinrich Detering,[2] sowie noch an das mehr auf das Umfeld des Autors bezogene Buch *Erika Mann: Eine jüdische Tochter*[3] der Publizistin Viola Roggenkamp.

Der Komplex von Judentum, Antisemitismus und Philosemitismus findet bei Mann seinen Niederschlag in den jeweiligen Genren, in der Essayistik, in den Romanen und Erzählungen sowie in verstreuten Tagebucheintragungen und in den Briefwechseln. Oft spiegeln sich Positionen, Anschauungen, Stellungnahmen in den verschiedenen Gattungen wieder. Das Nachdenken über die Juden und das Judentum sowie die Auseinandersetzung mit der historischen Rezeption und den ideologischen und politischen Implikationen lassen sich in einem vielfältigen und nicht geradlinigen Perspektivismus diachronisch verfolgen, insofern sie die problematische Verflechtung von Autobiographischem, Ideologischem und Historischem veranschaulichen. Wie oft bemerkt und hervorgehoben worden ist, ist bis zu den dreißiger Jahren eine gewisse Ambivalenz der Standpunkte Manns auffallend, der zuweilen sogar auch in ein und demselben Text zwischen antisemitischen Klischees und bejahenden philosemitischen Äusserungen schwankt oder ambivalente wenn nicht gar widersprüchliche Elemente

[1] Thomas Mann und das Judentum. Die Vorträge des Berliner Kolloquiums der Deutschen Thomas-Mann-Gesellschaft, Frankfurt/Main: Klostermann 2004 (= TMS XXX).

[2] Ebd., S. 15–34.

[3] Zürich: Arche 2005.

koexistieren lässt. Die Frage stellt sich offensichtlich nach den Gründen dieser Ambivalenz, aber nicht nur. Das ständige Interesse für das Judentum und den Semitismus erklärt sich auch durch andere Motivationen, die die geschichtlichen Umstände überschreiten.

Für die heutige Rezeption ist es nicht einfach, einen kulturellen Zusammenhang zu rekonstruieren, dessen Darstellung antisemitische Stereotype und den Prozess der vielgestaltigen und vielschichtigen Einordnung der Juden in der deutschen Gesellschaft zwischen Assimilation und Weiterbestehung der Ghettoisierung veranschaulichen lässt. Da es hier um Manns Essayistik geht, werden die vielen Werke seiner erzählerischen Produktion – angefangen von *Luischen*, *Buddenbrooks*, *Tristan*, *Königliche Hoheit*, *Tod in Venedig*, *Wälsungenblut*, über den *Zauberberg* bis zu *Joseph und seine Brüder* und *Doktor Faustus* –, in denen wichtige Thesen und Ansätze zum Thema Judentum vorkommen, nicht berücksichtigt. Hier wird weder der autobiographische Hintergrund – etwa die Nachwirkungen der jüdischen Abstammung der Familie Pringsheim auf ihn selbst – in Betracht gezogen noch die Umsetzung der jüdischen Daseinsform ins ästhetisierende Außerseitertum, das Manns frühe Prosa kennzeichnet.[4] Man wird sich vielmehr auf die im Grunde genommen beschränkte Anzahl von Essays und Beiträgen konzentrieren, die zum größten Teil in Band XIII (*Nachträge*) der *Gesammelten Werke* von 1974 und in *Essay I* sowie *Essay II* der *Großen kommentierten Frankfurter Ausgabe* enthalten sind.

Bevor ich aber zu einer schnellen chronologischen Übersicht über diese essayistischen Beiträge übergehe, werde ich zuerst das enge Verhältnis zwischen Thomas Mann und dem Schriftsteller Jakob Wassermann in den Vordergrund stellen, denn es erweist sich als entscheidend und aufschlussreich, die Positionen der beiden bekannten Autoren über die Judenfrage durch ihren teils harten, aber doch von gegenseitigem Respekt getragenen Streit zu erläutern.[5] Gerade dieses Verhältnis erlaubt, einen tiefgreifenden Blick in die komplexe Dynamik der persönlichen, schriftstellerischen und historisch-ideologischen Dimension zu werfen. Wassermann wird im Laufe der Zeit zu einer Schlüsselfigur für die Reflexionen Manns über das Judentum. Manns Bekanntschaft mit dem meistgelesenen Schriftsteller der Weimarer Republik, deren Beginn auf das Jahr 1896 zurückgeht, als er sein erstes *Simplicissimus*-Honorar für die Novelle *Der Wille zum Glück*

[4] Dazu siehe Jacques Darmaun: Thomas Mann und die Juden – eine Kontroverse? Thomas Manns Bild des Judentums bis zur Weimarer Republik, in: Akten des VII. Internationalen Germanisten-Kongresses Göttingen 1985, Tübingen: Niemeyer 1986, S. 208–214.

[5] Siehe die Monographie von Arnaldo Benini: Thomas Mann, Jakob Wassermann und die Judenfrage, Roma: Edizioni di Storia e Letteratura 2010.

direkt aus Wassermanns Hand in Empfang genommen hatte, erstreckt sich über einen Zeitraum von Jahrzehnten bis zum Tode des jüdischen Autors und wird durch Rezensionen wie die zu den Romanen *Caspar Hauser* (1908) und *Lebensdienst* (1928) sowie durch Briefe und Tagebucheintragungen bezeugt. Das Jahr 1921 bringt dabei einen wichtigen und schmerzlichen Zusammenstoß, der den Anlass zu Manns Essay *Zur jüdischen Frage* gibt. Denn Wassermann veröffentlicht in diesem Jahr die erschütternde, ja schockierende Autobiographie *Mein Weg als Deutscher und Jude*, in der er sich nicht nur mit scharfen Worten darüber beklagt, dass er als Jude in Deutschland nicht akzeptiert wird, sondern auch den Konflikt zwischen der deutschen Identität des Bürgers und seiner jüdischer Angehörigkeit anprangert:

Die Juden, die Deutschen, diese Trennung der Begriffe wollte mir nicht in den Sinn, nicht aus dem Sinn, es war die peinvollste Überlegung, darüber mit mir selbst ins klare zu kommen. Worin besteht das Trennende? Fragte ich. Im Glauben? Ich habe nicht den jüdischen Glauben, du hast nicht den christlichen. Im Blut? Wer will sich anmaßen, Blutart von Blutart zu scheiden? Gibt es blutreine Deutsche? [...] Er antwortete, es sei vielleicht so. Es scheine ihm, als seien sie von anderer moralischer Beschaffenheit, von anderer menschlicher Prägung. [6]

Und weiter noch:

Es ist die Tragik im Dasein des Juden, daß er zwei Gefühle in seiner Seele einigt: das Gefühl des Vorrangs und das Gefühl der Brandmarkung. In dem beständigen Anprall, in der Reibung dieser beiden Empfindungsströme muß er leben und sich zurecht finden. [7]

Infolge seiner ärmlichen und unglücklichen Lebenserfahrungen zieht Wassermann eine sehr bittere Bilanz über die Diskriminierung und die Isolierung der Juden in der Wilhelminischen Gesellschaft, die er als Soldat erleiden musste:

Zum ersten Mal begegnete ich jenem in den Volkskörper gedrungenen dumpfen, starren fast sprachlosen Haß, von dem der Name Antisemitismus fast nichts aussagt, weil er weder die Art, noch die Quelle, noch die Tiefe, noch das Ziel zu erkennen gibt. Dieser Haß hat Züge des Aberglaubens ebenso wie der freiwilligen Verblendung, der Dämonenfurcht wie der pfäffischen Verstocktheit, der Rankünе der Benachteiligten, Betrogenen, ebenso wie der Unwissenheit, der Lüge und Gewissenlosigkeit wie der berechtigten Abwehr, affenhafter Bosheit, wie des reli-

[6] Jakob Wassermann: Mein Weg als Deutscher und Jude, Berlin: S. Fischer 1922, S. 46f. Die erste Ausgabe war das Jahr zuvor erschienen.

[7] Ebd., S. 54.

giösen Fanatismus, Gier und Neugier sind in ihnen, Blutdurst, Angst, verführt, verlockt zu werden, Lust am Geheimnis und Niedrigkeit der Selbsteinschätzung.[8]

Auch wegen der Berühmtheit des Autors war die Wirkung dieser scharfen und effektvollen Autobiographie enorm. Einer Reaktion und einer Antwort konnte sich Thomas Mann nicht enthalten, der in einem Brief vom 2./3. April 1921 Wassermann „dichterischer Hypochondrie" beschuldigt, insofern er sein „subjektives Erleben" (15.1, 354) und das an ihm wohl begangene Unrecht wegen seiner jüdischen Herkunft verallgemeinert habe, außerdem hätte er den Umstand, „keinen Kredit" (15.1, 356) zu haben, nicht auf seinen Ursprung, sondern auf den Zustand des Künstlers überhaupt zurückführen sollen. Mann führt den schicksalhaften Zustand Wassermanns auf den des Künstlers zurück, der ständig seinen Kredit gewinnen und seine literarischen Fähigkeiten beweisen muss, indem er die wesentlichen Bestandteile des „hohen deutschen Romans" berücksichtigt: „Er ist persönliches Ethos, Bekenntnis, Protestantismus, Gewissen, Autobiographie, individualistische Moralproblematik, Religion, Metaphysik, Erziehung, Entwicklung, Bildung [...]." (15.1, 355) Mann überträgt diese seiner eigenen Romanpoetik zugeschriebenen Elemente auf die erzählende Kunst Wassermanns und deshalb wundert er sich über den für ihn unverständlichen Ausbruch von Zerrissenheit und Demütigung. Die starke Trennung zwischen Künstlertum und Judentum ist ein deutlicher Beweis des bewussten oder unbewussten Unverständnisses Manns für den in den Mittelpunkt gestellten Inhalt der Autobiographie. Nicht zufälligerweise schließt Mann seinen Brief nach diesen grundsätzlichen Widerlegungen mit einem emphatischen Aufruf zur kosmopolitischen Öffnung Deutschlands, der sich seiner ideologischen Wende in der Zeit nach den *Betrachtungen eines Unpolitischen* fügt:

Ein nationales Leben, von dem man den Juden auszusperren sucht, in Hinsicht auf welches man ihm Mißtrauen bezeigen könnte, gibt es denn das überhaupt? Deutschland zumal, kosmopolitisch wie es ist, alles aufnehmend, alles zu verarbeiten bestrebt, ein Volkstum, in dem Nordheidentum und Südsehnsucht sich ewig streiten, westliche Bürgerlichkeit und östliche Mystik sich vermischen, – sollte es ein Boden sein, worin das Pflänzchen Antisemitismus je tief Wurzel fassen könnte? Wie ich bin und lebe, muß ich so fragen. (15.1, 356 f.)

Hier kann man nur flüchtig auf die gekränkte briefliche Antwort Wassermanns eingehen, die 1935 zusammen mit dem Brief Manns erstmals von Marta Karlweis veröffentlicht wurde. Die Behauptung Manns, die Juden

[8] Ebd., S. 39.

hätten in Deutschland dieselben Erfolgschancen wie die Nicht-Juden streitet Wassermann heftig mit der Begründung ab, dass dieser vermeintliche Erfolg eine Minderheit beträfe, während „8–9 Millionen im ‚Golus' schmachten", unter „Schande, Erniedrigung und Hohn". Außerdem wirft er Mann vor, dass er außer Acht gelassen habe, „daß ich mich ja nur gleichsam als Symbol hinstelle, daß es um schriftstellerische Anerkennung und Geltung, um das persönliche Wohl und Wehe garnicht geht, sondern um das Prinzipielle, um die Idee, um den geistigen und den Seelenkampf, um den Feldzug gegen die Lüge." (15.2, 237)

Eigentlich aber scheint dieser Zusammenstoss die Freundschaft der beiden Autoren nicht gebrochen zu haben. Tatsache ist, dass Mann 1921 den wichtigen Aufsatz *Zur jüdischen Frage* für die Münchner Zeitschrift *Der Neue Merkur* auf Anregung ihres Mitherausgebers Efraim Frisch als Beitrag zu einem Sonderheft über die Judenfrage schrieb. Dieser Essay, oder besser Brief-Artikel, wurde jedoch von Mann zurückgezogen und erst 1966 in der FAZ gedruckt. Die Motivation der suspendierten Veröffentlichung entnimmt man einem Brief Manns vom 18. Oktober 1921 an Efraim Frisch: „Er ist einerseits leichtfertig und andererseits von jenem autobiographischen Radikalismus, zu dem ich neige und der manchmal meine Stärke sein mag, in so einem Aufsatz aber fehl am Ort ist und Anstoß erregen müßte." (DüD II, 39) Die Unzufriedenheit und die Selbstkritik betreffen offensichtlich den strukturellen Ansatz, die überwiegend autobiographische Perspektive, hinzufügen könnte man auch den Mangel an einer ausgewogenen textinternen Gliederung. Abgesehen von diesen Mängeln, die wohl einer Homogenität des Essays und einer objektiven kritischen Distanz im Wege stehen, erweisen sich allerdings die Ausführungen und die behandelten Themen als höchst interessant. Im ersten Teil des Aufsatzes dominieren „judenfreundliche" Erinnerungen an Schulkameraden, die sich durch die typischen somatischen Züge („kluge, schwarze Augen", „platte Nase", „früh dunkelnder Schnurrbartschatten") auszeichnen (15.1, 428), welche oft in die Charakterisierung literarischer Figuren übertragen werden. Um sein Verhältnis zum Judentum zu erklären und zu rechtfertigen, stützt sich Mann auf die Worte Friedrich Wilhelm Riemers, die er bereits im Brief an Wassermann wiedergegeben hatte, über Goethes Position den Juden gegenüber:

‚Sie zeigen überhaupt in der Regel mehr gefällige Aufmerksamkeit und schmeichelnde Teilnahme als ein Nationaldeutscher, und ihre schnelle Fassungsgabe, ihr penetranter Verstand, ihr eigentümlicher Witz machen sie zu einem sensibelern Publikum, als leider unter den zuweilen etwas langsam und schwer begreifenden Echt- und Ur-Deutschen angetroffen wird.' (15.1, 431)

Es ist erstaunlich, dass Mann Merkmale und Anzeichen des Volkscharakters der Juden und Elemente der ‚Rassenlehre', die im letzten Drittel des 19. Jahrhunderts hinzutreten, aus der deutschen Literatur des 18. Jahrhunderts aufnimmt und teilt, ohne Rücksicht oder zumindest ohne Augenmerk auf die beschlossene Gleichberechtigung des jüdischen deutschen Bevölkerungsteils, die in der Reichsverfassung von 1871 verankert war und durch welche die Emanzipation der etwa 500.000 Juden im Deutschen Reich formal abgeschlossen war. Mann scheint die veränderten geschichtlichen Zustände nicht in Betracht zu ziehen, und auf das Zitat Riemers hin geht er auf die Konflikte mit jüdischen Autoren und Kritikern ein („Die boshaftesten Stilisierungen meines Wesens gingen von Juden aus; die giftig-witzigste Negation meiner Existenz kam mir von dort", 15.1, 431), deren Namen nicht angegeben werden. Aber es wird zweifellos dann auf Wassermann, auf Literaten und Schriftsteller wie Franz Blei, Alfred Kerr, Thomas Wolff, Kurt Hiller angespielt, von denen einige als Expressionisten galten. Diese negative Einstellung hatte sich bei Mann bereits in den Jahren des Ersten Weltkrieges zugespitzt. So definierte er in den *Gedanken im Kriege* die „Welt des Friedens und der cancanierenden Gesittung" als eine „gräßliche Welt", in der das Judentum als das „Ungeziefer des Geistes" bezeichnet wird (15.1, 31 f.). In der genauen Darstellung der revolutionären Ereignisse im November 1918, die in seinen *Tagebüchern* wiedergegeben werden, kritisiert Mann heftig das politische Engagement von jüdischen Autoren:

> München, wie Bayern, regiert von jüdischen Literaten [...] Herzog selbst [...] ist ultra-bolschiwistisch, Frank *sehr* gemäßigt. [...] Bei uns ist Mitregent ein schmieriger Literaturschieber wie Herzog, der sich durch Jahre von einer Kino-Diva aushalten ließ, ein Geldmacher und Geschäftsmann im Geist, von der großstädtischen Scheißeleganz des Judenbengels [...]. Das ist die Revolution! Es handelt sich so gut wie ausschließlich um Juden. (Tb, 8.11.1918)

Andererseits gibt Mann noch im Aufsatz *Zur jüdischen* Frage zu, dass gerade Juden ihn „entdeckt",„verlegt und propagiert" hatten (15.1, 432).

Die auf einige Jahre zuvor zurückgehende Polemik mit dem jüdischen Philosophen und politischen Publizisten Theodor Lessing scheint einen besonderen Fall darzustellen. Ihm widmet Mann den ungewöhnlich scharfen Essay *Der Doktor Lessing* infolge der 1910 zwischen ihm und dem Literaturhistoriker und Religionsphilosophen Samuel Lublinski, für den er sich eingesetzt hatte, ausgebrochenen heftigen Polemik. Denn Lessing hatte einen Skandal erregt, indem er sich die äußere Gestalt Lublinskis durch eine boshafte Satire zu desavouieren vorgenommen hatte. Bis jetzt hat man darauf bestanden, Mann habe Lublinski in Schutz genommen, weil dieser die *Buddenbrooks* positiv rezensiert habe[9] und er selbst Lessing nicht ausstehen könne. Tatsache ist, dass die beiden Juden waren, wie Mann selbstverständlich wusste:

Herr Lublinski ist kein schöner Mann, und er ist Jude. Aber ich kenne auch Herrn Lessing (wer kann für seine Bekanntschaften!), und ich sage nur so viel, daß, wer einen Lichtalben oder das Urbild arischer Männlichkeit in ihm zu sehen angäbe, der Schwärmerei geziehen werden müßte. (14.1, 222)

Seine heftige Kritik an Lessing ist vermutlich nicht nur auf persönliche Umstände, sondern auch, und zwar vorwiegend, auf die verschiedenartige konfessionelle Stellung innerhalb des Judentums zurückzuführen. Lessing stammte aus einer assimilierten jüdischen Familie aus dem gehobenen Bürgertum. Seine Jugendfreundschaft mit Ludwig Klages, die 1899 unterbrochen wurde, ist wenn auch indirekterweise eine Bestätigung eines im Rahmen der Assimilierung vollzogenen Prozesses. Samuel Lublinski, dessen soziale Herkunft viel bescheidener war, war hingegen ein Anhänger des Zionismus, der sich zwar auch 1901 zur Assimilation bekannte, ohne aber grundsätzlich die zionistischen Ideen zu verleugnen.

Das Autobiographische geht dann voran, indem Mann im Aufsatz *Zur jüdischen Frage* an die Behauptung des erklärten Antisemiten Adolf Bartels „mein Bruder und ich seien Juden" (15.1, 433) erinnert mit ähnlichen Worten, wie er sie in *Die Lösung der Judenfrage* von 1907 verwendet hatte. Nach Bartels hätten die *Betrachtungen eines Unpolitischen* durch die Beanspruchung des Deutschtums eine jüdische Herkunft der Brüder Mann nicht widerlegt. Das Hauptanliegen Thomas Manns scheint schließlich im Abstandnehmen und in der Differenzierung vom Jüdischen zu liegen, was aber keine rassistische Begründung hat, er legt vielmehr den größten Wert auf ästhetische Ansätze, die sich auf den Begriff der Ausnahme und der Andersartigkeit gründen und in der erhellenden Stelle gipfeln:

Auch mein Verhältnis zum Judentum war von jeher abenteurerhaft-weltkindlich: ich sah darin eine pittoreske Tatsache, geeignet, die Farbigkeit der Welt zu erhöhen. Klingt das allein unverantwortlich ästhetizistisch, so darf ich hinzufügen, daß ich auch ein ethisches Symbol darin sah, eines jener Symbole der Ausnahme und der hohen Erschwerung, nach denen man mich als Dichter des öfteren auf der Suche fand. (15.1, 433)

[9] „... ein Jude, der arme S. Lublinski, war es, der meinen *Buddenbrooks*, die anfangs doch nur mit saurer Miene begrüßt wurden, in einem links-liberalen Blatte prompt die Verheißung gab: ‚Dieses Buch wird wachsen mit der Zeit und noch von Generationen gelesen werden'." (15.1, 432)

Das Bild vom „abenteurerhaft-Weltkindlichen", das Mann bereits in den ersten Zeilen des Essays gebraucht, verweist sowohl auf exotisches Recherchieren und auf Ästhetisierungsprozesse als auch auf Identifikationsverfahren bzw. analogische Verbindungen, die eine „Verwandtschaft zwischen dem eigenen Künstlertum und den Juden"[10] andeuten, wie Heinrich Detering in seinem Aufsatz *Juden, Frauen, Literaten* am Beispiel von Manns früher Produktion zu beweisen versucht hat. Ästhetisierung, der sich ein Schriftsteller nicht zu entziehen scheint, trennt sich aber bei Mann von einer ethischen Ausrichtung bei der Darstellung des Judentums nicht, die in den Exilsjahren immer stärker wird. Die Ausnahmestellung des Juden, die „hohe Erschwerung", die sein Leben als „Sonderform" kennzeichnet, ziehen Mann als Dichter an, der sie in Judengeschichten überträgt, wie in die Erzählung *Wälsungenblut*. Es klingen hier noch Motive an, die bereits in seiner frühen essayistischen Produktion vorkommen, z.B. im Aufsatz *Das Ewig-Weibliche* (1903), wo er sich selbst als einen „Tschandala" (14.1, 59) bezeichnet, und insbesondere in der begeisterten Vorstellung der bekannten und zu ihren Lebzeiten vielgelesenen Autorin Gabriele Reuter (1904), mit der sich – nach der gewagten These Deterings – Mann identifizieren würde, indem er sich „mindestens" in den Jahren 1903/04 „als eine deutsche Schriftstellerin"[11] präsentiere. Davon abgesehen verbindet Mann in der Besprechung von Reuters Bestseller *Aus guter Familie. Leidensgeschichte eines Mädchens* (1895) und in der Frage nach ihrer zwiespältigen Zustimmung zur Frauenbewegung die Begriffe von Weiblichkeit und Judentum:

> Ist man ein Jude, so wird man heute die Echtheit seiner Wirkung zu beeinträchtigen fürchten, indem man darauf bestünde, den Hellenen zu spielen. Ist man eine Frau, so sollte man sich heute kein männliches Pseudonym mehr beilegen und aus Büchern mit einer Baßstimme reden. Das bewußte und betonte Judentum, etwa bei Jakob Wassermann, ist in eben dem Sinne modern wie die bewußte und betonte Weiblichkeit bei Gabriele Reuter und einigen der feinsten ihrer Mitschwestern. (14.1, 67)

Um kurz zum Essay zur jüdischen Frage von 1921 zurückzukommen, ist es bemerkenswert, dass Mann das „antisemitische Treiben und Beschuldigen" des „Hakenkreuz-Unfugs" (15.1, 436) anprangert, nachdem nach seinem Bericht Münchner Studenten Gastvorlesungen Einsteins hintertrieben haben. Im letzten Teil des Essays setzt sich in der jüdischen Frage die dringende und unvorhersehbare politische Situation durch. Von nun

[10] Detering (zit. Anm. 2), S. 28.
[11] Ebd., S. 20.

an scheint sich der ästhetistische Rahmen infolge der tragischen bevorstehenden historischen Ereignisse aufzulösen. Aber die Tragik der Geschichte verdrängt schließlich nicht alte und andauernde, wenn auch variierte ästhetisch-poetologische Ansätze bis zur Apotheose aller dieser Elemente in *Joseph und seine Brüder.*

Bei dieser diskontinuierlichen Übersicht können wir denn auch nicht umhin, einen Schritt zurück zu machen, um die erste bekannte öffentliche Äußerung Manns über das Judentum, will sagen *Die Lösung der Judenfrage*, zu kommentieren. Es handelt sich um die Antwort auf eine Rundfrage, die erstmals in den *Münchner Neuesten Nachrichten* (14.9.1907) erschien. Diese organische Stellungnahme des Autors sollte man eigentlich in den damaligen politisch-kulturellen Kontext einordnen, der auch die Rolle der Zeitschrift *Das Zwanzigste Jahrhundert*, eines profilierten Organs des völkischen Nationalismus und radikalen Antisemitismus, berücksichtigen sollte, in der Thomas Mann acht Texte vom April 1895 bis Ende 1896 veröffentlicht hatte. Nach einem Incipit, das auch in anderen Aufsätzen vorkommt, er sei „kein Jude und stelle nur eine romanische Blutmischung dar" (14.1, 174), betont Mann die besondere Rolle des Novellisten, wie er sich selbst definiert, indem er sich für verpflichtet hält, Fremdlinge, „außerordentliche Daseinsformen" zu charakterisieren. Außer den groben Stereotypen des Juden als „des fremden, physisch antipathischen Tschandala" (14.1, 177), mit einem „Fettbuckel, krummen Beinen und roten, mauschelnden Händen", gewinnt dieser kurze Aufsatz an Interesse im Bezug auf die Alternative zwischen Assimilation und Zionismus, nach Mann zwei Zauberworte, die die Judenfrage nicht lösen können, denn er plädiert für einen Prozess der Europäisierung des Judentums, wodurch eine „entartete und im Getto verelendeste Rasse" wiedererhöht und veredelt und ihre Anpassungsunfähigkeit nach der „zweitausendjährigen Diaspora" (14.1, 176) überwunden wird. Es besteht hier noch eine vielleicht nicht bewusste antisemitische Anschauung, aufgrund deren die einzige Lösung in der *„persönlichen* Hebung und Nobilisierung des Juden" (14.1, 177) bestünde. Assimilation verlange schließlich eine kulturelle Entwicklung und folglich eine Entmutigung der jüdischen Identität. Der zionistische Gedanke einer „Massenrückkehr des jüdischen Volkes zu seiner traditionellen Heimstätte" wird hier völlig abgelehnt, während er fünfundzwanzig Jahre später in dem kurzen Text *Eine lebende menschliche Wirklichkeit* (1932) als ein „schöner und erregender Gedanke" (XIII, 478) trotz seiner Unrealisierbarkeit bezeichnet wird.

Das definitive und eindeutige Wort zur Judenfrage sagt Mann im wichtigen Essay *Zum Problem des Antisemitismus*, der als Einleitung zu einer

Lesung aus *Joseph in Ägypten* vor dem zionistischen Verein Kadimah in Zürich im März 1937 entstanden war. Mit sehr harten Worten drückt er Abscheu und tiefe Abneigung gegen den Antisemitismus aus: „Der Antisemitismus ist ein Zubehör und Losungswort aller trüben, wirren und mit viel Bestialität vermischten Massenmenschlichkeit und Massenmystik von heute. Er ist kein Gedanke, kein Wort, er hat keine Menschenstimme, er ist ein Gegröl." (XIII, 480) In den trüben Zeiten des nationalsozialistischen Deutschlands ist Mann überzeugt, dass „der goethisch erzogene, der kulturell gerichtete Deutsche" nicht „Antisemit sein" kann (XIII, 484) und die Kultur einen entscheidenden Widerstand gegen die Barberei leisten kann. Diesen Kampf, seinen Federkrieg, führt Mann in *Joseph und seine Brüder* durch die Entmythisierung, die Psychologisierung und die Humanisierung des Mythos. Der Essay wird zum Selbstkommentar und zur Erläuterung seiner Zielsetzungen. Die Humanisierung und die folgliche Relativierung des Mythos gehen mit der Bekräftigung des Menschlichen als Gegenmittel gegen die feindseligen Kräfte der Gegenwart zusammen.

Die Sendung und der epische Verlauf des Lebens Josephs, von seinem Sturz in die Grube durch seine Brüder bis zu seinem politischen und sozialen Aufstieg beim Pharao und zur Vollendung seines Auftrags, weisen auf einen aufklärerischen, friedlichen und festlichen Weg der Menschheit hin. Joseph schafft die Verbindung zum Leben der Patriarchen und übt eine ständige konstruktive und tätige Wirkung aus als moralischer Führer, der reich an idealen und materiellen Kräften ist. Joseph, „ein Zelebrant des Lebens" (IX, 497), aber auch „ein Künstler, insofern er spielt, nämlich mit seiner Imitation Gottes auf dem Unbewußten" (IX, 499), „der Liebhaber des Mondes", in der „Anthropogonie des Romans der erste Künstler" (XIII, 489), ist eine stilisierte, in gewisser Hinsicht selbstbezogene Projektion seines Autors, der das Wesen der Kunst in Mission und Aktion überträgt.

Ich möchte kurz noch auf einen scheinbar fast anekdotischen Aspekt eingehen. Im ersten Kapitel der *Geschichten Jaakobs* erzählt Joseph seinem Vater, dass ihm der weise Diener Eliezer sein Horoskop gestellt hat:

‚Und als er mir stellte den Stundenzeiger meiner Geburt zu Charran in Mesopotamien im Tammuz-Monat um Mittag, da Schamasch im Scheitel stand [...] und im Osten heraufkam das Zeichen der Jungfrau [...]. So auch Ischtar, deren Teil ist Maß und Anmut, Liebe und Gnade [...] Auch stand sie im Stiere, und die Erfahrung lehrt, daß das Gelassenheit gebe und ausharrende Tapferkeit und den Verstand ergötzlich gestalte.' (IV, 108f.)

Das Horoskop Josephs ist in der Wirklichkeit dasselbe wie das Thomas Manns, der am 6. Juni um 12 Uhr geboren wurde. In dieser Art und Weise identifiziert er sich mit dem Protagonisten seiner Tetralogie, dem „ersten Künstler“ der Menschheit und zugleich betont er noch einmal die geistige Verwandtschaft mit Goethe, von dem er auch die in *Dichtung und Wahrheit* beschriebene günstige Astrallage nachahmen zu wollen scheint.

Margherita Cottone

Kritik als „Übergang vom unbewußten Schaffen zum schöpferischen Bewußtsein“: Thomas Mann und die Russen

Bekanntlich beschäftigte keine andere fremde Literatur Thomas Mann so intensiv wie die russische,[1] die einen ständigen Bezugspunkt in seiner Welt bildet. Berühmte Autoren wie Tolstoi, Dostojewski, denen er bedeutende Essays widmete: *Goethe und Tolstoi* (Vortragsfassung 1921; Essay 1925)[2], *Tolstoi* (1928), *Anna Karenina* (1940), *Dostojewski – mit Maßen* (1946), oder Gontscharov und Turgenjew haben Manns Interesse schon in den früheren Jahren seiner literarischen Aktivität angeregt, wie er selbst in seinem *Lebensabriß* sagt: „Lektüre mußte die schwankende Kraft stützen: russische namentlich, die geliebte, westöstliche Turgenjews immer wieder, Tolstois moralistisches Gigantenwerk und Gontscharow [...].“ (XI, 381)[3] Andere wie Gogol, Puschkin, Lermontov, Leskov werden oft in seinen kritischen Schriften zitiert, deren Bücher auch dort besprochen. Tschechow widmet Mann einen seiner letzten Essays (*Versuch über Tschechow*, 1954). Die meisten Arbeiten über das Thema Mann und Russland beziehen sich vor allem auf die Rolle der russischen Literatur für Thomas Manns exis-

[1] Für eine erste Bibliographie siehe Christian Schmidt: Bedeutung und Funktion der Gestalten der europäischen östlichen Welt im dichterischen Werk Thomas Manns, München: Sagner 1971, S. 350–365, und Nina Pavlova: Thomas Mann und die russische Literatur, in: TM Hb, 200–211. Die zum Thema „Thomas Mann und Russland“ erschienene Literatur wird im Laufe des Beitrages herangezogen. Die russischen Namen werden nach der Transkription der GKFA wiedergegeben.

[2] Die Entstehungsgeschichte der verschiedenen Fassungen wird zusammenfassend im Kommentar zur Vortragsfassung dargestellt (15.2, 260–262). Vgl. außerdem Herbert Lehnert/Eva Wessel: Nihilismus der Menschenfreundlichkeit. Thomas Manns „Wandlung“ und sein Essay *Goethe und Tolstoi*, Frankfurt/Main: Klostermann 1991 (= TMS IX), S. 126–140.

[3] Auch in *Russische Anthologie* wird Mann enthusiastisch bekennen: „[...] daß mir mein Verhältnis zur russischen Literatur jetzt mehr denn je, oder eigentlich erst jetzt so recht als eine lebenswichtige Angelegenheit, wörtlich verstanden als eine Angelegenheit von geistig vitaler Bedeutung erscheint“. (15. 1, 340) Bezüglich einer Auflistung der russischen Autoren, die sich in der Nachlassbibliothek Thomas Manns befinden, siehe Michael Wegner: Thomas Manns „Zauberberg“ und die russische Literatur, in: Ein internationaler Dialog, hrsg. von Helmut Brandt und Hans Kaufmann, Berlin/Weimar: Aufbau 1978, S. 302–316.

tentielle Entwicklung und fiktionales Werk.[4] Wie vom Titel meines Beitrages schon angedeutet, wird hier hingegen untersucht, inwiefern Manns Beschäftigung mit der russischen Literatur die eigene Auffassung von Kritik beeinflusste.

Insbesondere soll im ersten Teil versucht werden, das Verhältnis zwischen dem vom Kritiker und Religionsphilosophen Dmitri Sergejewitsch Mereschkowski vorgelegten Konzept der Kritik als „schöpferischem Bewußtsein" und „Anfang der Religion" und Manns Idee eines „dichterischen Kritizismus" zu vertiefen, um einzuschätzen, inwieweit dieser ästhetische Begriff auch seine Interpretation einiger russischer Autoren beeinflusste. In dieser Hinsicht ist vor allem das problematische und zweideutige Bild Tolstois in Betracht zu ziehen, denn bei ihm scheinen Leben und Werk in der Friedenszeit zwischen den Kriegen mehr als bei Dostojewski geeignet, die Entwicklung einer modernen Literaturauffassung zu vertreten, bei der Geist, Bewusstsein, Verstand, Moral eine prominente Rolle spielen, wie im zweiten Teil des Beitrages gezeigt wird.

Es gilt aber an dieser Stelle zunächst eine Voraussetzung zu erwähnen, die auch methodologisch sein will. Im Fall des literarischen Verhältnisses von Mann und Russland handelt es sich, laut Banuls oder Pavlova, vielleicht mehr um Divergenzen als Konvergenzen, denn die „Subjektivität in der Aneignung fremder Formen und Inhalte"[5] hat seine Beziehungen mit allen Autoren charakterisiert. Gerade der Subjektivismus, der auch ein bedeutendes Element von Manns essayistischem Werk ist, erlaubte ihm, die verschiedensten Materialien zu benutzen und sie durch einen schöpferischen Verwandlungsprozess zu einer persönlichen Auffassung zu organisieren.[6] In den *Betrachtungen eines Unpolitischen* wird das „unendliche

[4] In dieser Hinsicht sind die ersten Monographien von Lilli Venohr (Thomas Manns Verhältnis zur russischen Literatur, Meisenheim am Glan: Hain 1959 [= Frankfurter Abhandlungen zur Slawistik, Bd. 1]) und Alois Hofman (Thomas Mann und die Welt der russischen Literatur. Ein Beitrag zur literaturwissenschaftlichen Komparativistik, Berlin: Akademie-Verlag 1967) sehr bedeutend. Vgl. dazu Eberhard Wilhelm Schulz: Thomas Manns Beziehungen zur russischen Literatur, in: Wort und Zeit. Aufsätze und Vorträge zur Literaturgeschichte, Neumünster: Wachholtz 1968, S. 106–130.

[5] André Banuls: Thomas Mann und die russische Literatur, in Thomas Mann 1875–1975. Vorträge in München-Zürich-Lübeck, hrsg. von Beatrix Bludau, Eckhard Heftrich und Helmut Koopmann, Frankfurt/Main: S. Fischer 1977, S. 398–423, 410; Pavlova (zit. Am. 1), S. 201.

[6] Außer der polemisch-ironischen Haltung und den „kontrastierende[n], dadurch decouvrierende[n] Parallelisierungen" (so Jürgen Eder: „Allerlei Allotria": Grundzüge und Quellen der Essayistik bei Thomas Mann, Bonn: Bouvier 1993, S. 96) bleibt als Konstituent des Mann'schen kritisch-essayistischen Stils der „stereoskopische Blick" des Künstlers, sein „Recht", dank seiner „geistigen Freiheit" mit *Gedanken zu spielen, mit Standpunkten Versuche anzustellen, aber ohne* [sich] *an etwas zu binden*" , wie er im Kapitel „Politik" der *Betrachtungen* schreibt (13.1, 249).

Zitieren und Anrufen starker Eideshelfer [...] als eine Kunst empfunden" (13.1, 13), wodurch der Schriftsteller wie in einem fiktionalen Werk „Menschen und Dinge" „reden läßt auch da noch, wo er unmittelbar selber zu reden scheint *und meint*" (13.1, 14). Deshalb kann dieser Essay, der von Mann selber als „kein Kunstwerk" beurteilt wird, trotzdem zu einem „Künstlerwerk", „beinahe zu einer Dichtung"(13.1, 45) werden, wie er zum Schluss seines Vorwortes schreibt. Diese Technik wird zunehmend zum Konstruktionsprinzip eines Autors, der sich zu den „sentimentalen" geistigen Dichtern zählt, dessen Schreiben immer mühevolle Auseinandersetzung mit dem Stoff ist, so wie es in *Schwere Stunde* beschrieben und viel später in *Doktor Faustus* seinen tragischen Ausdruck finden wird. Auf seinem Weg zu Goethe, dem „naiven Dichter", identifiziert er sich zuerst mit dem „sentimentalen" Schiller, dessen heroisches Streben nach der Kunst des „göttlichen" Goethe sich nur durch Reflexion und Kritik erlösen kann, wie in der Erzählung selbst gesagt wird. Beide Autoren, die Schiller in seinem berühmtem Essay *Über naive und sentimentalische Dichtung* als gegensätzlich darstellt, werden aber von Mann bereits 1912 als Vorbild einer „Synthese" zwischen „Geist und Kunst" „Erkenntnis und Schöpfertum" erkannt, wie er schon in dem kurzen Selbstkommentar *Zu Fiorenza* schreibt (vgl. 14, 1, 349).[7]

Mann hat nämlich durch eine Form von Essayismus, der auch „Dichtung" sein will, eine Synthese von „Fabulieren" und „Schriftstellerei" zu erreichen versucht. Deshalb hat er sich schon in *Bilse und Ich* (1905) mit einer „Schule von Geistern [...], in welcher man sich gewöhnt hat, den Begriff des Künstlers mit dem des Erkennenden zusammenfließen zu lassen" (14.1, 105), identifiziert. „In dieser Schule" – fügt Mann hinzu – „ist die Grenze zwischen Kunst und Kritik viel unbestimmter, als sie ehemals war." (14.1, 106) Deshalb strebt er nach einer Form von „dichterische[m] Kritizismus" (14.1, 106), den er als das wichtigste Kennzeichen einiger berühmter Essayisten erkennen wird. „Gibt es nicht schriftstellerisches Dichtertum und dichterische Kritik?" (14.1, 228), fragt sich Mann noch 1910 in *Die gesellschaftliche Stellung des Schriftstellers in Deutschland.*

Das ist die erste Auffassung einer modernen Literatur, zu der auch der Essayismus gehört, wie er ihm über Nietzsches Kritik, aber auch über

[7] Vgl. den Kommentar zum Text in 14.2, 480–484. Siehe auch *Zu Goethes Wahlverwandtschaften*, wo Mann schreibt: „... und Schillers kritische Sonderung irrt selbst theoretisch in dem einen Punkt, daß er nur das geistige als strebend – nämlich nach Natur, nach Verleiblichung –, die Natur aber, das Naive, als in sich ruhend schildert. Streben ist nicht nur beim Geist, es ist auch dort, wohin er strebt. Auch die Natur ist sentimentalisch, ihr Ziel ist Vergeistigung. Eine hohe Begegnung von Natur und Geist auf ihrem sehnsuchtsvollen Weg zueinander: das ist der Mensch." (15.1, 968)

die russische kritische Literatur begegnete. Laut Venohr hat gerade die Beschäftigung mit dieser Literatur Thomas Mann geholfen, die eigene innere Spaltung zwischen Leben und Geist, Leben und Kunst zu überwinden, so wie er sie schon in der geplanten „großen *Abhandlung* über *Geist und Kunst*“[8] behandelt hatte[9]. Inwieweit und warum allerdings die russische Literatur diesen Konflikt gelöst hat, findet in Venohrs Essay keine befriedigende Erklärung, wie Banuls schon gezeigt hat.[10] Die „heilige Litteratur“ (2.1, 275), wie Mann die russische nennt[11], „heilig“ im Sinne von einer „reinigenden Wirkung“, „erlösenden Macht“ (um die Worte von Lisaweta Iwanovna in *Tonio Kröger* zu gebrauchen), und deshalb „moralisch-religiös“, „problematisch“, hatte vielleicht eine bedeutendere Rolle in Manns Auffassung eines „dichterischen Kritizismus“ und „kritizistischen Dichtertums“, wodurch er dann auch den Gegensatz zwischen Dichtertum und Schriftstellertum, Plastik und Kritik, Künstler und Literat aufzulösen versuchte.

Ein Vorbild dafür findet er nicht nur bei Lessing und Nietzsche, sondern auch bei modernen Autoren wie Bertram, Keyserling, Gundolf, Spengler[12] und vor allem bei dem Kritiker und Religionsphilosophen Dmitri Sergejewitsch Mereschkowski, dem Hauptvertreter eines „neuen religiösen Bewusstseins“[13], der – wie auch von der kritischen Literatur hervorgehoben wird – neben Nietzsche eine wichtige Rolle für Manns Begriff von Literatur als „Kritik“ und „dichterischem Kritizismus“ gespielt hat.[14] In *Ein Brief* [*Über Mereschkowski*] schreibt Mann nämlich:

[8] Vgl. *Der Literat* (14.1, 354).

[9] Laut Venohr wird die Notwendigkeit dieser Synthese schon in *Tonio Kröger* (während des Gespräches mit der russischen Malerin Lisaweta Iwanowna) ausgedrückt, aber mit Überzeugung erst in den *Betrachtungen* behauptet. Vgl. Venohr (zit. Anm. 4), S. 11. In der Zeit zwischen dem *Tonio Kröger* und den *Betrachtungen* hatte Mann aber schon die Idee einer Integration zwischen Geist und Natur, Dichtertum und Schriftstellertum verfolgt, nicht nur in fiktionalen Texten wie *Fiorenza,* in dem er die „naive“ Natur des geistliches Helden Savonarola so wie die „geistliche“ des weltlichen Lorenzo hervorhebt, sondern auch in kleinen kritischen Schriften (*Zu Fiorenza*), indem er die Formel des „Dritten Reiches“ als mythisches Vorbild dieser Synthese gebraucht. Siehe dazu 14.2 (Anm. 8).

[10] Laut Banuls gründet die Autorin ihre These nur auf Manns Erkenntnis, dass „höchstes Ziel des russischen Dichters“ sei, „Menschheit und Kunst zu vereinen“. Banuls (zit. Anm. 5), S. 399.

[11] Vgl. *Russische Anthologie* (15.1, 338).

[12] Vgl. *Briefe aus Deutschland* (15.1, 568).

[13] Aleksej Rybakov: Thomas Mann und die russische Literatur, in: Forum für osteuropäische Ideen- und Zeitgeschichte, Jg. 5, H. 2 (2001), S. 24.

[14] Siehe dazu Urs Heftrich: Thomas Manns Weg zur slawischen Dämonie. Überlegungen zur Wirkung Dmitri Mereschkowskis, in: TM Jb 8, 1995, 71–91.

> [...] Mereschkowskij nun ist ein besonders persönlicher Ausdruck dieser allgemein europäischen und besonders russischen Modernität, in der die Grenze zwischen Kritik und Dichtung, zwischen Geist und Kunst sich bis zur Unauffindbarkeit verliert. Niemand wird in seiner Essayistik den dichterisch-phantastischen, genial-spielerischen Einschlag verkennen [...]. (15. 1, 496f.)

Mann bezeichnete ihn als „de[n] genialsten Kritiker und Weltpsychologen seit Nietzsche!"und fügte hinzu: „Er, dessen Buch über Tolstoi und Dostojewskij auf meine zwanzig Jahre einen so unauslöschlichen Eindruck machte und dessen ebenfalls völlig beispielloses Werk über Gogol ich überhaupt nicht wegstellte!" (15.1, 339)[15]

Als Autor von Essays wie *Tolstoi und Dostojewski als Menschen und als Künstler, Gogol. Sein Werk, sein Leben und seine Religion*[16] und *Ewige Gefährten*, die jeweils 1903, 1911 und 1915 in deutscher Übersetzung erschienen, wurde Mereschkowski von Mann nicht nur sehr geschätzt, sondern auch als Hauptquelle für die eigenen kritischen Lektüren der russischen Literatur benutzt[17], mag auch die Forschung sich in diesem Punkt nicht ganz einig sein.[18] Sicher hat Mann, wie Scharfschwerd bemerkte „das Werk fast in vollem Umfang besessen und, wie die Vielfalt der Lesespu-

[15] Vgl. auch den Brief an Eliasberg vom 26. März 1914, in dem Mann Mereschkowski als den „tiefste[n] europäische[n] Kritiker seit Nietzsche" bezeichnet (22.2, 28). Eine erschöpfende Studie über das Thema Thomas Mann und Mereschkowski steht noch aus. Außer den schon oben zitierten Kritikern behandeln es auch: Manfred Dierks: Studien zu Mythos und Psychologie bei Thomas Mann. An seinem Nachlaß orientierte Untersuchungen zum „Tod in Venedig", zum „Zauberberg" und zur „Joseph"-Tetralogie, Bern u.a.: Francke 1972, S. 67–78; Iwan Golik: Thomas Mann, Merežkovskij und die russische Literatur, in: Wissenschaftliche Zeitschrift der Friedrich-Schiller-Universität, gesellschafts- und sprachwissenschaftliche Reihe, Jg. 25, H. 3 (1976), S. 339–343; Roman S. Struc: Thomas Mann as Critic of Russian Literature, in: Germano-Slavica, vol. 6, n. 1 (1988), University of Waterloo, S. 17–28.

[16] Der ursprüngliche Titel war *Gogol und der Teufel* (1906), aber Mann las das Buch erst 1914 unter dem oben genannten Titel. Vgl. Heftrich (zit. Anm. 15), S. 74.

[17] Neben Mereschkowski las Mann unter anderem auch die essayistischen und biographischen Schriften von Dostojewski, (*Tagebuch eines Schriftstellers,* 4 Bde., übertragen von A. Eliasberg, München: Musarion 1921–23), Maxim Gorki (*Erinnerungen an Lew Nikolajewitsch Tolstoi,* München: Der Neue Merkur 1920; *Die Zerstörung der Persönlichkeit. Aufsätze*, hrsg. von Joseph Shapiro und Rudolf Leonhard, Dresden: Kaemmerer 1922), oder Paul Birukov (*Tolstois Biographie und Memoiren. Autobiographische Memoiren, Briefe und biographisches Material*, Wien/Leipzig: Moritz Perles 1906–1909), deren Material Mann als versteckte und offene Zitate, Selbstzitate und Paraphrasen benutzte, um sie in eigene Essays zu integrieren. Vgl. dazu Wegner (zit. Anm. 3), S. 308–310 sowie den Kommentar in 15.2, 263; 507. Laut Pavlova (zit. Anm. 1, S. 200f.) „war er ein unverbesserlicher Aneigner und benutzte – wie manch anderer – ohne viel Gewissensbisse alles, was seine Werke speisen konnte."

[18] Vgl. dazu André von Gronicka: Thomas Mann and Russia, in: Germanic Review, Bd. 20 (1945), S. 105–137; Banuls (zit. Anm. 5), S. 400.

ren [...] deutlich macht, zu einer Intensität zur Kenntnis genommen, die auf mehr als nur eine einfache Lektüre schließen lässt".[19]

Einige Aspekte seines kritischen Vorfahrens wurden bestimmt von Mann wiederaufgenommen, wie schon Eder[20] betont hat: Die Biographie als wichtiger Teil der Werk-Analyse, die Lust am anekdotischen Detail, die Form des physiognomischen Sehens, d.h. die Beschreibung von körperlichen Charakteristika, die in Manns erzählerischem Werk leitmotivisch erscheinen,[21] und vor allem die umfangreichen Zitate aus Romanen und anderen Schriften der Autoren oder deren Biographen. Diese Zitate werden aber in Manns Essays, wie in denen Mereschkowskis, nicht „wissenschaftlich" eingesetzt, sondern gleichsam in den erzählerischen Fluss eingemischt. Damit wird die „subjektive" Aneignung der Wirklichkeit und ihre lyrische, dichterische Dimension garantiert. Damit wird, im Fall des Essays, ein Kunstprodukt zur „Dichtung". Vor allem die musikalische Struktur der Texte verleiht ihm (dank der Benutzung von Leitmotiven) einen „lyrischen" Charakter, was Mann von Nietzsche und Wagner gelernt hat und auch bei dem russischen Kritiker wiederfindet, wie er in einem Brief an Ernst Bertam vom 21. September 1918 schreibt, indem er eine Seite dessen *Nietzsche* kommentiert: „Übrigens erinnerte gerade diese Seite mich in der kritischen Technik und Citat-Analyse merkwürdig an Mereschkowskij". (22, 252) „Dichterisch-phantastisch, genial-spielerisch" (15.1, 497) hat Mann deshalb dessen Essayismus bezeichnet. Nach diesem idealen Vorbild von dichterischem Essayismus wird er auch in seinen kritischen Schriften streben, die er selbst oft „lyrisch" nennt. Wir beziehen uns z.B. auf Manns Selbstkommentar zu *Bilse und Ich*[22] oder auf die Einleitung zur *Russischen Anthologie* (15.1, 340), die „novellistisch einsetzt", wie er selbst in den *Tagebüchern* schreibt (Tb 22. 5. 1921).

Inhaltlich wurde Manns Interesse für Mereschkowski laut Heftrich über

[19] Jürgen Scharfschwerdt: Thomas Mann und der deutsche Bildungsroman. Eine Untersuchung zu den Problemen einer literarischen Tradition, Stuttgart [u.a.]: Kohlhammer 1967, S. 178 (= Studien zur Poetik und Geschichte der Literatur, Bd. 5).

[20] Eder (zit. Anm. 6), S. 172–177.

[21] Zum Phänomen des physiognomischen Sehens siehe auch die Arbeit von Roland Schopf: Physiognomisches Sehen in der literarkritischen Essayistik Thomas Manns, Heidelberg: Winter, 1978 (= Beiträge zur neueren Literaturgeschichte, Folge 3, Bd. 36) [Diss. Frankfurt/Main 1977].

[22] „Die kleine Abhandlung ist allerdings zuvörderst ein sehr persönliches Dokument und hat als solches zu wirken. Ihr lyrischer Charakter unterscheidet sie von einer unpersönlich-wissenschaftlichen Betrachtung, und während ich sie, erregt durch Gott weiß welche Erfahrungen, verfaßte, rechnete ich weit weniger auf die generelle Unangreifbarkeit ihrer Logik als auf spezielle Anständigkeit der Gesinnung." In: *Vorwort* [Zur vierten Auflage der Buchausgabe von *Bilse und Ich*] (14.1, 289).

dessen philosophischer Prägung durch Nietzsche und Schopenhauer hinaus auch von „seiner Neigung zum Denken in Antithesen" und seiner Lehre eines „dritten Reiches des Geistes" angeregt[23], so wie sie der russische Autor in *Auf dem Wege nach Emmaus*[24] erklärte. Dieses Reich, das alle Antithesen zwischen Rom und Byzanz, Heide-und Christentum, Europa und Asien in sich aufheben sollte, könnte sich laut Mereschkowski in Russland verwirklichen. Mereschkowskis eschatologischer und religiöser Gedanke wird aber von Mann auf eine poetologische Sphäre übertragen und mit der Schillers Ästhetik verschmolzen. Gerade ein im Essay über Gogol[25] enthaltenes Urteil über die neue russische Literatur wird Mann stark beeindrucken und von ihm wiederholt in den eigenen Essays zitiert.

Man muss aber einige Passagen von Mereschkowskis Essay über Gogol analysieren, um Manns Kritikauffassung zu vertiefen. Mereschkowski beurteilt Gogols kritische Schrift *Briefwechsel mit den Freunden* als den

> erst[en], früh[en] und daher auch schwach[en] Versuch einer neuen [...] russischen *Kritik*, die im Gegensatz zu der Kritik im hergebrachten publizistischen Sinne [...] ein ewiges und universelles religiöses Bewußtsein, einen notwendigen Übergang von der *dichterischen Kontemplation* zu einer *religiöse Handlung*, von Wort zu *Tat* darstellt.[26] (Hervorh. d. Verf.)

Es handelt sich um eine Kritik des Ästhetismus, wie Mann ihn noch in den *Betrachtungen* dargestellt hat und den er nicht nur Schiller und Schopenhauer, sondern „sogar *Tolstoi*" (13.1, 248) zuschreibt.

> Der ‚Ästhet' ist gewissenhaft als Tuender (Machender, Gestaltender), denn seine Art des *Tuns* ist so frei und heiter, daß sie die Würde der *Kontemplation* gewinnt; aber die *Betrachtung* wird ihm leicht zur Aktion – er kennt und will sie vielleicht nur als Aktion – und eben als Betrachtender also neigt er zur Gewissenlosigkeit. (13.1, 251 f.) (Hervorh. d. Verf.)

Nach dem russischen Kritiker bildet die Literatur von Tolstoi und Dostojewski hingegen „das Ende des rein künstlerischen, unbewußten Pusch-

[23] Heftrich (zit. Anm. 14), S. 77.

[24] Dmitri S. Mereschkowski: *Auf dem Wege nach Emmaus. Essays*, übersetzt von Alexander Eliasberg, München: Piper 1919. Das Buch befindet sich in Manns Nachlassbibliothek. Die in ihr enthaltenen Werke von Mereschkowski werden nachfolgend mit einem Sternchen gekennzeichnet.

[25] Mann hat den Essay über Gogol erst 1914 kennengelernt. Bis dahin hatte er nur Auszüge gelesen und deshalb Mereschkowskis Gedanken missverstanden. Vgl. Heftrich (zit. Anm. 14), S. 77 f.

[26] Dmitrij S. Mereschkowskij: *Gogol. Sein Werk, sein Leben und seine Religion*, übersetzt von Alexander Eliasberg, München/Leipzig: G. Müller 1911*, S. 138.

kinschen Schaffens und den Anfang eines neuen religiösen Bewußtseins“[27]. Dieser Prozess hat aber mit Gogols *Briefwechsel* begonnen, den Mereschkowski als den „Anfang einer russischen „Kritik“ bezeichnet, aber „im neuen, ewigen Sinne: Kritik als Übergang vom unbewußten Schaffen zum schöpferischen Bewußtsein. [...] Im *Briefwechsel* sehen wir [...] das Ende der Poesie, den Anfang der Religion“.[28] Mereschkowski spricht deshalb von der „Gleichgewichtsstörung“[29] Gogols, der in seinem Kampf gegen das Fleisch keine Synthese findet[30], so wie es laut ihm auch bei Tolstoi und Dostojewski geschieht[31]. Gerade deren moderne Zerrissenheit hält beide außerhalb der harmonischen Sphäre Puschkins, den Mereschkowski in *Ewige Gefährten* mit Goethe vergleicht.[32]

Der Gedanke, dass Kritik „den Übergang von der *dichterischen Kontemplation* zu einer religiösen *Handlung* darstellt“, wird also in den Jahren des „demokratischen Bewußtwerdens“[33] von Mann aufgenommen, aber säkularisiert und dramatisiert, wenn er die Entstehungsgeschichte seiner Einleitung zu *Russische Anthologie* von 1921[34] beschreibt. War die russische Welt nämlich für ihn bis zur dieser Zeit „nur ein geistiges und mythisches Dasein“ (in diesem Sinn Objekt einer „dichterischen Kontemplation“), so wird sie nun zur „Wirklichkeit“ und zwar dank der Gelegenheit der Einleitung, mit der Mann von Alexander Eliasberg beauftragt worden war: „Denn man ist Dichter nicht“, schreibt er hier, „indem man sich etwas ausdenkt, sondern man ist es, indem man sich aus den Dingen etwas macht.“ (15.1, 334) Das ist vielleicht keine religiöse Handlung im Sinne Mereschkowskis, aber sicher die bewusste Handlung eines Dichters, eines Träumers, der gelernt hat, „solche ungespäßigen Taten zu tun“ (15.1, 333), wie er in *Russische Anthologie* schreibt. Dass Kritik zu diesen „ungespäßi-

[27] Ebd., S. 139.

[28] Ebd.

[29] Ebd., S. 147.

[30] In *Gogol* schreibt Mereschkowski: „Hier beginnt auch Gogols Tragödie: incipit tragoedia. – Der Kampf mit dem Ewig-Bösen – der Plattheit – wird nicht mehr in poetischen Spekulationen, sondern in religiösen Handlungen geführt. Es ist der große Kampf des Menschen mit dem Teufel.“ (Ebd., S. 80)

[31] Vgl. ders.: *Tolstoi und Dostojewski als Menschen und als Künstler. Eine kritische Würdigung ihres Lebens und Schaffens*, übersetzt von Carl von Güntschow, Leipzig: Schulze 1903*, S. 9 u. 275.

[32] Ders.: *Ewige Gefährten,* übersetzt von Alexander Eliasberg, München: Piper & Co 1915*, S. 303.

[33] Hofman (zit. Anm. 4), S. 96.

[34] Die von Eliasberg herausgegebene Anthologie wurde in den Süddeutschen Monatsheften (18. Februar 1921) publiziert. Sie enthält Erzählungen von Puschkin, Gogol, Lermontov, Turgenjew, Dostojewski, Leskov, Tolstoi, Tschechow, Sologub und Kusmin. Vgl. Kommentar in 15.2, 220–227.

gen Taten" gehört, hat Mann oft erklärt. Als „Galeeren"-Arbeit (vgl. 13.1, 24) hatte er übrigens seine *Betrachtungen* bezeichnet. Gewiss, je bewusster sich Mann der kritischen Dimension der Kunst wurde, desto mehr hat er sich mit Essayismus oder anderen Formen nicht-fiktionaler Prosa beschäftigt. In der Nachfolge Nietzsches formuliert er schon 1905 die These, das Kritische sei mit dem modernen Künstler zu identifizieren: „Es gibt keinen wahren Künstler – heute gewiß nicht! –, der nicht zuletzt auch ein Kritiker wäre, und kein wahrhaft kritisches Talent ist denkbar ohne die Feinheiten und Kräfte der Seele, welche den Künstler machen." (*Über die Kritik*; 14.1, 87) Deshalb hat Mann versucht, die Antithese von „Dichtertum und Schriftstellertum", Künstler und Literat zu überwinden, so wie er das auch in Mereschkowskis Kritik vorfindet.

Kritik wird also zur „religiösen Handlung", und das heißt für Mann „geistlich", „bewußt", weil „der Mensch", wie er im *Fragment über das Religiöse* (1931) schreibt, „ein Wesen ist, welches am Geist teil hat, und [...] das Religiöse in ihm, in seiner Zweiheit aus Natur und Geist beschlossen liegt" (Ess III, 297). Anders hatte er sich darüber in den *Betrachtungen* ausgedrückt: „Nein, Religion ist nicht die Verpflichtung auf den Geist des Zivilisationsliteraten." (13.1, 582)

Die berühmte Definition der Kritik als „Übergang vom unbewußten Schaffen zum schöpferischen Bewußtsein" (15.1, 336f.) wird von Mann immer wieder zitiert,[35] um gerade den Zustand der modernen Literatur darzustellen. Das Zitat erscheint aber zum ersten Mal in der *Russischen Anthologie*, wo Mann im Rückgriff auf Mereschkowski im Werk Gogols den Beginn einer modernen Auffassung der russischen Literatur erkennt. Gogols tragisches Schicksal im Namen des Geistes gegen das Fleisch bedeutet nämlich „den Anfang von etwas Neuem, sehr Zukünftigem [...] statt der Poesie der Kritizismus, statt der Naivität die religiöse Problematik und statt der Heiterkeit die Komik" (15.1, 337). Auch Mereschkowskis Definition von Kritik als „Anfang der Religion" wird von Mann wiederaufgenommen, stark betont und mit Nietzsches Kampf gegen das Christentum und seine „asketischen Ideale" verglichen. Nietzsches „neue Religiosität" war aber natürlich anders als die des orthodoxischen russischen Schriftstellers, der gegen die Anschauung der katholischen Kirche tatsächlich an die „Auferstehung des Fleisches" glaubte. Mann scheint aber diesen Unterschied nicht zu merken und durch seine synkritische Sehweise stellt er Mereschkowskis Religiosität jener Nietzsches gleich, der „um einer neuen Religiosität, eines neuen ‚Sinnes der Erde', um der Heiligung des Leibes

[35] Vgl. auch *Die Kunst des Romans* (X, 359), *Anna Karenina* (Ess V, 40).

willen, im Namen des ‚Dritten Reiches'" (15.1, 341) kämpfte, ein utopisches Bild, das schon in *Zu Fiorenza* als Symbol des Dichters erschienen war. Das bedeutet eine „Synthese", die nicht nur, schreibt Mann, „die von Aufklärung und Glauben, von Freiheit und Gebundenheit, von Geist und Fleisch, ‚Gott' und ‚Welt' " ist, sondern auch "künstlerisch ausgedrückt, die von Sinnlichkeit und Kritizismus" (15.1, 341). Die Rezeption des „russischen Wesens" (15.1, 340) wird also zusammen mit dem Erlebnis Nietzsches gleichgesetzt, so wie aber Mereschkowski selbst es ihm vermittelt [36]:

In der Tat sind es zwei Erlebnisse, welche den Sohn des 19. Jahrhunderts, der bürgerlichen Epoche, zur neuen Zeit in Beziehung setzen, ihn vor Erstarrung und geistigem Sterben schützen und ihm Brücken in die Zukunft bauen, – nämlich das Erlebnis Nietzsches und das des russischen Wesens. (15.1, 340).

Dieser „Kampf um das ‚Reich', um das neue Menschentum und die neue Religion, um die Verleiblichung des Geistes und die Vergeistigung des Fleisches" wird laut Mann nämlich „nirgends kühner und inniger [...] als in der russischen Seele" (15.1, 341) geführt. In denselben Jahren wird Mann aber nach der Lektüre der *Blütezeit der Romantik* Ricarda Huchs den poetologischen Begriff der Kunst als „Bewußtsein", „Verstand" und utopische Verwirklichung des „Dritten Reiches" als Kunstprinzip der deutschen Romantiker erkennen und ihn auf Schillers Ästhetik übertragen, wie z.B. *Von deutscher Republik* zu entnehmen ist.[37] Auch in der kurzen Schrift *Ein Brief [Über Mereschkowski]* hatte Mann auf diese Beziehung mit Schillers Ästhetik hingewiesen[38], so wie später in dem Essay *Anna Karenina* von 1939:

[36] In seinem Buch *Tolstoi und Dostojewski* spricht Mereschkowski von der „unglaublichen [...] religiösen Stärke" Nietzsches und von seiner „neue[n] Religion" (zit. Anm. 32; S. 301). Schon in einem Brief vom 26. März 1914 an Eliasberg, den deutschen Übersetzer einiger Bücher dieses und anderer russischer Autoren, schrieb Mann: „Ich finde bestätigt, was ich seit 10 Jahren weiß, daß Mereschkowski der tiefste europäische Kritiker seit Nietzsche ist." (22, 28)

[37] Siehe 15.1, 545: „Das Gemüt überwiegt bei ihnen den Verstand zu sehr, als daß sie einzusehen bereit wären, daß Romantik fast genau Modernität bedeutet Modernität in dem Sinne Schillers, wenn er die sentimentalische Dichtung als modern im Vergleich mit der naiven kennzeichnet, oder im Sinne Mereschkowskis, wenn er erklärt, mit Gogol habe in der russischen Literatur, nach dem unbewußten Schöpfertum Puschkins, das eingesetzt, was man die schöpferische Bewusstheit, schöpferische *Kritik* nennen müsse." Vgl. auch *Die Stellung Freuds in der modernen Geistesgeschichte* (X, 256–280).

[38] Siehe 15.1, 496: „Mit einem Wort: seit Gogol ist die russische Literatur *modern*,– sofern eben dies Wort dichterischen Kritizismus, kritizistisches Dichtertum bedeutet (eine Bedeutung, die ihm beizulegen dem Deutschen nicht schwer fällt, da schon Schiller in seinem Essay über naive und sentimentalische Dichtung sie damit verband)."

Was Mereschkowski, ‚die Kritik' oder ‚das schöpferische Bewußtsein' nennt, und was ihm im Vergleich mit dem ‚unbewußten Schaffen' Puschkins als das Moderne, Zukünftige erscheint, ist genau das, was Schiller unter dem ‚Sentimentalischen' im Gegensatz zum ‚Naiven' versteht, indem er ebenfalls das Zeitliche, Entwicklungsmäßige hineinmischt und – *pro domo*, wie man weiß – das ‚Sentimentalische', das Schöpfertum des Bewußtseins und der Kritik, kurz das Moralische für die neuere, modernere Entwicklungsstufe erklärt. (Ess V, 40)

Was Thomas Mann in den Schriften Mereschkowskis beeindruckte, war, wie schon erwähnt, vor allem das antithetische Verfahren seiner Urteile, die aber nach einer Synthese streben.[39] Die von dem russischen Autor vorgenommene religiöse Unterscheidung zwischen der griechischen Auffassung von der Heiligkeit des „Leibes" und der christlichen Auffassung von der Heiligkeit des „Geistes" wird zum leitenden Prinzip einer kritischen Gegenüberstellung von Dostojewski, dem „Hellseher des Geistes", und Tolstoi, „dem Hellseher des Fleisches"[40], bei der sich freilich dieser Unterschied zugleich in der Anerkennung ihrer geheimen Verwandtschaft und gemeinen Wurzeln auflöst. Diese Formel wird von Mann in seinem Essay über *Goethe und Tolstoi* übernommen (Tolstoi der „große Seher des Leibes" und Dostojewskij „der Visionär der Seele")[41], um den Gegensatz zwischen den „Kindern der Natur", Goethe und Tolstoi, und den „Kindern des Geistes", Schiller und Dostojewskij, zwischen den „Göttlichen" und den „Heiligen" darzustellen, auch wenn „die Wechselseitigkeit der sentimentalischen Sehnsucht" bei ihnen die Möglichkeit einer progressiven Annäherung in der Zukunft annehmen lässt:

Die Wechselseitigkeit der sentimentalischen Sehnsucht (denn nicht nur der ‚Geist', fanden wir, ist sentimentalisch), das Streben der Geistessöhne zur Natur, der Naturkinder zum Geist, deutet auf *eine höhere Einheit als Ziel der Menschheit*, welches sie, die in Wahrheit alles Strebens höchste Trägerin ist, mit ihrem eigenen Namen, mit dem der humanitas belegt. (15.1, S. 935). (Hervorh. d. Verf.)

Im Vortrag von 1921 wie im Essay von 1925 wird trotzdem noch deren tiefer Unterschied unterstrichen, denn die Natur Tolstois, gerade weil er „Natur" war, konnte „nicht sentimentalisch" (15.1, 388) (und deshalb nur „göttlich", „heidnisch") sein. Sein Streben von der Natur fort wird von Mann stark stigmatisiert, sein Moralismus als „ein[e] zersetzend[e] Verstandskraft" (15.1, 379) negativ beurteilt und mit dem Deismus des

[39] Vgl. dazu Venohr (zit. Anm. 4), S. 29.
[40] Mereschkowski: *Tolstoi und Dostojewski* (zit. Anm. 31), S. 297.
[41] 15.1, 884. Vgl. auch Thomas Mann: *Tolstoi. Zur Jahrhundertfeier seiner Geburt* (1928); X, 235.

18. Jahrhunderts gleichgesetzt. Schon in den *Betrachtungen* hatte Mann übrigens Tolstoi als Vertreter der „Aufklärung" und als Zivilisationsliterat (13.1, 580) in Gegensatz zum „unpolitischen" Dostojewski gebracht. Tolstois Wille, „sein Leben in das heilige Leben unseres gebeneideten Vaters, des Bojaren Lew, umzuwandeln", schreibt Mann, Gorki zitierend, „dieser Prozeß der Selbstverchristlichung und Selbstkanonisierung [...] war ein recht ungeschickter Vergeistigungsversuch." (15.1, 389) Wenn Kultur laut Mann „Veredelung" der Natur ist, handelt es sich bei Tolstoi um „Selbstverleugnung" (ebd.), und deshalb um „Lüge". Im Essay wird hingegen der „antäische" Wesenszug seiner Phantasie und „Einbildungskraft, die sein Künstlertum bestimmt" (15.1, 847) hervorgehoben. Diese Phantasie ist „exakt und sinnlich", denn sie ist die „Phantasie der Plastiker" (15.1, 847), die mit der „schattenhafte(n)" Welt der Geisteskinder nichts zu tun hat. Wenn Kritik „Geist" und „moralische Haltung" ist, wird Tolstois „Kritizismus, Moralismus, kurz: sein Wille zum Geist" als „etwas Sekundäres" und „Velleität" (15.1, 843) liquidiert.

In diesem Sinn scheint sein ganzes Werk kein „Schöpfertum des Bewußtseins und der Kritik" (Ess V, 40), wie er später in *Anna Karenina* die „sentimentalische Kunst" bezeichnen wird. Der Begriff „Geist" hat beim Künstler vielmehr mit der Krankheit und dem Dämonischen zu tun, wie Mann es in *Dostojewski – mit Maßen* und später in *Doktor Faustus* am besten darstellen wird.[42]

Die Schriften Nietzsches, der die Krankheit in „eng[e] Verwandtschaft" mit dem „Genie"[43] setzt und jene Mereschkowskis, der von der Krankheit als „Überschuß an Lebenskraft„[44] spricht, sind für dieses Thema wesentlich[45]. Die Beziehung zwischen Schöpfertum und Krankheit gilt nämlich bestimmt für Dostojewski und Schiller, bei denen die Krankheit laut Mann "einen Adel, eine Vornehmheit zeitigt, [...] einen Adel, der eine ganz anders geartete Vertiefung, Erhöhung und Verstärkung ihrer Menschlichkeit [...] bedeutet" (15.1, 832), aber nicht für Tolstoi, der wie Goethe als Repräsentant einer gesunden Kunst vorgestellt wird, obwohl Mann schreibt, dass auch „das naturgesegnetste Genie [...] niemals im Sinne des Philisters natürlich, d.h. gesund, normal" ist (15.1, 900). Trotzdem werden Tolstois „sinnliche Begabtheit (ebd.), „die Heftigkeit seiner Triebe", „das Naturhafte" (15.1, 902) vor allem hervorgehoben, die auch sein „Heidentum" aus-

[42] Vgl. Venohr (zit. Anm. 4), S. 27.

[43] Friedrich Nietzsche: Sämtliche Werke in zwölf Bänden. Bd. 9: *Der Wille zur Macht. Versuch einer Umwertung aller Werte*, hrsg. von Peter Gast, Stuttgart: Kröner 1964, Nr. 864.

[44] *Tolstoi und Dostojewski* (zit. Anm. 31), S. 93.

[45] Vgl. dazu Heftrich (zit. Anm. 14), S. 77f.

machen. Krank wird aber auch Tolstoi erst, wenn er kämpft, um sich von der Natur zu trennen, weil „dieser Kampf gegen seine tiefe und mächtige Naturgebundenheit, der Kampf um Entnatürlichung, bei ihm regelmäßig zur *Krankheit* führt, unmittelbar die Gestalt der Krankheit annimmt". (15.1, 837)

Dieser „Vergeistigungsprozeß" Tolstois wird aber im Laufe der Zeit anders gekennzeichnet. Der kleine Essay *Tolstoi. Zur Jahrhundertfeier seiner Geburt* von 1928 scheint eine Wiederholung der schon im *Goethe und Tolstoi* vorgeschlagenen Lektüre zu sein,[46] aber in Wahrheit hat sich die Gewichtung geändert. Die Würdigung beginnt mit den gewöhnlichen Klischees, d. h. einerseits mit der Anerkennung von Tolstois „unsterblicher Gesundheit" und „unsterblichem Realismus" (X, 234), andererseits mit der Annahme, „daß uns, die wir Goethe besitzen, der im Absurden und Halbwilden tragisch steckengebliebene Vergeistigungsdrang des Natursohnes Tolstoi als das ehrwürdig hilflose Ringen eines kindhaften Barbaren um das Wahre und Menschliche erscheinen muß, als Schauspiel groß und kläglich zugleich." (Ebd.) Und trotzdem erwirbt dieses „Ringen" eine ethische, positive Konnotation, denn es „ist [...], künstlerisch gesehen", schreibt Mann, „diese titanische Hilflosigkeit, die seinem Werk die ungeheure sittliche Wucht, jene atlasmäßig moralistische Muskelbelastung und -spannung verleiht." (X, 234 f.) Tolstoi erscheint als der Vertreter eines „kritizistischen Dichtertums", als der moderne Künstler, der sich dessen bewusst ist, wie übrigens Mann selbst, dass „eine Epoche angebrochen sei, in der mit nur lebensteigernder Kunst nicht wahrhaft genug geschehe, sondern in welcher der leitende, entscheidende und erhellende, sozial sich bindende und dienende Geist dem objektiven Genie, das Sittliche und Intelligente dem unverantwortlich Schönen voranstehen müsse" (X, 238).

Das wird in *Anna Karenina* von 1939 wieder einmal stark behauptet. In diesem Essay wird nämlich Tolstois „geistgeschichtliche[r] Wandel, den Mereschkowski vermerkt, jene Wandlung von Puschkinscher Einfalt hinweg zur kritischer Verantwortlichkeit und Moralität" (Ess V, 40)[47] betont, so wie das Streben seines Geistes „zu etwas, was jenseits seiner, der naturalistischen Epoche lag: zu einer Auffassung der Kunst, welche sie dem Geiste, der Erkenntnis, der ‚Kritik' viel näher rückt, als der Natur" (Ess V, 41).

[46] Pavlova (zit. Anm. 1), S. 206.

[47] Zu dieser Entwicklung des Tolstoi-Bildes siehe Michael Mann: Heilige russische Literatur, in: Thomas Mann: Essays. Ausgewählte Schriften zur Literatur. Begegnungen mit Dichtern und Dichtung, Bd. 1, in Zusammenarbeit mit Hunter Hannum hrsg. von Michael Mann, Frankfurt/Main: S. Fischer 1977, S. 144–146. Vgl. ausserdem Lehnert/Wessel (zit. Anm. 1).

Wichtig ist bei dieser Tolstoi-Interpretation Manns die persönliche, demokratische Suche nach einem neuen „Humanismus“, der auch die eigene politische und künstlerische Entwicklung widerspiegelte.

Inwieweit aber, fragt man sich, tritt dieses Versiegen des naturhaften Schöpfertums Tolstois zugunsten der „kritische[n] Verantwortlichkeit und Moralität“ mit Manns tragischem Bewusstsein der Erstarrung und Erschöpfung der modernen Kunst in Beziehung, so wie es später im *Doktor Faustus* dargestellt wird? Eine Lösung dieser Problematik konnte Mann während der „im Zeichen des Faustus stehende[n] Lebensepoche“[48] in seinem wieder entstandenen „Interesse an Dostojewski's apokalyptisch-grotesker Leidenswelt“ (XI, 228)[49] und an dessen kranker, dämonischer Kunst finden. Gerade mit dieser „heiligen“ Krankheit verknüpft Mann, wie schon erwähnt, Dostojewskis Genialität und Schöpfertum, eine Interpretation, die auch unter dem Einfluss der Arbeiten Mereschkowskis steht.[50] Im Essay *Dostojewski – mit Maßen* von 1945 wird der russische Autor zu einem „Held“, der „im Namen der Menschheit und aus Liebe zu ihr [...] zugunsten einer neuen, vertieften und unrhetorischen, durch alle Höllen des Leidens und der Erkenntnis hindurchgegangenen Humanität“ (19.1, 62) spricht. Erst dadurch könnte paradoxerweise „die Hoffnung jenseits der Hoffnungslosigkeit“ (10.1, 711) entstehen, wie Zeitblom in seiner Analyse von Adrian Leverkühns letztem Werk erklärt. Es handelt sich nämlich in diesem Fall um ein ästhetisches und religiöses Paradox, wodurch sich der Autor wünscht, aus der Krise der Kunst herauszutreten und zugleich, dass Deutschland sich aus „des Schlundes Grund“ (10.1, 738) erheben möge. Demnach schreibt Mann einen Essay-Roman, d.h. ein Werk, das das genialische Ergebnis einer monströsen intellektuellen Konstruktion ist.[51] Das ist bestimmt „kritisches Dichtertum“, das aber nicht mehr als das Produkt einer Synthese, sondern als das eines dialektischen Umschwungs erscheint, denn er hat dabei bekanntlich in Adornos Philosophie und negativen Dialektik Unterstützung gefunden. Es handelt sich aber um ein Paradox, das er schon in seinen frühen kritischen Versuchen durchblicken ließ, als er hoffte, dass aus einer „sentimentalischen“ Kunstform wie dem Essay auch „Dichtung“ entstehen könnte, oder als er, wie in *Fiorenza,* „das Wunder der wiedergeborenen Unbefangenheit“(VIII, 1064) heraufbeschwörte.

[48] *Die Entstehung des Doktor Faustus* (1949) (XI, 228).

[49] In der Kriegszeit hatte Dostojewski wegen seines konservativen „unpolitischen“ Denkens Mann angezogen. Insbesondere dazu das Kapitel „Der Protest“ der *Betrachtungen eines Unpolitischen* (13.1, 46–53).

[50] Vgl. Venhor (zit. Anm. 4), S. 44–50.

[51] Vgl. Gunilla Bergsten: Thomas Manns „Doktor Faustus“. Untersuchungen zu den Quellen und zur Struktur des Romans, Tübingen: Niemeyer 1974.

Volkmar Hansen

Abgelehnter Teufelspakt
Thomas Manns Chamisso-Würdigung

Tiefste europäische Daseinsverzweiflung verbirgt sich in dem „O wär' ich nie geboren!“[1], gehört dem Hiob an, der sich dem Teufel nach dessen Wette mit Gott ausgeliefert sieht, der ihm Frau, Familie, all sein Gut zerstören kann, gehört Ödipus an, der seinen Vater getötet und seine Mutter geliebt hat, gehört Faust an, der schließlich in Gretchen ein solches Grauen erweckt, daß sie auf die Fluchtmöglichkeit aus den Kerker verzichtet[2], gehört schließlich auch Peter Schlemihl an, der miterlebt, wie seine geliebte Mina in die Heirat mit dem Schurken Rascal einwilligen muß.[3] Sein Diener Bendel, eine autobiographisch übernommene Gestalt, darf aussprechen: „‚Weh mir, daß ich geboren ward, einem schattenlosen Herrn zu dienen!‘“[4] Die Tiefe von dessen existentieller Selbstanklage kann darüber hinwegtäuschen, daß der Autor Adelbert von Chamisso in der Situation im Sommer 1813 genug an innerer Not zu bewältigen hat, die der Freund Friedrich de la Motte-Fouqué, hugenottischer Herkunft, in der Erstausgabe von *Peter Schlemihls wundersamer Geschichte* im Widmungsgedicht anspricht:

[1] Johann Wolfgang von Goethe: Sämtliche Werke. Briefe, Tagebücher und Gespräche. Frankfurter Ausgabe. 1. Abt., Bd. 7/1: *Faust I*, hrsg. von Albrecht Schöne, Frankfurt/Main: Deutscher Klassiker Verlag 1999, S. 198 (V. 4696). [Diese Ausgabe nachfolgend als FA]

[2] Vgl. Heinz Rölleke: „Da wär es besser nicht geboren!“ Ein Xenion Goethes und seine Vorformen in der Volks- und Hochliteratur, in: ders.: „und Bestehendes gut gedeutet“. Deutsche Gedichte vom 12. bis zum 20. Jahrhundert. Erläuterungen und Interpretationen, Trier: Wissenschaftlicher Verlag 2011, S. 89–98.

[3] Vgl. Adelbert von Chamisso: Sämtliche Werke in zwei Bänden. Bd. 1: *Peter Schlemihls wundersame Geschichte*, hrsg. von Jost Perfahl und Volker Hoffmann, München 1975, S. 13–67, 49.

[4] Ebd., S. 29. Name von Chamissos Bursche in seiner Leutnantszeit, in dem Gedicht *Traum und Erwachen* direkt angesprochen: „Stiefletten, Bendel, schnell! ich seh erschrocken, / Daß sich bereits der Obrist eingefunden. – / Der Wirbel schallt: – Herr Lieutenant, nach der Wache!“. Ebd., S. 585.

An
Adelbert von Chamisso.

Trifft Frank' und Deutscher jetzt zusammen,
Und Jeder edlen Muth's entbrannt,
So fährt an's tapfre Schwert die Hand,
Und Kampf entsprüht in wilden Flammen.

Wir treffen uns auf höherm Feld,
Wir zwei verklärt in reinerm Feuer.
Heil Dir, mein Frommer, meiner Getreuer,
Und dem, was uns verbunden hält![5]

Wie sehr diese kriegerische und überkriegerische Haltung ein Problem sein kann, als es gilt Deutschland und Europa von der Hegemonie Frankreichs unter Napoleon zu befreien, läßt sich im Werk Thomas Manns an einem anderen Untätigen ablesen, an August von Goethe, der sich von seinem Vater zurückbeordern läßt und darunter sein weiteres Leben lang leiden wird, zeitweilig im Alkohol eine Kompensation findet.[6] Chamisso dagegen schreibt eine Erzählung, die bis zur Gegenwart noch immer neue Freunde findet.

Die Auseinandersetzung Thomas Manns mit diesem Autor und dessen Hauptwerk beschäftigt ihn in den Jahren 1910/11, und ich möchte, neben der exemplarischen Beschreibung seiner Vorgehensweise, auf zwei Aspekte in besonderem Maße eingehen, die durch den Kommentar von Heinrich Detering in dem Band der *Großen kommentierten Frankfurter Ausgabe* (14.2) nahegelegt werden. Einmal geht es darum, inwiefern Thomas Mann die Erzählung einer „homoerotischen Camouflage" (14.2, 393)[7] als Ausdruck eigener Existenz aufgegriffen hat, und inwiefern Chamissos Erzählung motivlich in die Literatur des Teufelpakts hineingehört. Methodisch gehe ich so vor, daß ich Thomas Manns zweistufig entstandene Würdigung im Detail verfolge und damit herausstellen kann, wie aus zwei Auftragsarbeiten ein überzeugendes Porträt entwickelt wird. Die wichtigste Orientierungshilfe gibt uns Chamissos Werk selbst.

[5] *Peter Schlemihl's wundersame Geschichte*, mitgetheilt von Adelbert von Chamisso und hrsg. von Friedrich Baron de la Motte Fouqué, mit einem Kupfer, Nürnberg: Schrag 1814, S. II. [V. 1 versehentlich „Trift"] Einen Überblick über die Text- und Druckgeschichte geben Nikolas Immer und Matthias Glaubrecht: Peter Schlemihl als Naturforscher. Das zehnte Kapitel von Chamissos Märchenerzählung in editionsphilologischer und wissenschaftshistorischer Perspektive, in: editio, Bd. 26 (2012), S. 123–144.

[6] Vgl. Adele Schopenhauers Bericht in *Lotte in Weimar* (9.1, 194 ff.).

[7] Andeutungsweise in 14.2, 431.

Für die Weihnachtsnummer des *Berliner Tageblatts* vom 25. Dezember 1910 schreibt Thomas Mann als Auftragsarbeit *Peter Schlemihl*, deren einleitender Absatz den konkreten Anlaß festhält und zugleich einen Freundschaftsdienst leistet, denn die angesprochene bibliophile Ausgabe ist schon 1907 erschienen:

In dem preziösen Verlage des Herrn Hans v. Weber in München ist eine neue Ausgabe von ‚Peter Schlemihls wundersamer Geschichte' erschienen, so schön, wie es wirklich noch keine gab. Das originelle Format, das prächtig solide Papier, das angenehme Druckbild in schlichter, klarer Fraktur und nicht zuletzt die geistreichen, echt romantisch konzipierten Vollbilder und Vignetten, mit denen Emil Preetorius das Buch geschmückt hat, verlockten mich, Chamissos unsterbliche Erzählung wieder zu lesen – zum ersten Male zu lesen, genau genommen, denn ich war zu jung, als sie mir vordem in die Hände fiel. Ich las sie in einem Zuge, beinahe ohne aufzublicken, und mein Vergnügen, mein Entzücken dabei war so lebhaft, daß ich den Raum, der mir in dieser Festnummer des ‚Berliner Tageblatts' freundlichst zu beliebiger Ausfüllung bewilligt wurde, wohl dazu nutzen möchte, an ein paar Schönheiten dieses kleinen Meisterwerks deutscher Erzählkunst zu erinnern und auszusprechen, wie innig und unmittelbar es noch heute, fast hundert Jahre nach seiner Entstehung, zu unterhalten vermag. (14.1, 277)[8]

Geschickt bringt Thomas Mann hier die Verpflichtung ins Spiel, die die Zeitung gegenüber dem populären Autor, der mit dem zweiten Roman *Königlichen Hoheit* gerade einen großen Erfolg erzielt hat, eingegangen ist. Die Freiheit der eigenen Wahl, die nicht alle Autoren erhalten, läßt den Rang des Autors durchscheinen. Er unterstreicht zudem die freie Entscheidung mit dem Hinweis auf eine doppelte Lektüre, als noch inkompetenter Jugendlicher und als erfahrener Schriftsteller, dessen Bewertung als Meisterwerk der deutschen Sprache besonders Gewicht hat. Indem die direkte Wirkung als „innig" beschrieben wird, ist ein nationaler Akzent gesetzt, denn Innigkeit gehört zum Inventar nordisch-deutscher Gemütsverfassung.

Im nächsten Absatz geht es ihm um die poetologische Einordnung als Novelle und die Erzählweise, deren Bestimmung als Doppelschichtigkeit schon entwickelt, was noch die der letzten Erzählung *Die Betrogene* gestaltend bestimmen wird:

Es fängt ganz realistisch und bürgerlich an, wenn auch auf unbestimmtem Grund und Boden, – und die eigentliche Kunstleistung des Erzählers besteht darin, daß er die realistisch-bürgerliche Allüre bis ans Ende und beim Vortrage auch der fabel-

[8] Zu Emil Preetorius (1883–1973) vgl. Heinz J. Armbrust/Gert Heine: Wer ist wer im Leben von Thomas Mann? Ein Personenlexikon, Frankfurt/Main: Klostermann 2008, S. 225f.

haftesten Begebnisse mit aller Genauigkeit festzuhalten weiß: dergestalt, daß Schlemihls Geschichte wohl als ‚wundersam' im Sinne selten oder nie erhörter Schicksale wirkt, zu denen ein irrender Mensch durch Gottes Willen berufen war, aber nie eigentlich als wunderbar im Sinne des Außernatürlichen und Unverantwortlich-Märchenhaften. Schon die autobiographische, bekenntnismäßige Form der Erzählung trägt dazu bei, daß ihr Anspruch auf Wahrhaftigkeit und Realität strenger als beim unpersönlich fabulierenden Märchen betont erscheint. (14.1, 277 f.)[9]

Auf diesen in dem Gottesanruf präsente Orientierung am Publikationszweck folgt eine Nacherzählung, die er mit einer Unterscheidung der weltliterarischen Qualität des Werks abschließt, also einer Legitimation der eigenen hohen Einschätzung durch das Ausland, wie er sie erst in der *Meerfahrt mit „Don Quijote"*(IX, 431 f., 436 f.) als Gegensatz von der international marktgängigen Massenproduktion abgrenzen wird: „Das Buch war", so lautet sein Parameter, „ein Welterfolg. Franzosen und Engländer, Holländer und Spanier übersetzten es, Amerika druckte es England nach, und in Deutschland wird es mit den Zeichnungen des Dickens-Illustrators Cruikshank wieder aufgelegt. Hoffmann, als man es ihm vorlas, soll außer sich vor Vergnügen und Spannung an des Lesenden Lippen gehangen haben. Das will ich glauben." (14.1, 286)

Als sachliche Information wandert die Nacherzählung, wenig umgestellt, in die Würdigung *Chamisso* ein, die von Samuel Fischer angeregt worden ist und im Herbst 1911 eine Buchausgabe als Einleitung begleitet. Es ist erneut ein individueller Zugang, den er wählt, um die erste Begegnung zu untermauern, doch der Ausgangspunkt ist diesmal das *Deutsche Lesebuch für Gymnasien, Realschulen und höhere Bürgerschulen* mit einem deutlich geschönten Leseinteresse, „fast eine Lustbarkeit". Von den Unterrichtsstunden heißt es dann: „... die Übungen, die man ihm [diesem Schulbuch] abgewann, dünkten uns leicht und ergötzlich, die Fragen, zu denen es Anlaß bot, beantworteten wir hurtig und mit bewegter Stimme" (14.1, 305). Man kann dies dem Schüler des Katharineums zutrauen, es für wirklichkeitsnäher als die Darstellung vom Schultag des Hanno halten,[10] doch von dem anschließenden kollektiven Plural weit weniger: „... wer unter den Kameraden sich hier teilnahmslos und ungeschickt zeigte, – nicht wahr? der mochte auf welchem Spezialgebiet sonst immer sich als

[9] Die Formulierung „ein irrender Mensch durch Gottes Willen berufen" ist ein als geflügeltes Wort verbreiteter Anklang an Einschätzungen des „HERRN" im „Prolog im Himmel" in Goethes *Faust*: „Es irrt der Mensch so lang' er strebt" (V. 317) und „Ein guter Mensch in seinem dunkeln Drange / Ist sich des rechten Weges wohl bewußt" (V. 328 f.). FA, 1. Abt., Bd. 7/1, 27 f. Irrig 14.2, 398.

[10] Vgl. *Buddenbrooks* (Schulkapitel), XI, 2, in 1.1, 772–828.

tüchtig bewähren, so schien es uns" – uns! – „doch, als könne er zuletzt nur ein roher Geselle sein." (14.1, 305) Bei solchen Worten wird man schwerlich von Verdrängung sprechen können, eher an äußerliche Selbstkorrektur als Fortsetzung eines pubertären Hochmuts auf der Stufe tassohafter Dichtergewißheit denken.

Glanz gewinnt jedoch die Passage, die Thomas Mann direkt anschließt. Statt der so oft von Erwachsenen vertretenen Meinung, der schulische Umgang mit Texten habe ihnen den Zugang versperrt, wird dem *Deutschen Lesebuch* hier die Rolle zuteil, fundierend zu sein:

Es war uns gegeben einzig und allein zu dem Zweck, damit wir die Sprache, unsere Muttersprache, anschauten – oder vielmehr, damit wir sie belauschten, wie sie sich lächelnd selber anschaut im Gedicht. Bunt durcheinander vereinigte das Buch eine Menge guter Geschichten in rhythmisch gebundenem und edel ungebundenem Vortrag, und wenn es uns wieder zu Händen käme, – was gilt es? wir wüßten unsere Lieblingsstücke von damals noch heute ohne viel Blättern aufzuschlagen. (Ebd.)

Mehr als ein Dutzend der beliebtesten Gedichte Chamissos reiht Thomas Mann dann knapp aneinander, auch auf ein Buch zurückgreifend, das dem Glasschrank im elterlichen Zuhause im Rauchzimmer entnommen worden ist. Die Auswahl spiegelt die didaktischen Absichten und neigt zum Schaurigen. Doch es sind auch Überraschungen darunter. Wer hätte vermutet, daß *Der Szekler Landtag* als Muster für Terzinenbau herangezogen wird,[11] wer die sechzig Verse *Die versunkene Burg* als „Leib- und Lieblingspoem lange Zeit"? Es ist die Geschichte einer Raubritterburg, die als Gottesgericht von der Erde verschlungen wird, und in der Hölle findet sich die Begleiterin der drei Ritter wieder:

Und ihre freche Buhle weiß nicht, wie Hunger tut;
Sie prunkt in Gold und Seide und tritt aus Frevelmut
Die heil'ge Gottesgabe verächtlich in den Kot,
Sie geht einher auf Schuhen aus feinem Weizenbrot.[12]

Thomas Mann resümiert: „Das sind früheste Eindrücke und Empfängnisse, von einer kindlich unvollkommenen Einbildungskraft wunderlich entstellt." (14.1, 307)

[11] Vgl. Chamisso (zit. Anm. 3), Bd. 1, S. 418 ff.

[12] Ebd., S. 336 f. Gesteigert ist die Vorstellung von der Vergeltung aller Werke in *Die Männer im Zobtenberge* (14.1, 307), einer kleistisch anmutenden, magischen Vorhölle. Vgl. Jörg Jochen Berns: Himmelsmaschinen / Höllenmaschinen. Zur Technologie der Ewigkeit, Berlin: Semele 2007.

Er schließt diese Rekapitulation mit dem sozialen Alltagsleben in dem Patrizierhaus: „Kam aber der Abend, so saßen wir stille im Sessel und lauschten, wie die Mutter am Flügel den sanften Liederreigen von Frauen-Liebe und Leben vorüberführte." (Ebd.)[13] Dieser neunteilige Zyklus stellt das noch selbstverständliche bürgerliche Frauenbild vor, wird erst 1914 zerrieben: die erste Begegnung („Seit ich ihn gesehen, / Glaub ich blind zu sein"), die Vertiefung des Eindrucks („Er, der herrlichste von allen"), die heimliche Verlobung („Ich bin auf ewig dein"), die Verlobung selbst („Du Ring an meinem Finger"), der Hochzeitstag („Helft mir, ihr Schwestern"), die Erwartung des ersten Kindes („Süßer Freund, du blicktest / Mich verwundert an"), die Geburt („Nur die da säugt, nur die da liebt / Das Kind, dem sie die Nahrung gibt"), der Tod des Mannes („Nun hast du mir den ersten Schmerz getan"), Alterssegen für die Enkelin („Muß das Herz dir brechen / Bleibe fest dein Mut, / Sei der Schmerz der Liebe / Dann dein höchstes Gut").[14]

In einem dritten Teil spricht sich Manns Staunen aus, wie ein Fremder, ein Ausländer, der erst mit vierzehn Jahren nach Deutschland gekommen ist und es nie zu einer fehlerfreien mündlichen Geläufigkeit gebracht hat, „unseren Knaben als erstes, gültiges Muster vorgestellt" werden kann (14.1, 307). Im Kontrast zu „Männern des Geistes", die bewußt die Nationalität wechseln, kommt es dann zu einem einzigartigen Hymnus auf frühe Sprachbegeisterung:

> Aber was bedeutet Korrektheit, was Eleganz gegenüber der tiefen Vertrautheit mit den letzten Feinheiten und Heimlichkeiten einer Sprache, jener süblimen Abgefeimtheit in bezug auf Ton und Bewegung, auf die Reflexwirkung der Wörter untereinander, ihren sinnlichen Geschmack, ihren dynamischen, stilistischen, kuriosen, ironischen, pathetischen Wert, jener Meisterschaft – um in ein Wort zu fassen, was zu analysieren unmöglich ist – auf dem zarten und mächtigen Instrument der Sprache, die den literarischen Künstler macht und deren der Dichter bedarf? (14.1, 308)

Erst jetzt erfährt die autobiographische Reminiszenz aus der Schulzeit ihre letzte Vertiefung:

[13] Zum bürgerlichen, klavierbegleiteten Sololied, durch die Mutter vorgetragen, vgl. Hans Rudolf Vaget: Seelenzauber. Thomas Mann und die Musik, Frankfurt/Main: S. Fischer 2006, S. 48ff.; Volker Mertens: Groß ist das Geheimnis. Thomas Mann und die Musik, Leipzig: Militzke 2006, S. 171ff.; Verf.: Verdrängte Wirkungsgeschichte. Lieder, die Heines Ruhm festigten, in: Heinrich Heine in zeitgenössischen Vertonungen. Wissenschaftliche Tagung vom 6. bis 7. Oktober 2006 Ruprechtshofen, N.Ö., hrsg. im Auftrag der Benedict Randhartinger-Gesellschaft von Andrea Harrandt und Erich Wolfgang Partsch, Tutzing: Schneider 2008 (= Publikationen des Instituts für Österreichische Musikdokumentation, Bd. 34), S. 27–45.

[14] Chamisso (zit. Anm. 3), Bd. 1, S. 149ff.

Derjenige, dem der Beruf eingeboren ist, dereinst die schöne Literatur seines Volkes zu bereichern, wird sich seine Muttersprache früh auf eine besondere Art angelegen finden. Das Wort, das da ist, das allen gehört und das doch ihm in einem innigeren und beglückenderen Sinn, als jedem anderen, zu gehören scheint, es ist sein erstes Staunen, seine früheste Lust, sein kindischer Stolz, der Gegenstand seiner geheimen und unbelobten Übungen, der Quelle seiner vagen und fremdartigen Überlegenheit. (14.1, 308 f.)

Erst jetzt erweist sich, daß Mann bisher nur einem inneren Thema folgt, dem Werden Chamissos als einem „deutschen Dichter", und er rundet es durch Überlegungen zu dem Dichtungsverständnis, in dem Lyrik und Deutschheit eng zusammenrücken (14.1, 309 f.), Überlegungen, die er seit Jugendzeit ausgerechnet durch den exilierten Heinrich Heine kannte, der auf seinem Pariser Grabstein ein „Hier ruht ein deutscher Dichter" eingraviert wissen wollte.[15] Den Schriftsteller, den er wenig später zitiert als „mit Bewunderung erklärt sein genialerer Kollege Heinrich Heine, daß Chamisso ‚sich mit jedem Jahre blütenreicher verjünge'". (14.1, 314)[16] Es rundet sich dieser Prozeß mit Chamissos zaghaftem Wort aus dem Jahr 1828: „‚Ich glaube fast, ich sei ein deutscher Dichter.'" (14.1, 309)

Erst jetzt, als Thomas Mann zu einer biographischen Darstellung übergeht, finden wir eine größere Abhängigkeit von seinem Haupthilfsmittel, der Einführung von Wilhelm Rauschenbusch in eine Chamisso-Ausgabe aus dem Jahr 1881. Leitet er diesen Teil eher konventionell mit *Schloß Boncourt* ein, jenem lothringischen, in der Revolution untergegangenen Geburtsort, und geht auf die Zerissenheit in den Jahren 1813 und 1815 ein, so betont er in einer Zeit, als der Glanz deutscher Kultur und Wissenschaft in die ganze Welt ausstrahlt, mit Entschiedenheit dessen endgültige Orientierung an Deutschland. Am Schluß der *Reise um die Welt*, dem nichtwissenschaftlichen Teil seiner Berichterstattung über die Expedition des russischen Kapitäns Otto von Kotzebue in den Jahren 1815–1818 auf der Brigg „Rurik", die er als Botaniker begleitet hat, schreibt Chamisso:

[15] Schlußpunkt der „Retrospektiven Aufklärung" zum Artikel 58 von Heines Paris-Buch. Vgl. Heinrich Heine: Historisch-kritische Gesamtausgabe der Werke. Bd. 14/1: *Lutezia II*, bearb. von Volkmar Hansen, Hamburg: Hoffmann und Campe 1990, S. 84. [Diese Ausgabe nachfolgend als DHA] Zuvor diskutiert Heine, wie synonym deutsche Lyrik und Dichtung seien.

[16] Das Zitat Heines kommt aus der 1837 veröffentlichten „Vorrede" zur 2. Auflage des *Buches der Lieder* (DHA I, 566). Das Verjüngungsmotiv auch in der *Romantischen Schule* und dem „Avant-Propos" zum 1855 veröffentlichten *De l'Allemagne*. Heine schätzt Chamisso, den er seit 1821 persönlich kennt, als uneigennützigen, ihm politisch nahestehenden Freund ein.

> Heimkehret fernher, aus den fremden Landen,
> In seiner Seele tief bewegt der Wandrer;
> Er legt von sich den Stab und knieet nieder,
> Und feuchtet deinen Schoß mit stillen Tränen,
> O deutsche Heimat! – Woll ihm nicht versagen
> Für viele Liebe nur die eine Bitte:
> Wann müd am Abend seine Augen sinken,
> Auf deinem Grund laß den Stein ihn finden,
> Darunter er zum Schlaf sein Haupt verberge.[17]

Thomas Mann zeichnet diese Verse „starker persönlicher Wahrheit" mit dem Urteil aus, sie gehörten zu den „schönsten, ergriffensten und ergreifendsten, die er überhaupt geschrieben" (14.1, 313 f.). Im Herzen ein Deutscher geworden, diese Grundsituation kommentiert Mann inmitten des biographischen Teils mit der unzeitgemäßen Betrachtung seiner eigenen Gegenwart: „Wir Heutigen, die wir weniger an das ‚Herz' als vielmehr an Rasse und Blut glauben und diesen Glauben vielleicht bis zum Aberglauben übertreiben, mögen hier zum Zweifel neigen; und in der Tat wäre heute, unter dem Druck einer allgemeinen Devotion vor der bindenden Macht des Blutes, der Fall Chamissos auch subjektiv kaum möglich." (14.1, 313)[18]

An den Schluß des biographischen Teils stellt er nach einer nur kurzen physiognomischen Beschreibung der Person, die für ihn im dichterischen wie im essayistischen Werk so kennzeichnend ist, eine Charakteristik des lyrischen Werks von Chamisso, betont den „gelassenen Epischen", wenig liedhaften Zug, hebt den Kontrast zwischen der „sylphidischen Zartheit" wie in *Frauen-Liebe und Leben* und der „Sucht nach starken, ja gräßlichen Gegenständen" fest, sieht in dem Überzarten und Brutalen „Komplementärbedürfnisse der reizsüchtigen romantischen Konstitution" (14.1, 315 f.); genauer geht er noch auf vier Gedichte ein. Darunter ist *Salaz y Gomez,* die Geschichte eines ausgesetzten jungen Kaufmanns, der auf einer nur von Wasservögeln bevölkerten Insel hundert Jahre lebt, durch Vogeleiergenuß lebt. Da ist in dem *Erwählten* die Ernährung des büßenden Grigorß als humoristische Variante nicht weit entfernt. An *Salaz y Gomez* macht Mann fest, daß Chamisso der beste – so wie es auch seine Quelle weiß – Terzinenschmied deutscher Sprache sei (vgl. 14.1, 316 f.).[19] Um nicht als Formalist zu gelten, zieht er ein ungewöhnliches Gedicht Chamissos heran:

[17] Chamisso (zit. Anm. 3), Bd. 2, S. 258.

[18] Die *Chamisso*-Einleitung wird gerne in ideologiekritischen Arbeiten übersehen. Zuletzt in Todd Curtis Kontje: *Thomas Mann's World. Empire, Race and the Jewish Question*, Ann Arbor: University of Michigan Press 2011.

[19] Siehe das Kapitel „Die Buße" in *Der Erwählte* (VII, 189 ff.).

'Was soll ich sagen?

Mein Aug ist trüb, mein Mund ist stumm,
Du heißest mich reden, es sei darum.

Dein Aug ist klar, dein Mund ist rot,
Und was du nur wünschest, das ist ein Gebot.

Mein Haar ist grau, mein Herz ist wund,
Du bist so jung, und bist so gesund.

Du heißest mich reden, und machst mirs so schwer,
Ich seh' dich an, und zittre so sehr.' (Zit. nach 14.1, 317 f.)

Der eigene Lyrikgeschmack wird in der Privilegierung für „formal ganz einfältige und scheinbar kunstlose Dinge, leicht hingeträumt und rasch endigend, aber bebend von Empfindung und seltsam kühn in ihrer Einfachheit, wie alles Bekenntnis" angesprochen (14.1, 317). Wie sehr er mit dieser Auszeichnung, die zugleich Distanzierung von Chamissos überwiegender Lyrik bedeutet, eine Geschmacksentwicklung des 19. Jahrhunderts verkörpert, möchte ich mit einem 1894 entstandenen, 1896 gedruckten Gedicht Hugo von Hofmannsthals verdeutlichen:

Die Beiden

Sie trug den Becher in der Hand
– Ihr Kinn und Mund glich seinem Rand –
So leicht und sicher war ihr Gang,
Kein Tropfen aus dem Becher sprang.

So leicht und fest war seine Hand:
Er ritt auf einem jungen Pferde,
Und mit nachlässiger Geberde
Erzwang er, daß es zitternd stand.

Jedoch, wenn er aus ihrer Hand
Den leichten Becher nehmen sollte,
So war es Beiden allzuschwer:
Denn Beide bebten sie so sehr,
Daß keine Hand die and're fand,
Und dunkler Wein am Boden rollte.[20]

[20] Hugo von Hofmannsthal: Sämtliche Werke. Kritische Ausgabe. Bd. 1: Gedichte 1, hrsg. von Eugene Weber, Frankfurt/Main: S. Fischer 1984, S. 50.

Den Abschnitt zu *Peter Schlemihls wundersame Geschichte* leitet er mit literarhistorischen Bemerkungen zur Entstehung des Werkes ein, seinen Hauptinformator Rauschenbusch klar benennend. Mann faßt die äußeren Anlässe mit „Zerstreuungsbedürfnis, Onkelgüte gegen ein paar Kinder, ein Reisemalheur, eine hingeworfene Bemerkung gelegentlich eines Buches, ein Scherz unter Freunden, Muße und Langeweile" zusammen (14.1, 319), um dann die Weltbedeutung des fertigen Werkes zu unterstreichen. Jetzt ordnet er die Erzählung, bei unveränderter Argumentation, klar als „‚phantastische Novelle'" ein (14.1, 320). Es folgt die Nacherzählung selbst, die keine neuen Akzente setzt. Der Schattenkäufer, „der Teufel" wie er unmißverständlich bezeichnet wird, wird in seiner abergläubensgeschichtlichen Besonderheit hervorgehoben: „Nichts von Pferdefuß, Dämonie und höllischem Witz. Ein überhöflicher, verlegener Mann, der *rot wird* (ein köstlich überzeugender Zug), als er die entscheidende Unterredung wegen des Schattens einleitet [...]." (14.1, 320 f.) Das Rotwerden ist auch auf der Seite Schlemihls, oder, wie es in der Novelle heißt: „... wir stutzten beide, und wurden, wie mir deucht, rot".[21] Bei Mann heißt es weiter: „Was der sonderbare Liebhaber ihm für den Schatten zur Auswahl bietet [...]", wird nach der Aufzählung der romantisch-literarischen Wunscherfüller zur Bejahung in der Formulierung „der betörte Schlemihl" (14.1, 321). In der Novelle selbst wird von dem „seltsamen Antrag" des Kaufangebots gesprochen und Mann hat die Anerotisierung, die sich anbot, aufgegriffen. Daraus jedoch einen bemerkenswerten homoerotischen Zug zu machen, wie das Detering im Kommentar der GKFA tut, erscheint mir mehr als zweifelhaft. Auch mehrfache handschriftliche Anstreichungen unter dem „düsteren Geheimnis" scheinen mir kein zwingender Grund zu sein, um einen homoerotischen Schlemihl anzusetzen (vgl. 14.2, 394). Die „Bekenntnisse", die der fiktive Erzähler Schlemihl als eine Art Lebensgeschichte rahmend an Chamisso richtet, sind, daran sollte man erinnern, an der großen autobiographischen Tradition von Augustinus und Rousseau ausgerichtet.

Noch deutlicher ist die Interpretation zurückzuweisen, bei Schlemihl handele es sich um einen „durch einen Teufelspakt schuldhaft zum Außenseiter" gewordenen Menschen (14.2, 394). Liest man Chamissos Novelle, dann besteht Peter Schlemihls Kampf in den mittleren Abschnitten gerade darin, dem Teufel, mit dem er sich immerhin auf ein Geschäft eingelassen hat, den Pakt eben nicht zu unterzeichnen. Im 5. Kapitel hält ihm der Teufel das Pergament mit dem Inhalt vor die Nase: „‚Kraft dieser

[21] Chamisso (zit. Anm. 3), Bd. 1, S. 22.

meiner Unterschrift vermache ich dem Inhaber dieses meine Seele nach ihrer natürlichen Trennung von meinem Leibe'",[22] doch Schlemihl weigert sich standhaft, den mit Blut zu unterzeichnenden Vertrag zu unterschreiben. Als er am Ende des 6. Kapitels dann bei dem Anblick der Gewalt, die Mina angetan wird, entsetzt, doch zu dem verweigerten Schritt bereit ist, fällt er in Ohnmacht; „Monsieur, der schwache Nerven hat", wie sich der Teufel zurecht beklagt, denn danach konstatiert Schlemihl: „... mit unüberwindlichem Hasse gegen diesen rätselhaften Schleicher auf krummen Wegen, war meine Seele angefüllt."[23] Er wird sich von dem letzten Druckmittel des Teufels, dem Glücksäckel, der ihn reich gemacht hat, unumkehrbar trennen. Die Siebenmeilenstiefel, ein Zufallsfund, eröffnen ihm andere Perspektiven, und er wird bei der Suche nach dem „Urbild",[24] das an Goethes „Urpflanze" erinnert, einen wissenschaftlichen Weg finden. Seine geographische Route ist weltumspannend wie die des *Felix Krull*-Plans.

Es gibt also keinen Teufelsbündner Schlemihl, der in die lange Reihe einzureihen wäre, die mit den frühchristlich griechischen Teufelspaktlegenden einsetzt. Alle vier Hauptstränge, die des Simon Magus, des Basilius, des Theophilus und des Cyprian sind in der Mitte des 13. Jahrhunderts in der *Legenda aurea* zu finden und strahlen dann auf die neuzeitliche Tradition der *Historia des D. Johann Fausten* von 1587 aus.[25] Chamisso selbst hatte noch vor Goethes 1806 veröffentlichtem *Faust I*, doch nach dessen *Fragment*-Veröffentlichung von 1790, 1803 eine einaktige Tragödie *Faust* im *Musenalmanach auf das Jahr 1804* veröffentlicht, die Faust, bei einem guten und einem bösen Geist umstritten, eine Fehlentscheidung treffen läßt.[26] In *Zu Goethes Geburtstag 1826*, geschrieben für die Berliner Mittwochsgesellschaft um den Komponisten Friedrich Zelter herum, heißt es in einer Strophe:

[22] Ebd., S. 42. Nach den ersten Versuchen, den Schatten zurückzuerhalten, wird ihm erst jetzt der Kaufpreis präsentiert.

[23] Ebd., S. 50.

[24] Ebd., S. 61. Die in Italien von Goethe entwickelte Theorie der „Urpflanze" hat u.a. ihren Ausdruck in der *Metamorphose der Pflanzen* gefunden.

[25] Vgl. Walter Haug: Der Teufelspakt vor Goethe oder Wie der Umgang mit dem Bösen als „felix culpa" zu Beginn der Neuzeit in die Krise gerät, in: DVjs, Jg. 75 (2001), S. 185–215. Adrian Leverkühn findet in den Gesta Romanorum den Gregorius-Stoff, der sich partiell mit der Legenda aurea überschneidet.

[26] Musenalmanach auf das Jahr 1804, hrsg. von L. Adelbert von Chamisso und Karl August Varnhagen von Ense, Leipzig: Schmidt 1804, S. 193–215; Chamisso (zit. Anm. 3), Bd. 1, S. 500–509.

Ich las im Goethen eben nun,
Ich las im Fauste just:
Ich fand in Gretchens Kerker mich,
Da weint ich unbewußt.[27]

Anscheinend ist die Behauptung eines abgeschlossenen Teufelspakts aber in der Zwischenzeit verbreitet, denn der Schriftsteller Thomas Hettche schreibt in einer überregionalen Tageszeitung: „Der Pakt mit dem Teufel stößt Schlemihl, wie die Märchendramaturgie es verlangt, in die Einsamkeit."[28] Für Thomas Manns eigenen *Dr. Faust*-Plan mußte sich jedenfalls durch die Wiederbegegnung mit Schlemihl eine Auffrischung ergeben (Notb II, 107, 121 f.).

In der Schlußpartie seines Essays greift Mann die Frage nach der Bedeutung des Schattens auf,[29] der keine Allegorie sein könne, sondern sieht das Leiden an der Unbestimmtheit einer jugendlich problematischen Existenz, sieht in dem „Songez au solide!" der von Chamisso selbst betreuten französischen Übersetzung[30] die „ironische Moral" des Buchs (14.1, 328). Aus der gewonnenen bürgerlichen Solidität gehen die letzten Sätze hervor, Worte der Eingrenzung: „Es ist die alte, gute Geschichte. Werther erschoß sich, aber Goethe blieb am Leben [...] – Aber ‚Peter Schlemihl' gehört zu dem liebenswürdigsten Jugendwerken der deutschen Literatur." (14.1, 330)

[27] Ebd., S. 723.

[28] Frankfurter Allgemeine Zeitung, 25. Februar 2012.

[29] Die Deutungsvielfalt registriert in ihrem Forschungsbericht Dörte Brockhagen: Adelbert von Chamisso, in: Literatur in der sozialen Bewegung. Aufsätze und Forschungsberichte zum 19. Jahrhundert. Festschrift für Friedrich Sengle, hrsg. in Verbindung mit Günter Häntzschel und Georg Jäger von Alberto Martino, Tübingen: Niemeyer 1977, S. 373–423.

[30] *Pierre Schlémihl*, Paris: Lavocat 1822. Der Verleger versichert zwar im „Avant-Propos", daß es nicht die geringste Veränderung gegeben habe (S. VI), doch die Folge „auf Deinem Sofa lagen ein Band Goethe und der ‚Zauberring'" (Chamisso, zit. Anm. 3, Bd. 1, S. 24) wird noch ersetzt durch „Homère et Shakespeare" (S. 26). Das Interesse an Goethe beginnt sich in Frankreich gerade erst durchzusetzen.

Hans Wißkirchen

Zweifelnde Liebe
Zu Thomas Manns Wagner-Essayistik zwischen 1933 und 1939

1. Einführende Bemerkungen

1933, als die Nationalsozialisten in Deutschland an die Macht kamen, geschah etwas Merkwürdiges im politischen Denken Thomas Manns. Er, der in den späten Jahren der Weimarer Republik ein immer schärferer Kritiker der Nationalsozialisten geworden war, der sich in seinen Reden und Essays als ein glänzender und scharfsichtiger Kritiker von Hitler und seinen Paladinen erwiesen hatte, ließ jetzt jede Eindeutigkeit vermissen. Seine Haltung war vielmehr von einer eigentümlichen Ambivalenz geprägt.

Auf der einen Seite stand die Kritik. Er ging nicht zurück nach Deutschland. Er blieb in der Schweiz, er hielt Distanz. Auf der anderen Seite vermied er aber ein klares und eindeutiges Bekenntnis zum Exil. Mehr noch: Es gab Beispiele – an den Tod Theodor Lessings und Thomas Manns Reaktion darauf muss hier erinnert werden – die zeigen, dass er sich immer noch eine andere Rolle als die des Exilanten zudachte: die des Repräsentanten.

Wir haben es hier mit einem Dilemma zu tun. Thomas Mann glaubte, dass er der Repräsentant einer deutschen Demokratie sein konnte, einer Republik, die auf der Romantik beruhte, wie er es 1922 im Rückgriff auf Novalis in seiner Rede *Von Deutscher Republik* formuliert hatte; einer Demokratie, die das für ihn Beste und Bedeutendste der deutschen Kulturgeschichte in sich bergen und in die neue Zeit führen sollte.[1]

Nach der Machtübernahme Hitlers 1933 sah er, dass dies nicht mehr möglich war. Aber er hatte große Schwierigkeiten, sich neu zu orientieren. Bis 1933 hatte er geglaubt, es könne ihm gelingen, in seinem Werk das Widersprüchliche in seinem Deutschlandbild, das Nationale und das Internationale, das Althergebrachte und das Moderne zu vereinigen. Auch

[1] Vgl. dazu Hans Wißkirchen: Die romantische Republik. Thomas Mann und die Demokratie von Weimar, in: Thomas Mann, die Deutschen und die Politik, hrsg. von Heinrich Oberreuter und Ruprecht Wimmer, München: Akademischer Verlag 2008, S. 25–39.

dafür hatte er gelebt und geschrieben. In den dreißiger Jahren wird ihm immer bewusster, dass er sich von den Vorstellungen seiner Repräsentantenrolle verabschieden und sein Verhältnis zu Deutschland für sich neu ordnen musste.

Sein wichtigster Cicerone dabei war Richard Wagner. Im Verhältnis zu ihm lässt sich dieser Prozess beispielhaft ablesen. Dazu soll im Folgenden eine doppelte Perspektive eingenommen werden. Da ist auf der einen Seite der Ort des „Geheimnisses", das Tagebuch, das auch gegenüber Wagner eine deutliche Sprache spricht. Und da sind auf der anderen Seite die öffentlichen Reden, Essays und auch Briefe, die in ihren Äußerungen über Wagner immer auch die eigene Person in den Blick nehmen, die eigene Rolle in den politisch unruhigen Zeiten des Exils kontextualisieren.

Zu beachten ist: Die Rede über Wagner ist nicht neu, sie ist vielmehr ganz eng mit den Schreibanfängen Thomas Manns verknüpft, begleitet sein literarisches Schaffen von Beginn an. Für uns von Interesse ist dabei der Komplex „Wagner und die deutsche politische Wirklichkeit", der für Thomas Mann mit dem Ersten Weltkrieg ins Zentrum seiner Beschäftigung mit Richard Wagner rückt.

1918, in den *Betrachtungen eines Unpolitischen*, schrieb Thomas Mann den heute vielzitierten Satz, der die Grundstruktur seines Verhältnisses zu Wagner gleichsam in eine Formel fasste: „Schopenhauer, Nietzsche und Wagner: ein Dreigestirn ewig verbundener Geister. Deutschland, die Welt stand in seinem Zeichen, bis gestern, bis heute – wenn auch morgen nicht mehr." (13.1, 86)

Drei Dinge sind in dem obigen Zitat von grundlegender Bedeutung. Zum ersten die Tatsache, dass Thomas Mann Wagner nicht ohne Schopenhauer und Nietzsche denken kann und will. So ist es dann auch der an Schopenhauer geschulte und von skeptischer Bewunderung geprägte Blick eines Nietzsche auf Wagner, der Thomas Mann lebenslang geprägt hat. Thomas Manns Wagner, das war immer ein Wagner durch die Augen Nietzsches gesehen.

Zum zweiten ist von großer Bedeutung, dass Thomas Mann das Dreigestirn zwar in Deutschland verortet, seine Bedeutung aber ganz bewusst ausweitet – auf die ganze Welt. Damit spricht er sich schon hier, am Ende des Ersten Weltkrieges, gegen ein enges, nationalistisch-chauvinistisches Verständnis von Richard Wagner aus.

Ein dritter Aspekt ist bisher noch nicht genügend berücksichtigt worden. Thomas Mann spricht von der immensen Bedeutung des Dreigestirns für Deutschland, die Welt und natürlich auch für sein geistiges Universum in einer zeitlich klaren Reihenfolge, die das Gestern, Heute und Morgen umfasst. Gestern, eben im 19. Jahrhundert, war die Bedeutung immens und epochal, ebenso ist sie es heute noch, am Ende des Ersten Weltkrieges. Diesen aber erkennt Thomas Mann schon als Epochenzäsur – ganz im Sinne der späteren historischen Forschung, die den Ersten Weltkrieg als das Ende des langen 19. Jahrhunderts verstanden hat. Und Thomas Mann sieht, dass zukünftig, also „morgen", etwas Anderes, Neues kommen muss, dass sich Deutschlands nationale Identität dann nicht mehr primär einem Schopenhauer, einem Nietzsche und einem Wagner verdankt. Das ist eine starke Relativierung der Wirkung, auch und besonders für Thomas Manns späteres Verhältnis zu Wagner.

2. *Leiden und Größe Richard Wagners* (1933)

Die Geschichte des Vortrags *Leiden und Größe Richard Wagners* ist auf eine zweifache Art ganz eng mit dem Leben und Schreiben Thomas Manns verbunden. Zum einen ist der Vortrag, und ganz besonders die in der April-Ausgabe 1933 der Zeitschrift *Die Neue Rundschau* veröffentlichte Essayfassung, die intensivste Darstellung seines Verhältnisses zu Wagner. Sie kann mit Fug und Recht als der intellektuelle Gipfelpunkt seiner lebenslangen Beschäftigung mit dem Phänomen Richard Wagner bezeichnet werden. Zum anderen sind Vortrag und Essay ganz eng mit dem Beginn des Exils bei Thomas Mann verbunden. Das hat zur Folge, dass sein Verhältnis zu Wagner ab 1933 in einen vollkommen neuen Kontext gestellt wird: eben einen nationalsozialistischen.[2] Wenden wir uns nun dem Text zu.

Zuerst kreist er um die zentralen Thesen Thomas Manns, die dieser seit Jahrzehnten mit dem Namen Wagner verbindet. So betont er die Tatsache, dass Wagners Werk aus lauter Miniaturen und Dilettantismen zur Größe aufgeschichtet worden ist. Die glänzende Vereinigung des Populären und Ausgepichten in der romantischen Grundierung seiner Musik wird ebenso hervorgehoben wie das Nebeneinander von mythischem und psychologischem Agieren in seinem Werk. Schließlich erwähnt der Text das unauflösliche Ineinander von Dichtung und Musik als zentrales Moment der Kunst Wagners.

An seinem Ende kommt der Text aber auf die aktuelle politische Situation zu sprechen, auf den politischen Wagner. Thomas Mann beschreibt

[2] Zum politischen Kontext, in dem die Rede 1933 in München rezipiert wurde, vgl. Hans Rudolf Vaget: Musik in München: Kontext und Vorgeschichte des *Protests der Richard Wagner Stadt München*, in: Seelenzauber. Thomas Mann und die Musik, hrsg. von Hans R. Vaget, Frankfurt/Main: S. Fischer 2006, S. 323–357.

Wagner als einen Bürger, dessen Bürgerlichkeit zum Bourgeoisen ausgeartet ist. Er beschreibt ausführlich das den Alltag dominierende Streben nach Luxus bei Wagner, um dies dann auch auf seine Musik auszuweiten:

> Ist es nicht das Wonnevolle, das Sinnlich-Sehrende, Sinnlich-Verzehrende, das Schwerberauschende, Hypnotisch-Streichende, das dick und üppig Abgesteppte, mit einem Worte das höchst Luxuriöse seiner Musik, was ihr die bürgerlichen Massen in die Arme trieb? (IX, 414)

Im weiteren Verlauf seines Textes bejaht Thomas Mann diese Frage. Er nennt sie eine „‚tragische Antinomie'" (ebd.). Aber er nimmt in einer gegenläufigen Denkbewegung Wagner auch wieder in Schutz. Aus Rezeptionssicht könne man unumwunden festhalten, dass der „Erdball [...], fünfzig Jahre nach des Meisters Tode, allabendlich in diese Musik eingehüllt" sei (IX, 415). Darin enthalten seien „imperialistisch-weltunterwerfende" Elemente (ebd.), die auf einen cäsarischen, nach Macht strebenden Künstler schließen ließen. Das sei aber falsch, sagt Thomas Mann und zitiert – zustimmend – mehrere Äußerungen Wagners, dass es ihm nie um den Erfolg, sondern immer nur um die reine Kunst gegangen sei. Ein widersprüchlicher Charakter auch hier, so Thomas Manns Zwischenresümee; und ein Charakter, der mit seiner Kunst eine internationale Wirkung erreicht habe, wie es keinem deutschen Künstler vor ihm jemals gelungen sei. Mit dieser „ungeheuren Weltwirksamkeit" der Kunst Richard Wagners habe es, so Thomas Mann, eine „sehr geistige und reine Bewandtnis" (IX, 417). Das ist hier ganz wörtlich zu nehmen: Für Thomas Mann ist Wagner 1933 als ein großer Künstler ganz eindeutig von aller Nähe zum nationalsozialistischen Denken und Fühlen freizusprechen: „Es ist durch und durch unerlaubt, Wagners nationalistischen Gesten und Anreden den heutigen Sinn zu unterlegen – denjenigen, den sie heute hätten. Das heißt sie verfälschen und mißbrauchen, ihre romantische Reinheit beflecken." (Ebd.)

Diese eindeutige Aussage wird sodann ausführlich begründet. Wagner habe eine „nationale Idee" vertreten, die um die Mitte des 19. Jahrhunderts „in ihrer heroischen, geschichtlich legitimen Epoche" gestanden, die „ihre gute, lebensvolle und echte Zeit" gehabt habe. Wagner sei Zeit seines Lebens „mehr Sozialist und Kulturutopist" als „Patriot im Sinne des Machtstaates" gewesen (IX, 418). Das ist auf der einen Seite eine klare Inschutznahme Wagners aber auf der anderen Seite eine Kritik an den aktuellen politischen Zuständen in Deutschland. Auflösen kann Thomas Mann diesen Widerspruch 1933 noch nicht.

Wie aber steht es um den nationalen Charakter der Musik Wagners? Thomas Mann bestreitet ihn nicht, sondern betont im Gegenteil das tief

Deutsche seines Werkes, das allerdings im internationalen Kontext gesehen werden müsse.

Und Thomas Mann geht noch weiter, wenn er diesen Gedanken auf die Spitze treibt:

> Denn *außer dem*, daß dieses Werk eine eruptive Offenbarung deutschen Wesens ist, ist es auch eine schauspielerische Darstellung davon, und zwar eine Darstellung, deren Intellektualismus und plakathafte Wirksamkeit bis zum Grotesken, bis zum Parodischen geht und bestimmt scheint, ein neugierig schauderndes Weltpublikum zu dem Ausrufe hinzureißen: ‚Ah! ça c'est bien allemand par exemple!' Dies Deutschtum also, so wahr und mächtig es sei, ist modern gebrochen und zersetzt, dekorativ, analytisch, intellektuell [...]. (IX, 422)

Darauf basiere seine internationale Wirkungsmacht. Auch einem „Esel von Ausländer" (IX, 423) mache Wagner das Deutsche interessant.

Thomas Mann argumentiert hier methodisch auf sehr avancierte Art und Weise, das Performative Wagners betonend. Es geht ihm nicht primär um das Sachlich-Ideologische des Deutschlandbildes bei Wagner – dessen Originalität hat er an anderer Stelle zu Recht als sehr gering eingeschätzt –, sondern um das Schauspielerische, das Zurschaustellen des Deutschen in seinen Opern und die daraus resultierende Wirkung.

Genau diese Schilderung des Deutschen wird von Thomas Mann schon in den *Betrachtungen eines Unpolitischen* mit fast identischen Worten angeführt. In einer offenen *Antwort an Hans Pfitzner* vom Juli 1933 anlässlich eines Artikels des Komponisten zur Wagner-Rede Thomas Manns in der *Frankfurter Zeitung* hat er selbst darauf verwiesen und die unterschiedlichen Reaktionen auf das unveränderte Argument dahingehend erklärt, dass es wohl nicht auf den unveränderten Sachverhalt ankomme, sondern auf die veränderten Zeiten, in denen ein und dasselbe gesagt werden. Nicht zufällig konnte dieser Brief weder in der *Frankfurter Zeitung* noch in der *Neuen Rundschau* mehr gedruckt werden.[3]

Am Ende dieser Passage von *Leiden und Größe Richard Wagners*, die mit dem Hinweis auf die performativen Qualitäten Wagners auch seine Modernität aufruft, zitiert Thomas Mann schließlich einen Nietzsche-Satz, der bei ihm Epoche machen sollte. Der Satz lautet: „Es ist viel Wagner in Baudelaire." (IX, 423)

Dieser Satz weist auf einen anderen häufig zitierten Satz Thomas Manns voraus, der sich in einem Brief vom 6. Dezember 1949 an Emil Preetorius, der von 1933 bis 1939 für die Bayreuther Festspiele gearbeitet und vor 1933

[3] Er erschien erstmals in Bd. XIII (Nachträge) der Gesammelten Werke von 1974.

eine guter Bekannter Thomas Manns gewesen war, findet. In dem Brief heißt es: Es „ist viel ‚Hitler' in Wagner". (Br III, 115)

Zu lange hat man gerade diesen *letzten* Satz ohne den *ersten* Satz verstehen wollen. Es gibt aber ein geheimes Band, das die beiden miteinander verbindet. Es ist der Weg von der Verteidigung Wagners gegen die Vereinnahmung durch die Nationalsozialisten hin zu der Erkenntnis, dass diese Vereinnahmung ihre mehr als guten Gründe hatte. Zentral ist die unterschiedliche grammatikalische Positionierung Wagners in den beiden Sätzen, die eine entscheidende Wirkung auf die Frage von Einfluss und Vorläufertum hat. Im ersten Satz ist viel „Wagner in Baudelaire". Das meint, dass Wagner mit seinen modernen Elementen eine entscheidende Wirkung auf Baudelaire gehabt hat. Dieser Satz schließt aber den Gedanken eines wie immer gearteten Vorläufertums aus. Wagner, so muss man diese Aussage lesen, hat bei seiner Musik nie an Baudelaire gedacht, der Bezug zwischen den beiden ist vielmehr ein Wirkungsbezug, der von Baudelaire ausgeht, der von Wagner „lernt".

Warum nun heißt es Jahre später bei Thomas Mann nicht: Es ist viel Wagner in Hitler!? Das hätte analog zum Baudelaire-Zitat die eben dargestellte Situation von 1933 festgeschrieben: Hitler, der Nationalsozialismus, hat sich Ideen Wagners zu eigen gemacht, sich partiell in seine Nachfolge gestellt. Das ist eine einseitige Wirkungsaussage der nachfolgenden Generation, die durchaus gegen das Werk geschehen kann. Wir haben gesehen, wie Thomas Mann 1933 ganz in diesem Sinne argumentiert. Er sagt ja, wenn auch verklausuliert, dass man Wagners Äußerungen zum Deutschtum durchaus nationalsozialistisch verstehen kann, dass diese aber von Wagner in einem ganz anderen Kontext ganz anders gemeint gewesen seien.

Dieser Wirkungszusammenhang ist Thomas Mann dann 1949 zu schwach. Seine Formulierung, dass „viel ‚Hitler' in Wagner" sei, hebt die Beziehung zwischen dem Musiker und dem Diktator auf eine andere Stufe. Wie das gemeint ist, wird deutlich, wenn man sich Thomas Manns Argumentation unmittelbar vor dem zitierten Satz im Jahre 1949 anschaut: „Es ist da, in Wagners Bramarbasieren, ewigem Perorieren, Alleinreden-Wollen, über alles Mitreden-Wollen eine namenlose Unbescheidenheit, die Hitler vorbildet [...]." (Br III, 115)

Zentral ist hier das letzte Argument: *Hitler vorbilden*. Das meint nicht weniger, als dass Thomas Mann 1949 fest davon überzeugt ist, dass es nicht nur eine von Hitler ausgehende Rezeptionshaltung gegenüber Wagner gibt, die von ihm lernt, sondern dass schon bei Wagner Elemente vorhanden sind, die Hitler *vorwegnehmen*. Das ist eine steile und starke Behauptung, die in der Forschung immer wieder, wenn auch noch nicht abschließend diskutiert worden ist.[4] Als Fixpunkt soll dieses Zitat und Thomas Manns darin zum Ausdruck kommende Meinung aber genannt werden, weil damit der Weg, den ich gleich ein Stück verfolge, in seiner Richtung deutlicher wird.

Schaut man nach 1933 in die Briefe und Tagebücher Thomas Manns und auf seine dortigen Äußerungen über Wagner, dann wird ein Muster deutlich: Die mühsam im öffentlichen Text ausbalancierte Ambivalenz zeigt sich im Tagebuch durchgängig in ihren beiden Extremen. Da ist auf der einen Seite die bleibende Liebe. Immer wieder hört Thomas Mann Wagner und immer wieder finden sich in seinen Tagebucheinträgen Formulierungen wie: „Der Schluß der ‚Götterdämmerung' begeisterte mich aufs neue" (Tb, 2.1.1935) oder „Nach dem Abendessen Wagner-Platten gespielt, begeistert vom Rheingoldschluß" (Tb, 31.5.1936). Dagegen steht die Verschärfung der Vorwürfe, wie etwa in dem folgenden Eintrag vom 13. Februar 1935, der aus der Lektüre eines Buches über den Antisemitismus bei Wagner resultiert[5]: „Grausiges Gefühl davon, wieviel dieser als Charakter abscheuliche Kleinbürger tatsächlich vom Nationalismus antizipiert." Hier argumentiert Thomas Mann, wenn auch noch isoliert, ganz im Sinne der 1949 geäußerten These, dass viel „‚Hitler' in Wagner" sei. Wenn er von antizipieren spricht, dann nimmt er damit das Wort vom „vorgebildeten" Nationalsozialismus aus dem Brief an Preetorius vorweg.

3. *Richard Wagner und der „Ring des Nibelungen"* (1937)

Die nächste öffentliche Äußerung Thomas Manns zu Wagner stammt aus dem Jahre 1937. Auch hier ist der Kontext von Bedeutung. Thomas Mann wurde gebeten, die Aufführung der Ring-Oper in Zürich mit einem Vortrag einzuleiten. Das Politische der Anfrage war ihm sofort klar: „Ich war bedenklich", schreibt er am 26. Oktober 1937 in sein Tagebuch, „aber um Deutschlands, um Zürichs willen, auch wegen des Gegenstandes, ist mir die Einladung, gegen die es keine Opposition gegeben haben soll, interessant und wichtig, und ich werde wohl annehmen." Und er nahm an und machte sich ans Schreiben, was ihm sehr schwer fiel. Vor allem aus einem Grund: Er hatte den sich zuspitzenden politischen Kontext nicht richtig eingeschätzt und die daraus resultierende Spannung zwischen seiner politischen Meinung – er war inzwischen ausgebürgert worden und hatte sich

[4] Vgl. vor allem: Richard Wagner im Dritten Reich, hrsg. von Saul Friedländer und Jörn Rüsen, München: Beck 2000.

[5] Es handelt sich um J.E. de Sinoja (= Josef Engel de Janossi): Der Antisemitismus in der Musik, Zürich/Wien: Amalthea 1933.

zum Exil bekannt – und seiner weiterhin unverbrüchlich andauernden Liebe zu Wagner. Zusammen mit der konkreten Anforderung, den Einführungsvortrag zu einer großen *Ring*-Aufführung an einem der prominentesten Opernhäuser Europas zu halten, hatte das zur Folge, dass er seiner Rede Zügel anlegen musste. Er liest Nietzsches Schrift *Wagner in Bayreuth* und resümiert, dass dieser zwar sehr kenntnisreich argumentiere, man der Schrift aber anmerke, dass Nietzsche vieles unterdrückt habe. „Darüber schreibt niemand, ohne sich heimlich vor Leiden zu winden. Wie kommt es, daß auch ich noch Pietät halten muß? Auch wieder aus Zartheit und Dankbarkeit." (Tb, 5.11.1937) Während der weiteren Arbeit ist in seinen Tagebucheinträgen mehrmals von „Kürzungen" (Tb, 14.11.1937) und „Milderung neu entstandener Schärfen" (Tb, 15.11.1937) die Rede.

Die Einführung in den *Ring* selbst argumentiert zum großen Teil in den bekannten Bahnen. Einige Gedanken werden allerdings explizit hinzugefügt. So betont Thomas Mann mit Nachdruck die „Mischung aus Urtümlichkeit und Zukünftigkeit" (IX, 510) im *Ring*. Wagners politisches Denken wird ausdrücklich positiv bewertet. Ja, Thomas Mann versteigt sich gar zu der Behauptung, es stände „besser um Deutschland und besser um Europa, wenn die deutsche Geschichte sich nach den Wünschen Wagners, nämlich im Sinne der Freiheit, gestaltet hätte [...]" (IX, 514). Die politische Gegenwart kommt am Ende der Einführung zu ihrem Recht. Wagners Werk, so Thomas Mann, „ist der deutsche Beitrag zur Monumental-Kunst des neunzehnten Jahrhunderts" (IX, 525). Was in den anderen Nationen der soziale Roman gewesen sei – er nennt Dickens, Thackeray, Tolstoi, Dostojewski, Balzac und Zola –, das sei bei den Deutschen eine Kunst gewesen, die in Wagner ihren formidabelsten Ausdruck gefunden habe und die vom Gesellschaftlichen nichts habe wissen wollen. Dieser „mythisch-urpoetische Geist des deutschen Werkes" bringe zum Ausdruck, dass der „deutsche Geist [...] sozial und politisch wesentlich uninteressiert" sei (IX, 526). Thomas Mann sieht das zwar durchaus nicht einseitig negativ, dennoch könne man aber auch „von einem Vakuum, einem Manko und Ausfall sprechen" (ebd.).

Damit ist Thomas Mann schließlich in der Tagespolitik angelangt. In der aktuellen Situation sei die Flucht vor der sozialen Wirklichkeit und der Weg in den Mythos gefährlich. Die „mythische[n] Surrogate" seien „Ausweichungen" (ebd.), die vorspiegelten, dass sie für die Lösung der wirklichen, der sozialen Probleme einträten.

„Es ist nicht schwer", so resümiert Thomas Mann, „im heutigen deutschen Staats- und Gesellschaftsexperiment ein solches mythisches Surrogat zu erkennen. Aus der politischen Terminologie ins Psychologische übersetzt besagt dies Heutige: ‚Ich will überhaupt das Soziale nicht, ich will das Volksmärchen.' Nur daß im politischen Bereich das Märchen zur Lüge wird." (Ebd.)

Ohne Zweifel sind damit die nationalsozialistischen Machthaber gemeint, die sich die Mythenwelt Wagners zu eigen gemacht haben. Gerade Hitler hat hier eine entscheidende Rolle gespielt. Das war Thomas Mann bewusst und er sagt es hier so klar und deutlich, wie es in diesem festlichen Rahmen möglich war. Damit aber war noch ein Problem zu lösen. Wie standen Wagners Werk und Wagners Person zu dieser nun ohne Einschränkung öffentlich gemachten Vereinnahmung? Hier ist Thomas Manns Position 1937 ganz klar. Man könne aktuell nicht über Wagner sprechen, ohne sich gegen seinen „Mißbrauch" als künstlerischen „Prophet[en] einer politischen Gegenwart, die sich in ihm spiegeln möchte" (IX, 527) zu wehren. Thomas Manns Argumentation gegen einen Missbrauch Wagners ist sehr interessant, weil sie erstmals öffentlich, wenn auch nur zart angedeutet, die eigene Person mit einbezieht. Er sagt:

> Aber es verstieße gegen das Beste in uns, gegen die Bewunderung, zuzulassen, daß hier überhaupt von Verwirklichung, sei es selbst im Sinn des Zerrbildes, die Rede sein könne. Volk und Schwert und Mythus und nordische Heroik, das sind in gewissem Munde nur schnöde Entwendungen aus dem Vokabular von Wagners Künstler-Idiom. Der Schöpfer des ‚Ringes' ist mit seiner vergangenheits- und zukunftstrunkenen Kunst aus dem Zeitalter bürgerlicher Bildung nicht herausgetreten, um eine geistmörderische Staatstotalität dafür einzutauschen. Deutscher Geist war ihm alles, deutscher Staat nichts – wie er schon mit dem Keimwort der ‚Meistersinger' bekundet: ‚Zerging' in Dunst das Heil'ge Röm'sche Reich, uns bliebe gleich die heil'ge deutsche Kunst'. (Ebd.)

Wagner so von allem Missbrauch durch die Nationalsozialisten freizusprechen, eine so eindeutige Trennungslinie zwischen dem Werk und der Gegenwart zu ziehen, das entsprach nicht der eigentlichen Meinung Thomas Manns. In dem Vortrag selbst findet sich eine erste Andeutung, ein Hinweis, warum er nicht die ganze Wahrheit sagte: Es ging um Selbstschutz, um die Tatsache, dass die Liebe zu Wagner durch die historischen Zeitläufte Gefahr lief, zu einer verbotenen Liebe zu werden. Nicht anders ist die Bemerkung, „es verstieße gegen das Beste in uns, gegen die Bewunderung", zu verstehen, die Wagners Verteidigung eingeleitet hatte. Es ist das Beste auch und gerade für Thomas Mann, es ist seine eigene Bewunderung des Wagner-Werkes, die bedroht ist. Man kann annehmen, dass es ein geheimes Erschrecken, zumindest ein großes Unbehagen in ihm ausgelöst hat, dass diese Bewunderung ungebrochen und unaufhörlich andauerte – gegen alle auch von ihm selbst erhobenen Einwände.

Wie diese Einwände zwar vorgebracht, aber dann durch die Intensität des ästhetischen Erlebnisses sofort zunichte gemacht werden, lässt sich beispielhaft am Tagebucheintrag vom 21. November 1937 über die *Walküre*-Aufführung der von ihm eingeführten *Ring*-Tetralogie ablesen:

> ... ½7 mit K. und Golo in die Oper zur ‚Walküre'. Dieselbe Loge wie gestern. Vorher u. in den Pausen mit Beidlers. Bequemer Genuß in der Loge. Keine große Aufführung, große Eindrücke dessen ungeachtet. Zu Tränen bewegt von Wotan und Brünnhild. Riesenhafte Schlußszene. Das ganze in diese Zeit nicht mehr passend. Durch und durch 19tes Jahrhundert. Die Oper selbst geht darüber hinweg – zurück zur Oper, vom Ernst zum Spiel. Als Dimension und Zumutung unzeitgemäß. Aber ich bin darin zu Hause.

Thomas Mann war mit diesem Bekenntnis und mit seiner Rede an einem Wendepunkt in seinem Verhältnis zu Richard Wagner angekommen. Denn nun war ein Dritter in das schwierige Verhältnis zu Wagners Kunst mit einzubeziehen: Adolf Hitler, dessen Liebe zu Wagner derjenigen Thomas Manns in nichts nachstand. Thomas Mann musste nun erst einmal über Hitler im Banne Wagners sprechen, ehe er sich wieder Wagner zuwenden konnte. Dies geschah in einem umstrittenen aber für seine Analyse des Nationalsozialismus auch heute noch wegweisenden Text, im Essay *Bruder Hitler* von 1938.

4. *Bruder Hitler* (1938)

Wenn da nicht die unzähligen Opfer wären, die dem „fatalen Seelenleben" Hitlers zum Opfer fielen, dann käme man nicht umhin, sich einzugestehen, „daß man sein Lebensphänomen fesselnd findet" (XII, 845). So beginnt, durchaus nicht unproblematisch, Thomas Manns Essay. Und er baut diesen Gedanken anschließend konsequent aus. Hitler übe eine Faszination auf Europa aus, anders seien seine politischen Erfolge nicht zu erklären. Das müsse man sich eingestehen.

Und es sei auch nicht der Hass, der die angemessene Haltung gegenüber Hitler sei, obwohl es ihm selbst an diesem nie fehle. Aber ihm scheine eine Haltung angemessener, in der die Freiheit des Betrachtenden durch Ironie weiterhin möglich wäre. Und er fährt fort:

> Liebe und Haß sind große Affekte; aber eben als Affekt unterschätzt man gewöhnlich jenes Verhalten, in dem beide sich aufs eigentümlichste vereinen, nämlich das Interesse. Man unterschätzt damit zugleich seine Moralität. Es ist mit dem Interesse ein selbstdisziplinierter Trieb, es sind humoristisch-asketische Ansätze zum

Wiedererkennen, zur Identifikation, zum Solidaritätsbekenntnis verbunden, die ich dem Haß als moralisch überlegen empfinde. (XII, 846)

Hier muss man genau hinschauen und analysieren – zuerst den Begriff des Interesses, in dem sich Hass und Liebe gleichsam aufheben. Es ist einer der zentralen Begriffe im Spätwerk Thomas Manns. Nur ein Beispiel von vielen: Im *Doktor Faustus* diskutieren Zeitblom und Leverkühn über das Musikverständnis Leverkühns, das eine Zeitblom irritierende Ambivalenz von Wärme und Kälte aufweist. Zeitblom wirft dem Freund am Ende vor, dass man „einem Gottesgeschenk[,] wie der Musik" nicht Antinomien nachweisen solle: „Man soll sie lieben." 10.1, 105 f.) Daraus entspinnt sich der folgende kurze Dialog:

‚Hältst du die Liebe für den stärksten Affekt?' fragte er.
‚Weißt du einen stärkeren?'
‚Ja, das Interesse.'
‚Darunter verstehst du wohl eine Liebe, der man die animalische Wärme entzogen hat?'
‚Einigen wir uns auf die Bestimmung!' lachte er. (10.1, 106)

Mit dieser Liebe ohne Wärme blickt Thomas Mann nun auf das Phänomen Hitler. Hitler habe das Minderwertigkeitsgefühl eines im Ersten Weltkrieg geschlagenen Volkes geschickt zu nutzen verstanden. Mit seiner „massenwirksame[n] Beredsamkeit" habe er das Volk „mit Verheißungen betäubt"; er habe aus dem Leiden des Volkes „das Vehikel seiner Größe" gemacht und sei zu einer „schrecklichen Heiligkeit" emporgewachsen (XII, 847). Und dann weitet Thomas Mann die Perspektive noch aus:

Wie er aus dem nationalen Maß ins europäische wächst, dieselben Fiktionen, hysterischen Lügen und lähmenden Seelengriffe, die ihm zur internen Größe verhalfen, im weiteren Rahmen zu üben lernt; [...] wie das Glück sich ihm fügt, Mauern lautlos vor ihm niedersinken und der trübselige Nichtsnutz von einst, weil er – aus Vaterlandsliebe, soviel er weiß – die Politik erlernte, nun im Begriffe scheint, sich Europa, Gott weiß es, vielleicht die Welt zu unterwerfen: das alles ist durchaus einmalig, dem Maßstabe nach neu und eindrucksvoll; man kann unmöglich umhin, der Erscheinung eine gewisse angewiderte Bewunderung entgegenzubringen. (Ebd.)

Von hier aus führen Spuren in drei verschiedene Richtungen. Die erste führt noch einmal zurück zu dem eben eingeführten Begriff des Interesses. Da war die Rede von einer ironisch gebrochenen Identifikation, und diese scheint auch hier wieder auf, wenn von der „angewiderten Bewunderung" die Rede ist. Da lässt jemand das Böse ganz nahe an sich herankommen, schottet sich nicht vorschnell ab, sondern schaut sich die Sache genau an – mit einer in der Novelle *Mario und der Zauberer* entwickelten Formel. Als sich dort der Faschismus immer stärker zeigt und die Frage auftaucht, ob die Familie den Urlaub abbrechen soll, heißt es: „Soll man ‚abreisen', wenn das Leben sich ein bißchen unheimlich, nicht ganz geheuer oder etwas peinlich und kränkend anläßt? Nein doch, man soll bleiben, soll sich das ansehen und sich dem aussetzen, gerade dabei gibt es vielleicht etwas zu lernen." (VIII, 669)

Die zweite Spur dieser Beschreibung führt zu der „wagnerischen" Wirkungsmacht Hitlers, in der, so Thomas Mann in seinem anschließenden Resümee, verhunzte „Märchenzüge" erkennbar seien:

> Wagnerisch, auf der Stufe der Verhunzung, ist das Ganze, man hat es längst bemerkt und kennt die gut begründete, wenn auch wieder ein bißchen unerlaubte Verehrung, die der politische Wundermann dem künstlerischen Bezauberer Europas widmet, welchen noch Gottfried Keller ‚Friseur und Charlatan' nannte. (XII, 848)

Hier sind wir nun ganz nahe bei Thomas Mann und ein neues, ziemlich fürchterliches Dreigestirn erscheint: Hitler, Wagner und Thomas Mann. Denn nicht „man", sondern Thomas Mann hatte bemerkt, dass die Liebe Hitlers zu Wagner gut begründet war und damit seine eigene Liebe in Frage zu stellen begann.

Thomas Mann geht dieser Frage an dieser Stelle nicht nach, sondern legt eine dritte Spur aus, die Hitler und seine eigene Person aber ebenfalls ganz eng zusammenbringt: „Ein Bruder ... Ein etwas unangenehmer und beschämender Bruder; er geht einem auf die Nerven, es ist eine reichlich peinliche Verwandtschaft." (XII, 849) Damit ist der Künstler Hitler gemeint, der sich in diesen Märchenzügen und der „Wagnerverwandtschaft" ausdrückt. Was Thomas Mann hier auch einführt, ist die Kategorie des Charisma Hitlers, die er wohl als einer der ersten gesehen hat. Seine bezwingende Macht über die Anderen, sie verdankt sich seinem Künstlertum, seiner ganz eigenen Art und Weise des Politikmachens.

Dass in Hitlers „charismatischer Herrschaft" – Max Weber führte diese Kategorie als dritte Herrschaftsform neben der traditionalen und rationalen Herrschaft ein – eine der wesentlichen Erklärungen für seinen Massenerfolg zu finden ist, hat die aktuelle Hitler-Forschung in mehreren Publikationen zum Ausdruck gebracht. So hat Ian Kershaw in seinem Buch *Das Ende*[6] über das letzte Jahr des Hitler-Regimes den Begriff der „charisma-

[6] Ian Kershaw: Das Ende. Kampf bis in den Untergang. NS-Deutschland 1944/45. München: DVA 2011.

tischen Herrschaft ohne Charisma"[7] zum Erklärungsansatz dafür genommen, dass die Deutschen Hitler bis in den vollständigen Untergang folgten. Ludolf Herbst hat in seinem Buch *Hitlers Charisma. Die Erfindung eines deutschen Messias*[8] die Aufstiegsphase Hitlers in den Blick genommen. Max Weber paraphrasierend entwickelt Herbst hier eine Definition des Charisma, die Übereinstimmungen mit Thomas Manns Argumentation in *Bruder Hitler* aufweist. Nicht zufällig spricht Thomas Mann von der „schrecklichen Heiligkeit" Hitlers, denn der Glaube der Beherrschten an den charismatischen Führer ist die zentrale Grundlage für eine funktionierende charismatische Herrschaft. Herbst schreibt:

Das Charisma findet ‚die Quellen seiner Wirkung in dem Glauben der Beherrschten'. Dezidiert hebt Weber auf die in den Verben ‚gelten', ‚werten' und ‚glauben' intersubjektiv vermittelten ‚subjektiven' Urteilskriterien ab. Wie die charismatische Qualität ‚von irgendeinem ethischen, ästhetischen oder sonstigen Standpunkt aus ‚objektiv' richtig zu bewerten sein würde', hielt er für ‚begrifflich völlig gleichgültig.'[9]

Damit ist exakt der auf den ersten Blick sehr irritierende Blick beschrieben, den Thomas Mann in *Bruder Hitler* auf Hitler wirft. Er blendet die ideologische Auseinandersetzung weitgehend aus und beschreibt die Formen der Massensuggestion, weil er erkannt hat, dass die Inhalte zur Erklärung des Phänomens nicht beitragen. Auch die moralischen und ethischen Kriterien spielen in seiner Hitlerkritik hier keine ausschlaggebende Rolle. Er wendet sich vielmehr den propagandistischen, ästhetischen Kriterien zu, die er – als jemand der bei Wagner in die Lehre gegangen ist – auf Hitler anwendet.

5. *Zu Wagners Verteidigung* (1940)

Was aber hat dieser Einblick in das Entstehen eines neuen Dreigestirns von Hitler, Wagner und Thomas Mann nun für Konsequenzen für das Wagner-Bild Thomas Manns? Dieser Frage will ich abschließend nachgehen, indem ich den letzten großen Wagner-Text Thomas Manns aus dieser Zeit, den Offenen Brief *Zu Wagners Verteidigung* aus dem Jahr 1940 analysiere.

Der Brief an den Herausgeber der Zeitschrift *Common Sense* war die Reaktion auf einen Artikel des jungen Peter Viereck, der unter dem Titel

[7] Ebd., S. 541.

[8] Ludolf Herbst: Hitlers Charisma. Die Erfindung eines deutschen Messias, Frankfurt/Main: S. Fischer 2010.

[9] Ebd., S. 264.

Hitler und Richard Wagner das Thema erstmals in den USA prominent machte, zumal er sich auch kritisch mit Thomas Mann auseinandersetzte, dem er vorwarf, Wagners Schriften und Reden zu positiv zu sehen. Viereck weist in seinem Artikel auf eine strukturelle Ähnlichkeit in Argumentationen bei Wagner und Hitler hin – etwa beim Thema Sozialismus.[10]

Die Redaktion gab Thomas Mann die Möglichkeit einer Erwiderung, die dieser zu einer Darstellung seines aktuellen Verhältnisses zu Richard Wagner unter den abermals radikal geänderten welthistorischen Prämissen – der Zweite Weltkrieg war inzwischen ausgebrochen – nutzte.[11]

Thomas Mann stimmt Vierecks Grundthese zu, dass es unbestreitbar Beziehungen „zwischen der Wagner'schen Sphäre und dem nationalsozialistischen Unheil" (XIII, 351) gebe. Er warnt aber davor, Wagner einseitig zu verurteilen und führt eine ganze Reihe von Wagner-Begeisterten an, darunter Nietzsche und Baudelaire. Er hält daran fest, dass Wagner nicht nur ein „deutscher Meister", sondern auch ein „europäischer Künstler" (XIII, 353) war. Er bestreitet aber nicht die Liebe Hitlers zu Wagner und leitet daraus einen Satz ab, der nur vordergründig auf Nietzsche gemünzt ist, im eigentlichen Sinne aber auch für ihn selbst Gültigkeit hat: „Wenn zweien dasselbe gefällt und einer davon ist minderwertig – ist es dann auch der Gegenstand?" (XIII, 352)

Hier ist eine neue Qualität erreicht: Wir haben das neue und schreckliche Dreigestirn nun direkt durch Thomas Mann benannt. Er und Hitler lieben ein und dieselbe Kunst und für Thomas Mann stellte sich damit die Frage, wie er damit umgehen sollte – zumal er an seiner Liebe zur Wagner'schen Kunst festhielt und bis an sein Lebensende 1955 auch weiterhin festhalten sollte. Die Tagebucheinträge, die sein Schwelgen in Wagner-Musik belegen, sind zahllos. Immer wieder hat Thomas Mann diese Musik dabei auch am Flügel begleitet, so groß war die Faszination. Nur ein Eintrag sei stellvertretend für viele hier zitiert. Am 22. Februar 1948, die Arbeit am *Doktor Faustus* war gerade ein gutes Jahr beendet, heißt es:

> Legte abends die alte Platte ‚Abendlich strahlt' ein und war fast zu Tränen bewegt von dem Gesang der Rheintöchter mit dem ‚Traulich und treu ist's nur in der Tiefe'. Gebe für diese Stelle allein die ganze Musik Schönbergs, Bergs, Kreneks und Leverkühns dahin.

[10] Zu den genauen Umstände siehe: Hans Rudolf Vaget: Thomas Mann, der Amerikaner. Frankfurt/Main: S. Fischer 2011, S. 338–341.

[11] Der Artikel von Peter Viereck erschien in der November/Dezember-Ausgabe der Zeitschrift *Common Sense* im Jahr 1939, Thomas Manns Antwort folgte in der Januar-Ausgabe 1940.

Man muss sich die Brisanz dieser Äußerung vor Augen halten. Da schreibt ein Autor seinen großen Altersroman, der vor allem als Deutschlandroman konzipiert ist und die schreckliche deutsche Entwicklung in der Musikgeschichte zum ästhetischen Ausdruck bringen will. Dazu verzichtet er weitgehend auf den geliebten Wagner und macht die Heroen der modernen Zwölftonmusik zu seinen musikalischen Gewährsleuten. Und eben diese Gewährsmänner und die auf ihnen gründende Romanfigur fegt er nur ein gutes Jahr später beim Hören einer Wagner-Platte in den musikalischen Orkus. Ein stärkerer Beweis für Thomas Manns ungebrochene Liebe zu Wagner ließe sich kaum denken.

Bleibt aber die Frage: Wie geht Thomas Mann mit dem schrecklichen Dreigestirn um? Er weist in einer ganzen Reihe von Formulierungen immer wieder auf die Tatsache hin, dass es bei Wagner auf die „Nuance" (XIII, 354) ankomme, dass er als eine extrem widersprüchliche Künstlerfigur wahrgenommen werden müsse. Auch die Widersprüchlichkeit der eigenen Gefühle antizipiert er, so etwa in dem Ausruf: „Es gibt Fälle, bei denen man alles mögliche zugeben mag, und es bleibt immer etwas Überwältigendes zurück."(XIII, 356) Er knüpft an *Bruder Hitler* an, wenn er vom Volksmärchen spricht, dem sich der Nationalsozialismus anstelle des Sozialen verpflichtet fühle. Dann aber geht er den entscheidenden Schritt weiter, wenn er gegen Viereck formuliert: „Ich finde das nazistische Element nicht nur in Wagners fragwürdiger ‚Literatur', ich finde es auch in seiner ‚Musik' [...]." (XIII, 357) Und er bindet dieses Bekenntnis ganz stark an die eigene Person, die eigene Ambivalenz gegenüber Wagner, die er immer damit zusammenbringen muss. Er bezeichnet diese Musik als „erhaben" und „fragwürdig" und gesteht, dass er sie so liebe, „daß ich noch heute, wenn irgend ein abgerissener Klang aus dieser Beziehungswelt mein Ohr trifft, erschüttert aufhorche." (Ebd.) Aber er lässt sich davon nicht den kritischen Blick verstellen.

Diese Begeisterung dürfe

> nicht vergessen machen, daß dieses Werk, welches ‚gegen die Zivilisation', gegen die ganze Kultur und Bildung gerichtet und gedichtet ist, wie sie seit der Renaissance herrschend gewesen war, aus der bürgerlich-humanistischen Epoche auf dieselbe Art und Weise heraustritt wie der Hitlerismus; daß es mit seinem Wagalaweia und seiner Stabreimerei, seiner Mischung aus Urtümlichkeit und Zukünftigkeit, seinem Appell an eine klassenlose Volklichkeit, seinem mythisch-reaktionären Revolutionarismus die genaue geistige Vorform der ‚metapolitischen' Bewegung ist, die heute den Schrecken der Welt bildet, und die geschlagen werden muß, wenn es zu einer wirklichen gesellschaftlichen Neuordnung in Europa kommen soll. (XIII, 358)

Thomas Mann spielt mit dieser Argumentation auf den Schluss von Vierecks Artikel an. Dieser hatte Wagner eine Politik jenseits rationaler politischer Argumente vorgeworfen und dies als hochgefährlich gekennzeichnet. Er spricht von den „Funken der Explosion eines Sprengsatzes, der latent in der politischen Massenausbeutung des Unbewußten schlummert" und resümiert: „Brot und Spiele: National-Sozialismus. In dieser letzten Synthese vollendet sich Wagners System der Metapolitik."[12]

Thomas Manns Argumentation ist in mehrfacher Hinsicht bemerkenswert. Erstmals formuliert er öffentlich, dass Wagners Werk und Leben eine prägende Vorform für Hitlers Weltanschauung war. Und er belässt es nicht bei dieser allgemeinen Behauptung, sondern führt zentrale Ideologeme des Nationalsozialismus auf Wagner zurück. Da wäre als erstes die ganz eigene Mischung aus reaktionärer und moderner Politik, die die Nationalsozialisten auszeichnete und die Thomas Mann schon seit Beginn seiner Beschäftigung mit Wagner als ein Signum seines Werkes und seines Lebens, eben als die „Mischung aus Urtümlichkeit und Zukünftigkeit" ausgemacht hatte. Da wäre als zweites jener märchenhafte, sozial unkonkrete aber weit ausgreifende Volksbegriff, der Hitler und Wagner auszeichnete, zu nennen. Und als letztes verweist er auf den „mythisch-reaktionären Revolutionarismus" Wagners, der sich auch in Hitlers Weltanschauung finde.

Zusammenfassend lässt sich über den Wandel des Wagner-Bildes Thomas Manns zwischen der Machtübernahme Hitlers und dem Ausbruch des Zweiten Weltkrieges sagen: Die Liebe zu Wagners Werk ist die unverbrüchliche Konstante. Sie hat keinerlei Relativierung erlitten. Die öffentlichen und ‚geheimen' Quellen sprechen hier eine eindeutige Sprache. Anders verhält es sich mit dem Zweifel, der im Laufe der Jahre angesichts der sich zuspitzenden politischen und historischen Ereignisse immer stärker und prägender wird.

[12] Peter Viereck: Hitler und Richard Wagner. Zur Genese des Nationalsozialismus, in: Richard Wagner. Wie antisemitisch darf ein Künstler sein?, hrsg. von Heinz-Klaus Metzger und Rainer Riehn, München: Ed. Text + Kritik 1978 (= Musik-Konzepte, Bd. 5), S. 27.

Massimo Bonifazio

Verschiebungen
Thomas Manns Essays über Sigmund Freud

In einem an Arthur Schnitzler adressierten Brief von Mai 1922, anlässlich des 60. Geburtstags des Schriftstellers, schreibt Sigmund Freud: „So habe ich den Eindruck gewonnen, daß Sie durch Intuition – eigentlich aber in Folge feiner Selbstwahrnehmung – alles das wissen, was ich in mühseliger Arbeit an anderen Menschen aufgedeckt habe".[1] Es ist kaum zu leugnen, dass diese Worte auch Thomas Mann gelten könnten. Die geistige Verfassung Thomas Manns – wie die etlicher Schriftsteller des *Fin-de-siècle* – steht von allem Anfang an Elementen der psychoanalytischen Theorie ziemlich nahe. Dazu tragen viele Momente von Traditionen bei, an die Mann sein ganzes Leben lang anknüpft: manche philosophische Überlegungen der Romantiker, Nietzsches Entlarvungspsychologie, Schopenhauers Willensmetaphysik, die psychologisch-musikalischen Intuitionen Richard Wagners, der psychologische Roman in Frankreich und in Nordeuropa; und die ganze Stimmung einer Epoche, die sich als ‚nervöses Zeitalter' bezeichnet und sich mit Psychologie, vor allem in der Literatur, ständig befasst[2]. Die Hauptrolle spielt aber hier Thomas Manns „Spür- und Feinsinn für alles Seelische und Psychische"[3]. ‚Selbstwahrnehmung' ist ein Schlüsselbegriff für unseren Schriftsteller, der seit der frühesten Jugend gewohnt ist, sich selbst einer zähen Selbstanalyse, die natürlich noch keine ‚Seelenzergliederung' ist, auszusetzen. Dass das Lieblingsobjekt eines Narzissten seine eigene Person, sein Lebens- und Denkraum ist, braucht keine weitere Erklärung; interessant genug in diesem Zusammenhang ist die Tatsache, dass Mann sich selbst als Zeitgenossen betrachtet, dessen „Schicksal" eine „gewisse überpersönliche Bedeutung" (*Der Zauberberg*, 5,1, 53) zuzuschreiben sei; wobei seine Rolle offenbar einen sehr unterschiedlichen Wert als die Rolle Hans Castorps in seiner Umgebung bekommt. Die Idee

[1] Brief vom 14. Mai 1922, in: Sigmund Freud: Briefe 1873–1939, ausgew. und hrsg. von Ernst L. Freud, Frankfurt/Main: S. Fischer 1960, S. 339.

[2] Siehe z. B. Joachim Radkau: Neugier der Nerven. Thomas Mann als Interpret des „nervösen Zeitalter", in: TM Jb 9, 1996, S. 29–53.

[3] Jean Finck: Thomas Mann und die Psychoanalyse, Paris: Les Belles Lettres 1973, S. 29.

des Schriftstellers als Repräsentanten, der alle Stimmen in sich hat und für alle spricht, hat Thomas Manns Leben nicht nur beschäftigt, sondern sogar bestimmt[4]. Andererseits scheint dieser Komplex typisch für eine gewisse Haltung des Schriftstellers, der seine Biografie an bestimmten geistigen und kulturellen Erscheinungen und Komplexen orientieren will; somit wird sie auch als psychisches Biogramm lesbar. Die besondere Rolle der Essayistik bei Thomas Mann liegt gerade hier: in der Möglichkeit, die Selbstreflexion im Wechselspiel von ästhetischem und essayistischem Diskurs zur Geltung zu bringen und ihre Kontur schärfer festlegen zu können.[5]

Die Ergebnisse der Mann'schen Selbstanalyse werden in literarische Figuren eingebaut oder kristallisieren sich im essayistischen Werk als öffentliche, in der Intention ihrer Schöpfer von seinem Publikum brauchbare Beziehungspunkte; auf jeden Fall dienen sie dazu, einer ganzen Klasse und einer ganzen Epoche einen Spiegel vorzustellen, der zugleich eine Art Zusammenfassung der deutschen Kultur darstellt, – und in späteren Jahren dann ein noch mögliches heiles Vorbild gegen Hitlers Verwüstungen. Dieselben Ergebnisse stellen auch eine Fundgrube dar, aus der Materialien zur schriftstellerischen Arbeit gewonnen werden. Einleuchtend ist hier der Narzissmus-Bereich: Wenn Erzählungen wie *Der Bajazzo* (1897) und *Der Kleiderschrank* (1899) beispielhaft zeigen, wie der junge Autor, ohne noch davon gehört zu haben, extreme Formen dieses psychischen Phänomens fühlbar zu machen vermag,[6] ist der reifere Schriftsteller im ersten Abschnitt von *Felix Krull* (1910–1911), in der Novelle *Der Tod in Venedig* (1912) und in dem *Doktor Faustus* (1947) in der Lage, eine persönliche Narzissmus-Psychologie weiterzuentwickeln, die Freuds Entwurf „erheblich überschreitet"[7]. Bleiben wir aber im frühen Werk, in dem eine ganze Reihe von Psychopathen zu finden ist: Von Tobias Mindernickel bis zu Christian Buddenbrook, von dem kleinen Herrn Friedemann bis

[4] Siehe Thomas Sprecher: Märtyrertum und Repräsentanz. Zu Thomas Manns Resilienz im Exil, in: Thomas Mann und das „Herzasthma des Exils". (Über)-Lebensformen in der Fremde. Die Davoser Literaturtage 2008, hrsg. von Thomas Sprecher, Frankfurt/Main: Klostermann 2010 (= TMS XLI), S. 93–110, 95.

[5] Vgl. Rolf G. Renner: Literarästhetische, kulturkritische und autobiographische Essayistik, in: TM Hb, 629–677, 632.

[6] Vgl. Renate Böschenstein, Analyse als Kunst. Thomas Mann und Sigmund Freud im Kontext der Jahrhundertwende, in: Literatur und Krankheit im Fin-de-siècle (1890-1914). Thomas Mann im europäischen Kontext. Die Davoser Literaturtage 2000, hrsg. von Thomas Sprecher, Frankfurt/Main: Klostermann 2002 (= TMS XXVI), S. 73–94.

[7] Manfred Dierks: Der Wahn und die Träume in „Der Tod in Venedig". Thomas Manns folgenreiche Freud-Lektüre im Jahr 1911, in: Psyche, Jg. 44, Nr. 3, 1990, S. 240–268, hier S. 267. Siehe auch Hans Wysling: Narzissmus und illusionäre Existenzform. Zu den Bekenntnissen des Hochstaplers Felix Krull, Bern/München: Francke 1982 (= TMS V), S. 223–238.

zur Gräfin Löwenjoul entfaltet sich vor dem Leser eine Galerie von Figuren, die dem Reich der ‚anormalen Psychologie' angehören. Es finden sich Intuitionen, die die Freud'schen teilweise vorwegnehmen: der Einfluss der Psyche auf den Körper, das Unbewusste als Motor vieler menschlichen Aktionen, die Wiederkehr des Verdrängten, die Wichtigkeit der Kindheitserfahrungen im späteren Leben und vor allem die Macht des Eros.[8] In der psychoanalytischen Theorie wird dann der Schriftsteller einen rationalen und geordneten Rahmen für diese Intuitionen aufdecken; ein orthodoxer Freudianer wird er aber nie. (Frederick Beharriell macht eine beachtliche Bemerkung: „What, in fact, we do find in these stories is a gallery of neurotics, precisely the sort of people, incidentally, who made up Freud's early clientele."[9] Das gemeinsame Interesse des Schriftstellers und des Psychoanalytikers gilt einer bestimmten Kategorie von Menschen, die sich zwar durch ihre Neurose, aber vor allem durch ihre gesellschaftliche Zugehörigkeit charakterisiert. Die Bürgerlichkeit der meisten Figuren und Patienten ist aus dem Horizont von Mann und Freud nicht wegzudenken; sie stellt einen ‚natürlichen' Rahmen dar, und signalisiert eine unterschwellige Verwandtschaft zwischen den beiden, die früher existiert und sogar wichtiger scheint, als die Ähnlichkeiten, die in ihrem psychologischen Denken zu finden sind).

Aus Manns direkten Aussagen ist eine genaue Chronologie seiner Auseinandersetzung mit der psychoanalytischen Theorie nicht zu gewinnen; er bewegt sich zwischen den beiden, etwas widersprüchlichen Polen eines sehr frühen und direkten und eines eher indirekten und ‚atmosphärischen' Interesses. So schreibt er 1944 an Frederick J. Hoffman: „One could be influenced in this sphere without any direct contact with his [Freud's] work, because for a long time the air had been filled with the thoughts and results of the psychoanalytical school."[10] Dagegen ist in einem 1925 an die Turiner Zeitung *La Stampa* gegebenen Interview zu lesen:

> Mindestens eine meiner Arbeiten, die Novelle Tod in Venedig, ist unter dem unmittelbaren Einfluß Freuds entstanden. Ich hätte ohne Freud niemals daran gedacht, dieses erotische Motiv zu gestalten oder hätte es wenigstens ganz anders gestaltet.[11]

[8] Für konkrete Beispiele siehe Frederick J. Beharriell: Psychology in the early works of Thomas Mann, in: Publications of the Modern Language Association of America, vol. 77 (1962), S. 149–155.

[9] Ebd., S. 151.

[10] Brief vom 22. Januar 1944. Zit. aus Frederick John Hoffman: Freudianism and the literary mind, Westport: Greenwood Press 1977, S. 209.

[11] Zit. aus St. [Autorensigle], Thomas Mann und die Psychoanalyse, in: Internationale Zeitschrift für Psychoanalyse, Jg. 11, H. 2, (1925), S. 247.

Diese anscheinende Zwiespältigkeit soll nicht verwundern. Es gehört zu den Gewohnheiten des Schriftstellers, die Auseinandersetzungen mit den für seine Weltanschauung ‚problematischen' Autoren verdeckt zu führen. An manchen Stellen seiner Werke ist der Einfluss Freuds sogar wortwörtlich zu erkennen. Manfred Dierks hat zum Beispiel gezeigt, zu welchem Anteil die Novelle *Der Tod in Venedig* mit psychoanalytischer Problematik verwoben ist, was denn auch eine sorgfältige Lektüre der Arbeit *Der Wahn und die Träume in W. Jensens „Gradiva"* (1907) vermuten lässt.[12] Ähnliches gilt für den Roman *Der Zauberberg*: In Dr. Krokowskis Vortrag des Kapitels „Analyse" befinden sich viele Spuren einer Lektüre der *Drei Abhandlungen zur Sexualtheorie* (1905), die auch die Beschreibung von Castorps Träumen – wie es im Buche steht, übergenau nach Freuds Traumlehre – erklären könnte.[13] Auf den *Joseph*-Roman hat vor allem Freuds große kulturanalytische Schrift von 1911/12 *Totem und Tabu. Einige Übereinstimmungen im Seelenleben der Wilden und der Neurotiker* einen bedeutenden Einfluss gehabt. Hier wird der Ödipuskomplex auf eine geschichtliche Ebene transponiert; was jeder Mensch im Kopf macht, nämlich mit der Mutter schlafen und den Vater töten, hätten die Menschen der Urhorde *realiter* gemacht. Die Schuldgefühle dem gemordeten Vater gegenüber führten zuerst zur ‚Erfindung' des Totemtiers, das ihn symbolisiert, und dann zu seiner Überhöhung in der Figur des Vatergottes. Es ist eine aufsteigende Bewegung, von ‚unten' nach ‚oben', von dem unterweltlichen Gebiet der Mutter zu dem oberweltlichen Gebiet des Vaters. Joseph macht nichts anderes; er ist ein „Zwischenglied"[14] in dieser Entwicklung zur Vaterkultur, und deshalb darf er sich nicht auf mütterliches Gebiet verirren.

In diese Werke werden Konzepte eingebaut, die nicht nur gewisse Ähnlichkeiten mit psychoanalytischen Elementen zeigen (etwa wie bei der Erzählung *Der kleine Herr Friedemann*), sondern für eine produk-

[12] Vgl. Dierks (zit. Anm. 7).

[13] Vgl. Manfred Dierks: „Ein schöner Unsinn". Hans Castorps Träume im „Zauberberg", in: Dream Images in German, Austrian and Swiss Literature and Culture, ed. by Hanne Castein et al., München: Iudicium 2002, S. 112–127, 116. Luca Crescenzi glaubt dagegen an einen direkten Einfluss von Freuds *Traumdeutung* (1899). Siehe sein: Wer ist der Erzähler des „Zauberberg"? Und was weiss er eigentlich von Hans Castorp?, in: Thomas Mann. Freiburger literaturpsychologische Gespräche. Jahrbuch für Literatur und Psychoanalyse, Bd. 31, hrsg. von Ortrud Gutjahr, Würzburg: Königshausen & Neumann 2012, S. 167–182, 175.

[14] Manfred Dierks: „Mit der Mutter schläft jeder". Die Psychoanalyse im „Joseph", in: Lebenszauber und Todesmusik. Zum Spätwerk Thomas Manns. Die Davoser Literaturtage 2002, hrsg. von Thomas Sprecher, Frankfurt/Main: Klostermann 2004 (= TMS XXIX), S. 51–65, 62.

tive Aneignung Freud'scher Entdeckungen sprechen. Es geht wiederum um Begriffe aus der Trieblehre wie Verdrängung und Wiederkehr des Verdrängten, die ‚Zeitlosigkeit' des Unbewussten, einige Prinzipien der Traumarbeit wie Verschiebung, Verdichtung, Tagesreste und Phallus-Symbolik. Es handelt sich hier um „keine pure Begriffsassimilation oder Gedankenmontage"[15], wie sonst üblich bei Thomas Mann, sondern eher um die Verbindung der psychoanalytischen Theorie mit autonomen, früh entwickelten psychologischen Erklärungsmodellen für die eigene Verfassung; damit wird das Vorgedachte – das in vielen Hinsichten Manns Orientierungssternen Nietzsche und Schopenhauer schuldig ist – bekräftigt und artikuliert. Eine ernste und kohärente Auseinandersetzung des Schriftstellers mit dem Werk Freuds findet aber erst später statt, um 1925, und hat so gut wie keine Folgen: Die Ideenwelt des Schriftstellers wird nicht auf die Probe gestellt und nicht verändert; der Psychoanalyse bleibt die Rolle der legitimierenden Instanz – einer unter anderen – von Manns alten Denkvorbildern.[16]

Es verhält sich nicht anders in den beiden großen Reden, *Die Stellung Freuds in der modernen Geistesgeschichte* (1929) und *Freud und die Zukunft* (1936), die Thomas Mann dem Vater der Psychoanalyse widmet. In ihnen kommt eine Eigentümlichkeit der Essayistik Thomas Manns besonders deutlich zum Vorschein, und zwar seine Neigung, das jeweilige Thema zielorientiert zu verarbeiten. Das Ziel bleibt immer nur das eine: seinen eigenen Lebens-, Denk- und Kunstraum zu kommentieren, ihn auszuloten, zu erweitern und vor allem zu preisen. Das hat natürlich viel mit dem schon erwähnten Komplex von Narzissmus und Repräsentationswillen zu tun. Auffallend ist in beiden Reden ein gewisses Missverhältnis zwischen den Freud und seiner Lehre gewidmeten Teilen und den Abschnitten, die Manns eigentliche Interessen im Mittelpunkt haben. Diese Tatsache ist auch Sigmund Freud nicht entgangen, wie seine Rezeption des Essays von 1929 zeigt, die wir in einem Brief an Lou Andreas-Salomé finden:

[15] Dierks (zit. Anm. 7), S. 266.

[16] Siehe Manfred Dierks: Studien zu Mythos und Psychologie bei Thomas Mann. An seinem Nachlass orientierte Untersuchungen zum „Tod in Venedig", zum „Zauberberg" und zur „Joseph"-Tetralogie, Bern u.a.: Francke 1972, S. 138–144; Hans Wysling: Thomas Manns Rezeption der Psychoanalyse, in: Probleme der Moderne. Studien zur deutschen Literatur von Nietzsche bis Brecht, hrsg. von Benjamin Bennett u.a., Tübingen: Niemeyer 1983, S. 201–222; Manfred Dierks: Thomas Mann und die Tiefenpsychologie, in: TM Hb, 284–300; ders., Doktor Krokowski und die Seinen. Psychoanalyse und Parapsychologie in Thomas Manns „Zauberberg", in: Das „Zauberberg"-Symposium 1994 in Davos, hrsg. von Thomas Sprecher, Frankfurt/Main: Klostermann 1995 (= TMS XI), S. 173–195.

Der Aufsatz von Thomas Mann ist ja sehr ehrenvoll. Er machte mir den Eindruck, als ob er grade einen Aufsatz über die Romantik bereit hatte, als die Aufforderung kam, über mich zu schreiben, und so hat er diesen halben Aufsatz vorne und rückwärts mit Psychoanalyse fourniert, wie die Tischler sagen: die Masse ist aus anderem Holz. Immerhin, wenn Mann etwas sagt, hat es Hand und Fuss.[17]

Zu welchem Körper Hand und Fuß gehören, braucht keine weitere Erklärung. Offenkundig ist Thomas Manns Versuch, die Lehre Freuds in den Rahmen der bildungsbürgerlichen kulturellen Tradition zurückzuführen (als deren letzten Sprössling der Schriftsteller sich betrachtet), sie mit den Grundgedanken Nietzsches, Schopenhauers, Novalis' zu assoziieren. Dabei spielt eine gewisse und immer größere Rolle der Wille des Schriftstellers, diese Autoren dem Verdacht des Obskurantismus zu entziehen, sein Wunsch, ihre andere, ‚eigentliche' Seite ans Licht zu bringen – ihre ‚revolutionäre' Seite. Dieses Bestreben finden wir schon 1922 in der Rede *Von deutscher Republik*, wo Mann den etwas heiklen Versuch unternimmt, das deutsche Bürgertum für die ‚Demokratie' zu gewinnen, und zwar durch die unerhörte Koppelung Novalis-Walt Whitman. Man findet hier zum ersten Mal die „grundsätzliche Ambivalenz"[18] Thomas Manns, seinen Zwiespalt zwischen öffentlichen Urteilen, in denen er sich für Demokratie und Aufklärung ausspricht, und seinen intimen Neigungen zur Apolitie und zur Romantik. Ein großer Teil des Aufsatzes *Die Stellung Freuds in der modernen Geistesgeschichte* von 1929 ist in der Tat eine Verteidigung der Romantik; Mann will demonstrieren, dass diese weder „reaktionär" noch „geistfeindlich" ist (X, 265), sondern auf die Zukunft orientiert, und somit ‚revolutionär': „Das revolutionäre Prinzip, es ist der Wille zur Zukunft, die Novalis ‚die eigentlich bessere Welt' genannt hat." (X, 264f.) (Angemerkt sei, dass man Wörter wie ‚Revolution', ‚Demokratie', ‚Sozialismus', ‚Aufklärung', sogar ‚Psychoanalyse' in diesem Zusammenhang lieber in Anführungszeichen schreibt, weil sie im essayistischen Schreiben Thomas Manns einer gewissen Verdrehung unterzogen werden, einer semantischen Verschiebung; damit erwerben sie eine neue und eigentümliche, völlig im Sinne seiner Weltanschauung orientierte Bedeutung, die teilweise wenig mit der geläufigen zu tun hat und den Essays oftmals eine „gewisse gedanklich-begriffliche Unschärfe"[19] gibt).

[17] Brief vom 28. Juli 1929, in Freud (zit. Anm: 1), S. 386.

[18] Manfred Dierks: Thomas Mann und die „jüdische" Psychoanalyse. Über Freud, C. G. Jung, das „jüdische Unbewußte" und Manns Ambivalenz, in: Thomas Mann und das Judentum. Die Vorträge des Berliner Kolloquiums der Deutschen Thomas-Mann-Gesellschaft, hrsg. von Manfred Dierks und Ruprecht Wimmer, Frankfurt/Main: Klostermann 2004 (= TMS XXX), S. 97–126, 101.

[19] Hinrich Siefken: Der Essayist Thomas Mann, in: Thomas Mann, hrsg. von Heinz Ludwig

Die psychoanalytische Lehre mit ihrer deutlich vorkommenden aufklärerischen Seite wird in die Tradition der Romantik eingegliedert, um den intellektualistischen (,idealistischen') Aspekt dieser letzteren zu verteidigen. Manns Versuch, die Psychoanalyse in die von ihm behauptete Einheit Aufklärung-Romantik-Demokratie zu stellen, ist daher doch absichtlich und kein Zufall, wie Freud glaubt. Der wirkliche Fokus der Rede gilt nicht dem Gründer der Psychoanalyse oder seinen weltverändernden Errungenschaften; vielmehr sollte sie „zeitpädagogisch" wirken und als Mittel gegen die irrationalen Zeittendenzen dienen, die sich unter dem rückläufigen Sammelbegriff der ,Bachofen-Renaissance' fassen lassen und dem Schriftsteller große Sorgen bereiteten. Die öffentliche Aufgabe des Schriftstellers in den 20er und 30er Jahren besteht darin, die ,gute' Romantik in ein neues und zeitgemäßes, nicht nur konservatives Spannungsfeld zu ziehen, und sie damit den regressiven Tendenzen von den gegenwärtigen irrationalen Bewegungen zu entziehen. Zweifellos ist Mann mit ihren Argumentationen vertraut; als ,Unpolitischer' hat er sie sogar gefördert. Die Polemik gilt vor allem dem Philosophen Alfred Baeumler, der 1926 eine fast 300 Seiten lange Einleitung zu Johann Jakob Bachofens *Mythos von Orient und Occident* verfasst, deren Titel *Bachofen: der Mythologe der Romantik* lautet. Mann rezensiert das Werk schon im selben Jahr in einem Exkurs der *Pariser Rechenschaft*, der sein Interesse für das Werk nicht verhehlt: „Man kann nichts Interessanteres Lesen, die Arbeit ist tief und prächtig, und wer sich auf den Gegenstand versteht, ist bis in den Grund gefesselt". (Thomas Manns Kenntnisse des Werkes Bachofens sind in der Tat beträchtlich; der Philosoph spielt eine wesentliche Rolle für die mythologische und ideelle Grundierung der *Joseph*-Romane, in jenem weiten Feld von allem, was mit ,unten' zu tun hat)[20]. Aber kurz darauf schreibt Mann auch:

Aber ob es eine gute und lebensfreundliche, eine pädagogische Tat ist, den Deutschen von heute all diese Nachtschwärmerei, diesen ganzen Joseph-Görres-Komplex von Erde, Volk, Natur, Vergangenheit und Tod[21], einen revolutionären Obsku-

Arnold, 2. Aufl., München: Ed. Text+Kritik 1982 (Sonderband Thomas Mann), S. 132–147, 144.

[20] Ausführlich in Dierks (zit. Anm. 16), S. 169–206. Siehe auch Eckhard Heftrich: Potiphars Weib im Lichte von Wagner und Freud. Zu Mythos und Psychologie im Josephroman, in: TM Jb 4, 1991, 59–74; Helmut Koopmann: Vaterrecht und Mutterrecht. Thomas Manns Auseinandersetzungen mit Bachofen und Baeumler als Wegbereitern des Faschismus, in: Text&Kontext, Bd. 8, 2 (1980), S. 266–283.

[21] Die Stelle wird fast wortwörtlich auch in *Die Stellung Freuds* wieder genommen: „Es gibt innerhalb der Romantik eine historische Schule, die man nach dem hier geltende Wortsinn als reaktionär kennzeichnen mag. Man findet da jene fromme Nachtschwärmerei, jenen Joseph-Görres-Komplex von Erde, Volk, Natur, Vergangenheit und Tod [...]." (X, 266)

rantismus, derb charakterisiert, in den Leib zu reden, mit der stillen Insinuation, dies alles sei wieder an der Tagesordnung, wir ständen wieder an diesem Punkt, es handle sich nicht sowohl um Geschichte, als um Leben, Jugend und Zukunft – das ist die Frage, die beunruhigt. (15.1, 1159)

Kern der Polemik Manns ist vor allem die Festlegung eines Autorenkanons der Romantik. Nach Baeumlers Einleitung ist die Einheit der deutschen Romantik „nur eine optische Täuschung“:

Es gibt eine wahre und eine nur sogenannte. Novalis und Friedrich Schlegel sind Romantiker in Anführungsstrichen, achtzehntes Jahrhundert im Grunde, rational infiziert, verwerflich. Arndt, Görres, Grimm, endlich Bachofen sind die Wahren, denn nur sie sind zutiefst beherrscht und bestimmt von dem großen ‚Zurück‘, von der mütterlich-nächtigen Idee der Vergangenheit, während bei jenen diejenige der Zukunft auf männlich-allzumännliche Art vorwalte. (Ebd.)

Thomas Manns Meinung ist natürlich das genaue Gegenteil: Verwerflich sind die Adepten des „großen Zurück“, Novalis und Schlegel dagegen die Vertreter der ‚wahren‘ Romantik. Der Aufsatz *Die Stellung Freuds in der modernen Geistesgeschichte* führt diese Auseinandersetzung fort. In ihm beschreibt Thomas Mann die Weltanschauung der Autoren, die

entgegen dem Rationalismus, Intellektualismus, Klassizismus, mit einem Worte: dem Geistesglauben des achtzehnten und etwa auch noch des neunzehnten Jahrhunderts, die Nachtseite der Natur und der Seele als das eigentlich Lebensbestimmende und Lebensschaffende betonen, kultivieren, wissenschaftlich hervorkehren und den Primat alles Erdgöttlich-Vorgeistigen, des ‚Willens‘, der Leidenschaft, des Unbewußten oder, wie Nietzsche sagt, des ‚Gefühls‘ vor der ‚Vernunft‘ revolutionär vertreten. (X, 260f.)

Thomas Mann betont dann das Paradox: das Wort „revolutionär“ ist gewöhnlich an die Idee der Zukunft geknüpft, wobei hier

Botschaft und Aufruf durchaus entgegengesetzt lauten: im Sinne nämlich des großen Zurück ins Nächtige, Heilig-Ursprüngliche, Lebensträchtig-Vorbewußte, in den mythisch-historisch-romantischen Mutterschoß. Das ist das Wort der Reaktion. (X, 261)

Es folgt eine Liste von Darstellern der unterschiedlichen Gebiete „geistespolitischer Bemühung ums Menschliche“ – Arndt, Görres, Grimm; Carus, Schopenhauer; Zoega, Creuzer, Müller, Bachofen – deren „erkennende Sympathie [...] dem Chtonischen, der Nacht, dem Tode, dem Dämonischen, kurzum einer vorolympischen Ur- und Erdreligiosität zugewandt ist" (X, 261). Diese Linie setzt sich explizit fort bis zu zwei Vertretern der ‚konservativen Revolution', Ludwig Klages und Oswald Spengler, deren Nähe mit den Positionen des ehemaligen Unpolitischen inzwischen eher unbequem geworden ist. Alfred Baeumler, Befürworter „einer vermessenen und maßvergessenen Art von Messung" (X, 264) zwischen Bachofen und Nietzsche, wird hier nur indirekt zitiert; auch Adolf Hitler und seinen Ideologen Alfred Rosenberg, die Thomas Mann selbstverständlich nicht als Intellektuelle, sondern nur als Verführer der Jugend durch „greisenhafte Ideen" (X, 273) wahrnimmt, gilt nichts Anderes als eine dezidierte *damnatio memoriae*. Auch der Name Sigmund Freud findet Platz in dieser Liste, denn die Psychoanalyse will „vom Geist als lebensbestimmender Macht nicht eben viel wissen" (X, 275). Mann betont aber, wie sie sich aus der gegenwärtigen Bewegung heraushebt und sich durch ihren „ärztlichen Charakter, diese humanistisch-ethische Tendenz zur Wiederherstellung des Menschlichen aus jedweder Leidensverwirrung und -verzerrung" (X, 274), eine ganz besondere Stellung erobert. Der Antirationalismus Freuds

> bedeutet die Einsicht in die tatsächlich-machtmäßige Überlegenheit des Triebes über den Geist; er bedeutet nicht das bewunderungsvolle Auf-dem-Bauch-Liegen vor dieser Überlegenheit und die Verhöhnung des Geistes. [...] unverwechselbar ist sein ‚Interesse' für den Trieb nicht geistverleugnende und naturkonservative Liebedienerei vor diesem, sondern er dient dem in der Zukunft revolutionär erschauten Siege der Vernunft und des Geistes, er dient – das verpönte Wort werde nach seinem größten, von Wellenspielen der Zeit unabhängigsten hier eingesetzt – der Aufklärung. (X, 276 f.)

Thomas Mann bewundert in dem Psychologen den Alleingänger, der seinen Weg ohne die Hilfe der Philosophen und der Literaten, die viele seiner Errungenschaften schon intuitiv erreicht hatten, gegangen ist; Nietzsche und Schopenhauer werden als Vorläufer der Psychoanalyse betrachtet.[22] Thomas Mann findet hier eine Berechtigung, die Psychoanalyse in eine geistesgeschichtliche Tradition zu stellen, und damit die Romantik, Nietzsche und Schopenhauer zu aktualisieren und den antihumanistischen Bewegungen gegenüber sicherer bewahren zu können.

Dieser Versuch kehrt wieder im zentralen Teil der Rede *Freud und die Zukunft* (IX, 479 f.), in der immer wieder die gleichen Namen fallen: Nietzsche, Novalis und Schopenhauer. Die Rede, geschrieben anlässlich Freuds 80. Geburtstags, ist hochinteressant unter vielerlei Aspekten, nicht zuletzt einer auffälligen Verschiebung wegen: Die Geistesfeindlichkeit, von der

[22] Vgl. Renner (zit. Anm. 5), S. 632.

1929 die Rede war, hat inzwischen eine vollleibige Verkörperung im nationalsozialistischen Deutschland erlebt. In der Rede von 1936 spricht Thomas Mann aber kaum davon und wenn dann völlig indirekt. Es handelt sich um nichts mehr als eine vage Anspielung, als Freuds Nachdenken über das Es auf „unsere zeitgeschichtliche Erfahrung" bezogen wird:

Wir verstehen danach, wie antipathisch die analytische Tiefenpsychologie einem Ich sein muß, das, berauscht von einer Religiosität des Unbewußten, selbst in den Zustand unterweltlicher Dynamik geraten ist. Es ist nur allzu klar, daß und warum ein solches Ich von Analyse nichts wissen will und der Name Freud vor ihm nicht genannt werden darf. (IX, 485)

Es ist nur anzunehmen, dass dieses „Massen-Ich" das nationalistische Deutschland darstellt. Direkter und einschneidender war Manns Beschreibung der faschistischen Jugend im Jahr 1929: „Das niederschlagende Schauspiel ist uns nicht mehr ungewohnt, daß junge Körper greisenhafte Ideen tragen, sie in keckem Geschwindschritt, Jugendlieder auf den Lippen, den Arm zum römischen Gruß erhoben, dahertragen [...]" (X, 273); jedoch wurde dieser in Verwirrung geratenen Jugend etwas empfohlen, das höchstüberraschend wirkt, weil allzu naiv, sogar fehl am Platz, und zwar „die Beschäftigung mit einer Erscheinungsform moderner Lebensforschung [...] die wirksamer als jede andere jeden Versuch vereitelt, sie zur Verdunkelung des Revolutionsbegriffs zu mißbrauchen" (X, 274), – eben die Psychoanalyse. Als die Rede *Freud und die Zukunft* geschrieben wird, lebt Thomas Mann im schweizerischen Exil und übt seit drei Jahren sein von seinen Kindern und exilierten Kollegen so übel genommenes „Vorsichtsschweigen" (Tb, 6.9.1933)[23]; Sigmund Freud selbst schreibt 1935 in seinem Geburtstagsgruß an den Schriftsteller:

Im Namen von Ungezählten Ihrer Zeitgenossen darf ich unserer Zuversicht Ausdruck geben, Sie würden nie etwas tun oder sagen – die Worte eines Dichters sind ja Taten –, was feige und niedrig ist, Sie werden auch in Zeiten und Lagen, die das Urteil verwirren, selbst den rechten Weg gehen und ihn anderen weisen.[24]

In dem genauen Moment ist das mehr eine Hoffnung und eine Ermunterung als eine Feststellung; seit der Machtergreifung hat Thomas Mann

[23] Neben der Biographien Thomas Mann wie z.B. Klaus Harpprecht: Thomas Mann. Eine Biographie, Reinbek bei Hamburg: Rowohlt 1995 siehe u.a. auch: Angelika Abel: Thomas Mann im Exil. Zum zeitgeschichtlichen Hintergrund der Emigration, München: Fink 2003; Helmut Koopmann: Exil als geistige Lebensform. Verdeckte Spuren der Emigrationserfahrung bei Thomas Mann, in: Heinrich-Mann-Jahrbuch, Bd. 13 (1995), S. 79–99; Thomas Sprecher: Thomas Mann im Schweizer Exil 1933–1938, in: BlTMG 23, 1989–1990, 5–28.

[24] Brief vom 6. Juni 1935, in: Freud (zit. Anm. 1), S. 419.

gegen Hitler noch keine Taten sehen lassen und kaum Worte benutzt.[25] Selbst in der Festrede für Freud, die immerhin erst nach dem Korrodi-Briefwechsel geschrieben wurde, bleiben die Spuren einer Polemik gegen Hitler eher undurchsichtig und verklausuliert, als ob Nichts zwischen 1929 und 1936 passiert wäre.

Die wichtige Rolle von Manns Essayistik liegt gerade, wie schon gesagt, in der Selbstreflexion. *Freud und die Zukunft* ist mit Sicherheit einer der Essays, die dem Schriftsteller als „Selbstbesinnung, und Selbstbespiegelung“[26], als Klärung eigener Denkkomplexe dienen. Mehr als die Hälfte der Rede ist der Arbeit an dem *Joseph* gewidmet; hier, in der Rede sowie im Roman, entwickelt Thomas Mann eine Gedankenreihe, die eigentlich der Lehre Freuds ziemlich, oder sogar radikal fern ist; sie wird in den Hintergrund verschoben. Statt derer entsteht eine originelle Alternative zum psychoanalytischen Bild der menschlichen Natur.[27] Freuds Interesse für die Kindheit des Individuums und der Menschheit, also für die Vergangenheit, ist für Thomas Mann unbefriedigend; Freuds Errungenschaften sind zwar dem ‚großen Zurück‘ der Irrationalisten fremd, aber alles in allem bleibt seine Lehre zurückorientiert, während der Schriftsteller sich für die Zukunft entschieden hat.[28] Die *Joseph*-Romane wirken dabei wie eine klare Stellungnahme: Die mythische Wiederholung von Figuren und Ereignissen, die in Freud als Neurose und Wiederholungszwang betrachtet werden, wird in Mann fröhliche und spielerische Andacht, Verehrung der chtonischen Götter, des Unbewussten, der Vergangenheit. Diese Kräfte werden sogar in einem zukunftsorientierten Plan eingebettet. Der Sinn des Mythos wird dem Todestrieb entnommen, um ihn in eine Perspektive der Wandlung zu stellen. Die Ironie ist nicht dazu da, die Kultur und den Geist im Mutterschoß der Natur zu liquidieren, sondern um sie als Ziele des Menschen zu bewahren: Mythos, Ironie und Psychologie erwerben also eine aufklärerische, eine ‚revolutionäre‘ Aufgabe. Was in Freud pathologische Neurose ist, nämlich die väterliche Bin-

[25] Verdeckte Spuren einer Polemik gegen Hitler sind z. B. in der *Meerfahrt mit Don Quijote* (1934) zu finden; siehe z. B. Massimo Bonifazio: Thomas Mann, un Don Chisciotte senza casa. L'esilio fra impegno e reticenza, Roma: Artemide 2009.

[26] Siefken (zit. Anm. 19), S. 133; siehe auch den Beitrag von Thomas Sprecher in diesem Band.

[27] Vgl. Wolf-Daniel Hartwich: Religion and Culture: „Joseph and his brothers“, in: The Cambridge Companion to Thomas Mann, ed. by Ritchie Robertson, Cambridge: Cambridge University Press 2002, S. 151–167, 159.

[28] Für interessante Überlegungen über die Rolle der Vergangenheit und der Zukunft in der psychoanalytischen Theorie, siehe Wolfram Ette: Freiheit zum Ursprung. Mythos und Mythoskritik in Thomas Manns Josephs-Tetralogie, Würzburg: Königshausen und Neumann 2002, S. 170 ff.

dung, wird für Thomas Mann das „Vaterspiel“[29], die ernste und zugleich humoristische Nachahmung eines Musters aus der Vergangenheit. Ernst ist diese Nachahmung, indem sich in ihr die Treue des Menschen zu der Tradition ausdrückt; humoristisch, weil der Mensch in diesem In-Spuren-Gehen seiner Freiheit bewusst wird.[30] Das Vaterbild der Joseph-Romane, das am besten von Jaakob verkörpert wird, steht in eindeutigem Gegensatz zu dem Freuds. Während dieser die Vater-Sohn-Beziehung aus einer rein biologischen Sicht versteht, hält Mann sie hauptsächlich für einen Weg, durch den die kulturelle Tradition mitgeteilt werden kann. Im Roman ist Jaakob keine tyrannische Figur, sondern er zeigt Tugenden wie Zärtlichkeit, Barmherzigkeit und Einfühlungsbereitschaft. Somit gelingt es Thomas Mann, die Bedeutung für die Individuen und für die Gemeinschaft umzukehren, die die Psychoanalyse der Vaterfigur gibt; entgegen einer Lehre, die das ‚Unbehagen in der Kultur‘ als Wirkung der Verinnerlichung einer Vater-Norm betrachtet, wie in Freuds *Totem und Tabu* zu lesen ist, erkennt Mann in dem Vater eine positive Kraft, die zur Zivilisation wesentlich beiträgt. Statt einer durch Traumata und Strafen agierenden Gewalt stellt sich der Vater im Roman als eine recht heilsame Macht dar: Es ist z.B. das mentale Bild des Vaters, das Joseph hilft, sich den Liebesansprüchen der Mut-em-enet – und seiner eigenen sexuellen Erregung – zu entziehen (vgl. V, 1256), und zwar nicht als allmächtige Richterfigur, sondern als „merciful redeemer of his identity“.[31]

Auch Josephs Tätigkeit als Traumdeuter bezeugt Manns Intention, sich nicht an die psychoanalytische Orthodoxie zu halten. Die Traumtheorie, mit der Joseph ausgestattet ist, hat eine gewisse Verwandtschaft mit derjenigen Freuds: auch bei ihm gehören Traum und Deutung „zusammen“ (V, 1354), d.h. der wahre Deuter eines Traums kann nur der Träumer selbst sein, der als einziger seine Geschichte und die Umstände seines Lebens kennt. Darüber hinaus laufen die zwei Theorien aber auf unterschiedlichen Wegen. Die Träume vom Pharao und von seinen Amtsleuten, von denen im Roman die Rede ist, sind zwangsweise nach dem biblischen Untertext ‚prophetischer‘ Art; Josephs Deutung erklärt sie nicht als reine Erfüllungen verdrängter Wünsche des Individuums, wie sie nach Freud’schen

[29] Siehe Jutta Linder: „Vaterspiel“. Zu Thomas Manns Goethe-Nachfolge, Soveria Mannelli: Rubbettino 2009, S. 44.

[30] Leonardo Ceppa: I due Mosè di Freud e Thomas Mann, in: Belfagor, Jg. 41 (1986), S. 501–509, 506.

[31] Hartwich (zit. Anm. 27), S. 161; vgl. auch Jan Assman: Mythos und Psychologie in Thomas Manns Josephromanen, in: Thomas Mann. Freiburger literaturpsychologische Gespräche. Jahrbuch für Literatur und Psychoanalyse, Bd. 31, hrsg. von Ortrud Gutjahr, Würzburg: Königshausen & Neumann 2012, S. 213–230, 225f.

Traumdeutung sein sollten, sondern gliedert sie vielmehr in einen Zusammenhang ein, der sowohl persönliche als auch mythische Züge trägt. Jeder Traum wird durch die ‚mythischen' Charakteristika seines Träumers interpretiert; so entnimmt Joseph aus vielen Spuren in dem ersten Gespräch des Oberbäckers (vgl. V, 1344) seine unterweltliche Orientierung, die seine Rolle in der Verschwörung gegen den Pharao entlarvt und den darauffolgenden Traum richtig zu deuten erlaubt.

Mit dieser Romanfigur und seiner Traumtechnik kommt Thomas Mann in die Nähe eines anderen, ihm gegenwärtigen Traumdeuters, nämlich Carl Gustav Jung, der ein großes Interesse für den „mythisch-archaischen Urgrund der Seele"[32] zeigt und auch in Manns Rede von 1936 eine wichtige, wenn auch verdeckte Rolle spielt. Jungs komplizierte Beziehungen zu Sigmund Freud sind dem Schriftsteller gut bekannt, eine Tatsache, die seine direkte Erwähnung in der Rede noch erstaunlicher macht. Jungs Werk *Wandlungen und Symbole der Libido* im Jahr 1912 markiert die Trennung der zwei Psychologen; in diesem Werk weitet Jung den Libido-Begriff, der in Freud auf die individuelle Sexualität beschränkt ist, zu einem „umfassenden Konzept von kosmischer Energie"[33] aus so wie die Grenzen des individuellen Bewusstseins zugunsten eines zeitlosen kollektiven Unbewussten. Später wird die Frage delikater, als 1934 der Arier (einer der wenigen in der psychoanalytischen Bewegung) Jung, in seinem Amt als Präsident der Auslandssektion der Allgemeinen Ärztlichen Gesellschaft für Psychotherapie und Herausgeber ihres Zentralblattes, einen Aufsatz mit dem Titel Zur gegenwärtigen Lage der Psychotherapie[34] verfasst, der eine regelrechte Abrechnung mit der ‚jüdischen' Psychoanalyse darstellt. Die Kooperation mit dem Nazismus dauert bis zum Jahre 1940. Es ist höchst interessant und charakteristisch für Manns Haltung, dass er, bei aller Nähe zu Jungs Ideenwelt, einen entschiedenen Abstand zu dem Zürcher Psychologen hält in demselben Geist der Freud-Rede von 1929; die Aufklärung bleibt am Wichtigsten: „Der Zeitpunkt, wo man wahrhaft recht hatte, wenn man gegen die Vernunft und den Geist recht hatte, ist vorüber" (Tb, 16.3.1935), schreibt Mann in seinem Tagebuch in dem Kommentar über Jungs Aufsatz. Erstaunlich ist aber die Nähe zu der Ideenwelt des Psychologen, die in manchen Passagen von Manns Werk bemerkbar wird. Spuren in diese Richtung finden sich schon im *Zauberberg*. ‚Zeitlos' und ‚kollektiv' ist zum

[32] Joachim Schulze: Traumdeutung und Mythos. Über den Einfluß der Psychoanalyse auf Thomas Manns Josephroman, in: Poetica, Bd. 2, H. 4 (1968), S. 501–520.

[33] Dierks (zit. Anm. 18), S. 109.

[34] Carl Gustav Jung: Zur gegenwärtigen Lage der Psychotherapie, in: Zentralblatt für Psychotherapie und ihre Grenzgebiete, Bd. 7, H. 1 (1934), S. 1–16.

Beispiel die Erinnerung an das Mittelmeer, von dem im Kapitel „Schnee" die Rede ist, dieses ‚Wiedererkennen' der südlichen Landschaft, die Castorp eigentlich „nie gesehen" hat, „nichts dergleichen": er hat es „von je im Herzen getragen: Und dieses ‚Je' war weit, unendlich weit [...]" (5,1, 740). In seinem Traum stellt sich Castorp Fragen und gibt sich Antworten:

> ‚Woher hab ich den schönen Inselgolf und dann den Tempelbezirk, wohin die Augen des einen Angenehmen, der für sich stand, mich wiesen? Man träumt nicht nur aus eigener Seele, möcht ich sagen, man träumt anonym und gemeinsam, wenn auch auf eigene Art. Die große Seele, von der du nur ein Teilchen, träumt wohl mal durch dich, auf deine Art, von Dingen, die sie heimlich immer träumt, – von ihrer Jugend, ihrer Hoffnung, ihrem Glück und Frieden ... und ihrem Blutmahl'. (5,1, 746)

Diese „große Seele" hat gewissermaßen dieselben Merkmale, die auch dem kollektiven Unbewussten eigen sind. Thomas Mann und Carl Gustav Jung gehen über die Begriffe Schopenhauers hinaus, die als Gemeinfeld gelten können; anders als Freud bekennt Jung seine Schuld dem Philosophen gegenüber. Bei ihm wäre die Idee einer „großen Seele" schon Mystik, und deshalb uninteressant. Der Schriftsteller und der Psychologe entwickeln, jeder für sich, sehr ähnliche Standpunkte; man kann wahrscheinlich von einer Heterogenese dieser Standpunkte, von einer Wahlverwandtschaft der beiden unter dem Begriff ‚Romantik' sprechen. In dem schon zitierten Tagebucheintrag, gibt Thomas Mann Jung Recht, wenn er erklärt, „nur ‚seelenloser Rationalismus' übersehe die Tatsache, daß die Neurose auch etwas positives, ein kostbares Stück Seele sei, und daß der Kranke nicht zu lernen habe, wie man sie loswerde, sondern wie man sie trage" (ebd.). Die romantische Krankheitsauffassung, die die Neurose als ein wichtiges Erkenntnismittel betrachtet, ist seit jeher auch Thomas Mann eigen.

Jung spielt eine wichtige Rolle in der Rede von 1936. Obwohl er als ein „kluger, aber etwas undankbarer Sprößling" (IX, 488) der Lehre Freuds präsentiert wird, bleibt es immerhin eine bedenkenswerte Taktlosigkeit – sicherlich eine Verschiebung; inwiefern eine Fehlleistung? –, beim Zelebrieren des Meisters nicht nur das Sorgenkind zu erwähnen, sondern sogar seine Ideen zu benutzen und zu preisen. Auch die Gedankenreihe, die in der Rede (und in dem *Joseph*-Roman)[35] entwickelt wird, hat viel mehr mit einer Analyse Jungscher Prägung zu tun, als mit den Überlegungen Freuds. Im Mittelpunkt der Rede steht die Idee der „gelebten Vita", der Punkt „wo das psychologische Interesse ins *mythische* Interesse übergeht";

[35] Paul Bishop: Jung-Joseph. Thomas Mann's Reception of Jungian Thought in the "Joseph" Tetralogy, in: The Modern Language Review, Bd. 91 (1996), S. 138–158.

und das „mythische Interesse" sei der Psychoanalyse „eingeboren" (IX, 492f.). Darunter könnte man den Schritt verstehen, den auch Sigmund Freud in *Totem und Tabu* macht, und zwar den Übergang von der Individualpsychologie zur Kulturpsychologie. Das „In-Spuren-Gehen" im Sinne Manns braucht aber als Voraussetzung Muster und Vorbilder, die auch Archetypen genannt werden könnten und somit wieder zu Jung führen; so wie das typisierende Denken, das Manns Schreibweise sowohl in der Rede als auch im *Joseph* prägt.[36] In der Öffentlichkeit hat sich Thomas Mann jedoch kaum über Jung geäußert – dazu muss aber bemerkt werden, dass auch beide Freud-Reden auf Bestellung geschrieben wurden. Die ‚grundsätzliche Ambivalenz' Thomas Manns kommt hier wieder zum Vorschein. Dem öffentlichen Bestreben des Schriftstellers, für einen neuen und progressiven Humanismus zu kämpfen, steht seine intime Neigung zu romantischen und reaktionären Werten gegenüber.[37] Freud wird aus Voluntarismus als Kämpfer und Rationalist gefeiert; sein Rationalismus, obwohl möglicherweise ‚seelenlos', bleibt für den Schriftsteller zeitgemäß – d.h. im Dienst der Demokratie und der Zukunft. Das Herz liegt aber anderswo, darunter auch bei der von Schopenhauer geprägten Ideenwelt Jungs. Wiederum könnte hier von einer ‚verbotenen Liebe', wie bei der zu Richard Wagner, gesprochen werden.[38]

Hier kommt die letzte Verschiebung: Freud wird als Kämpfer, als Aufklärer gefeiert – nicht jedoch als Therapeut. Durch Manns Lektürespuren der Werke Freuds[39] bekommt man einen klaren Eindruck: An der Psychoanalyse als Heilmethode des Individuums, an ihrer Praxis als ‚verändernden' Therapie ist er nicht interessiert. Das hat wahrscheinlich auch mit Schopenhauers Lehre des ‚intelligiblen Charakters' zu tun, (d.h. des vorexistentiellen metaphysischen Entschlusses, so und nicht anders zu sein), nach der „unsere Substanz zu verändern [...] keine Bildungsmacht imstande" ist (XI, 109), wie Thomas Mann selbst in dem Essay über Schopenhauer schreibt. Die Psychoanalyse wirft zu viel des Lichtes über die Innerlichkeit des Menschen, um wirklich für einen Schriftsteller interessant zu sein. Das gilt sowohl für die Figuren als auch für den Schriftsteller selbst, der aus den dunklen, unbeleuchteten Tiefen seiner Innerlichkeit seine Stoffe hervorbringt. Freud und Settembrini, der im *Zauberberg* das Licht einschaltet

[36] Manfred Dierks: Typologisches Denken bei Thomas Mann – mit einem Blick auf C. G. Jung und Max Weber, in: TM Jb 9, 1996, 127–153.

[37] Für interessante Überlegungen über die Beziehungen zwischen Mann und Jung siehe auch Paul Bishop: „Literarische Beziehungen haben nie bestanden"? Thomas Mann und C. G. Jung, in: Oxford German Studies, Bd. 23 (1994), S. 124–172.

[38] Siehe den Beitrag von Hans Wißkirchen in diesem Band.

[39] Vgl. Dierks (zit. Anm. 16), S. 138ff.

und den dösenden Hans Castorp bei seinem „Regieren" stört (vgl. 5,1, 293), sind hier nah verwandt. Das drückt wohl Thomas Mann klar in dem schon zitierten Interview für *La Stampa* aus, wo er erklärt:

> Als Künstler muß ich allerdings gestehen, daß ich ganz und gar nicht befriedigt von den Freudschen Ideen bin, ich fühle mich vielmehr beunruhigt und verkleinert durch sie. Wird doch der Künstler von Freuds Ideen wie von einem Bündel X-Strahlen durchleuchtet, und das bis zur Verletzung des Geheimnisses seiner Schöpfertat.[40]

Freuds Determinismus kann sich mit Schopenhauer und Nietzsche nicht verständigen; die Rolle der Kunst und der Künstlerexistenz bei der Psychoanalyse bleibt weit unter Thomas Manns Wünschen und Anschauungen in Bezug auf Sonderstellung und Freiheit. Treffend für den Schriftsteller ist eine Bemerkung aus seinem Essay *Nietzsche's Philosophie im Lichte unserer Erfahrung*, die als erleuchtender Kommentar dieser letzten Verschiebung gelten kann:

> Jenes völlige Nicht-Wissen aber, oder die Dissimulation des Wissens, von dem Ursprung seiner [Nietzsches] Krankheit ist nur aus der Tatsache zu erklären, daß sie mit seinem Genie verschränkt und verbunden war, daß dieses sich mit ihr entfaltete, – und daß *alles* einem genialen Psychologen zum Objekt demaskierender Erkenntnis werden kann, nur nicht das eigene Genie. (IX, 681)

[40] Siehe Anm. 11.

Gianluca Miglino

Nietzsche nach dem Unpolitischen
Zu Manns Nietzsche-Rezeption in der Essayistik der Jahre 1914–1933

1. Die *Betrachtungen eines Unpolitischen* als Zäsur

Angesichts der umfangreichen Ergebnisse der Thomas-Mann-Forschung[1] und der von der imponierenden kommentierten Frankfurter Ausgabe angebotenen philologischen Materialien ist es heute möglich, die Entwicklung von Thomas Manns Nietzsche-Rezeption deutlich nachzuzeichnen. Die Auseinandersetzung mit dem Werk und der Figur Nietzsches begleitet Manns literarische Laufbahn von den dichterischen Anfängen bis hin zum Spätwerk. Die ersten intensiven Nietzsche-Lektüren der Jahre 1894–95 fallen zusammen mit Manns ersten Erzählungen, die tief von Nietzscheanischen Motiven beeinflusst sind.[2] Stark vereinfachend gesagt ist Nietzsches literarische Rezeption besonders produktiv vor allem vor dem Ersten Weltkrieg und während des Zweiten, und zwar einerseits von den ersten Erzählungen bis zum *Tod in Venedig* und anderseits zur Zeit der Arbeit am „Nietzsche-Roman" *Doktor Faustus*, in einer emblematischen Symmetrie, die um die zwei großen epochalen Zäsuren des zwanzigsten Jahrhunderts kreist.

Gilt das für Manns erzählerisches Werk im allgemeinen (mit der äußerst wichtigen Ausnahme vom *Zauberberg*), besonders schwerwiegend ist dann die Tatsache, dass Nietzsche erst nach dem Ausbruch des Ersten Weltkrieges zum kritisch-essayistischen Thema wird. Thomas Manns erste wichtige, wenn auch eher isolierte Notiz über Nietzsche geht auf das Jahr 1909 zurück und ist auf dem Hintergrund der geplanten und nie vollendeten Niederschrift des *Geist und Kunst*-Essays entstanden, dessen Themen

[1] Die Sekundärliteratur über Thomas Manns Nietzsche-Rezeption ist natürlich mehr als umfangreich. Für eine kommentierte Bibliographie bis 1997 siehe Christoph Schmidt: „Ehrfurcht und Erbarmen". Thomas Manns Nietzsche Rezeption 1914 bis 1947, Trier: Wissenschaftlicher Verlag 1997, S. 8–31, 309–313.

[2] Vgl. Herbert Lehnert: Thomas Mann – Fiktion, Mythos, Religion, Stuttgart/Berlin/Köln/Mainz: Kohlhammer 1965, S. 25–35. Über den Einfluss Nietzsches auf den jungen Thomas Mann siehe Harald Höbusch: Thomas Mann. Kunst, Kritik, Politik 1893–1913, Tübingen/Basel: Francke 2000.

Mann später unter anderem Vorzeichen im großen kritischen Arsenal der *Betrachtungen eines Unpolitischen* wieder aufgenommen hätte:

Wir um 70 Geboren[en] stehen Nietzsche zu nahe, wir nehmen zu unmittelbar an seiner Tragödie, seinem persönlichen Schicksal theil (– vielleicht dem furchtbarsten, am meisten Ehrfurcht gebietenden [geistige] Schicksal [, das es gegeben hat] der Geistesgeschichte) [,] Unser Nietzsche ist der Nietzsche militans. Der Nietzsche triumphans gehört den 15 Jahre nach uns geborenen. Wir haben von ihm die psychologische[n] [Radikalismus] Reizbarkeit, den lyrischen Kritizismus, das Erlebnis Wagners, das Erlebnis des Christentums, das Erlebnis der Modernität – Erlebnisse, von denen wir uns niemals vollkommen trennen werden, so wenig wie er sich selbst je vollkommen davon getrennt hat.[3]

In dieser kurzen aber wichtigen Notiz sind nicht nur fast alle Konstanten von Manns Beschäftigung mit Nietzsche angedeutet, sondern auch dessen für Mann nach Ausbruch des Krieges zentrale Bedeutung vorweggenommen. Zwei Punkte sind hier hervorzuheben: erstens handelt es sich bei Nietzsche um die Figur, in dessen Namen eine ganze Generation die eigene Zeit erlebt und interpretiert, um denjenigen, der die grundlegenden geschichtlich-kulturellen (eher als die philosophischen) Kategorien liefert zu einer Beurteilung des Verhältnisses von Kultur und Kunst einerseits und von Politik und Geschichte anderseits. Zweitens und damit einhergehend tritt das Vorhandensein von verschiedenen oder gar entgegengesetzten Nietzschebildern und -mythologien klar zutage,[4] die alle im Werk und Schicksal des Philosophen verankert sind und gleichberechtigt dastehen.

Der so in aller Stringenz vorweggenommene ‚Fall Nietzsche' wird aber erst einige Jahre nach dieser kurzen Notiz wirklich brisant. Bis 1914 ist Nietzsche nur einer (und nicht der wichtigste) unter den vielen Namen, die das dichte Netz von kulturellen Bezügen im essayistischen Schreiben Thomas Manns ausmachen. Wie viele andere zeitgenössische Schriftsteller und

[3] „Geist und Kunst". Thomas Manns Notizen zu einem „Literatur Essay" [1909], hrsg. von Hans Wysling, in: Paul Scherrer/Hans Wysling: Quellenkritische Studien zum Werk Thomas Manns (= TMS I), Bern/München: Francke Verlag 1967, S. 123–233, 208.

[4] Über die „Pluralität" der Nietzsche-Bilder bei Mann vgl. Terence James Reed: Thomas Mann. The Uses of Tradition, Oxford: Oxford University Press 1974. Das stilisierte Bild vom Schriftsteller als Denkmal der deutschen Kultur kritisierend, betont schon Reed, dass Manns Verhältnis zur Tradition von den „Forderungen der Zeit" bestimmt war (vgl. ebd., S. 1–3). Nach Reed ist für Mann Tradition immer Mittel zum Zweck, und das gilt selbstverständlich auch für Nietzsche, dessen Rezeption nicht mit seiner „echten" Lehre zu konfrontieren sei, sondern immer auf die verschiedenen Nietzsche-Bilder zurückzuführen sei, die Mann entworfen, analysiert und bewusst benutzt hat. Auch Kurzke betont, es sei bei Mann immer entscheidend, die bestimmte *Funktion* des Einflusses festzustellen (vgl. Hermann Kurzke: Thomas-Mann-Forschung 1969–1976. Ein kritischer Bericht, Frankfurt/Main: S. Fischer 1977, S. 92).

Intellektuelle erlebt auch Thomas Mann den Ausbruch des Weltkrieges als fatales Zeichen einer historischen Epochenwende.[5] Der Krieg bedeutet ihm in diesem Sinne den unvermeidlichen Einbruch der Geschichte in die „machtgeschützte Innerlichkeit" (IX, 418) seiner Künstlerexistenz, ist ein Ereignis, das Mann gewaltsam mit der Wirklichkeit des Politischen konfrontiert und sowohl eine politische Stellungnahme als auch eine Revision seines in Frage gestellten Künstlertums bewirkt. Wie die *Betrachtungen eines Unpolitischen* mit „ihrem unendlichen Zitieren und Anrufen starker Eideshelfer und ‚Autoritäten'" (13.1, 13) fast Seite für Seite beweisen, sucht Thomas Mann in dieser schwierigen Lage von persönlicher, politischer und künstlerischer Krisis Orientierung und Halt bei einer Reihe von geistigen „Erziehern" und Legitimationsfiguren, unter denen Nietzsche eine besondere Rolle spielt. Das epochale Weltereignis markiert so eine entscheidende Zäsur nicht nur in Manns Laufbahn als Schriftsteller mit der Geburt des Publizisten aus dem Geiste des Weltkrieges, sondern auch in seiner Nietzsche-Rezeption. Seit seiner ersten intensiven Auseinandersetzung mit dem Werk des Philosophen um 1894 hatte Mann Nietzsche vor allem als höchste Instanz in Sachen Wagner (das heißt: Künstler und Künstlertum) und als genialen Psychologen der décadence rezipiert. Im Laufe seiner eigenen vom geschichtlichen Augenblick erzwungenen Politisierung entdeckt Mann Nietzsche auch als politisches Vor- und Urbild. Nietzsches unzeitgemäße Opposition zur eigenen Zeit und seine prophetischen Äußerungen über den Beginn eines neuen Umbruchzeitalters werden Thomas Mann zum grundlegenden Orientierungsmodell für eine geistesgeschichtliche Deutung des Ersten Weltkrieges. Die in den *Betrachtungen* auf verschiedenen Ebenen wirkende Komplementarität zwischen radikaler Décadence-Analyse und kulturkritischer Betrachtung seiner eigenen Epoche darf als die Vorbedingung angesehen werden zu jener Verbindung zwischen bürgerlich-humanistischer Tradition und politischem Engagement, die das Hauptmotiv eines großen Teils von Manns essayistischem Werk der zwanziger Jahre darstellt. Wenn man auf Persistenz und Akzentverschiebungen von Manns Nietzsche-Rezeption fokussiert, kann es besonders deutlich werden, dass die tiefschneidende Zäsur in Manns politischer Entwicklung nicht so sehr mit der „Wende" der Republik-Rede von 1922 zu identifizieren sei, sondern eher mit den (wenn auch problematischen) Ergebnissen der *Betrachtungen*. Denn hier bemüht sich der Schriftsteller um einen aristokratischen Kulturbegriff, der noch nach seiner Hinwendung zur Demokratie einerseits seine

[5] Für eine Kontextualisierung der persönlichen und intellektuellen Lage Thomas Manns beim Ausbruch des Ersten Weltkrieges siehe u.a. Hermann Kurzke: Thomas Mann. Das Leben als Kunstwerk. Eine Biographie, München: Beck 2006, S. 237–254.

prompte Opposition gegen Faschismus und Bolschewismus als Zerstörung menschlicher Wertvorstellungen unterstützen wird,[6] andererseits seine Zugehörigkeit zur Tradition Goethe-Schopenhauer-Wagner-Nietzsche weiterhin sichern kann. In der Nietzsche-Rezeption seit den *Betrachtungen* manifestiert sich bei Mann das Erbe eines Konservativismus, das ihn auch während der Jahre seines politischen Engagements davor bewahrte, die humanistischen Werte der bürgerlichen Kultur zu fetischisieren, gerade weil solcher Konservativismus einer kritischen Intelligenz und einem künstlerischen Radikalismus entspringt, welche die äußersten Sublimierungsmöglichkeiten des Bürgers zum Künstler darstellen und damit auch die möglichen Voraussetzungen seiner Selbstüberwindung.

Wie schon angedeutet, bedeutet der Ausbruch des Krieges auch die entscheidende Zäsur in Manns Nietzsche-Rezeption. In den *Betrachtungen* nimmt Mann programmatisch der Zivilisation und der Politik gegenüber dieselbe Stellung ein wie der junge Nietzsche in der ersten *Unzeitgemäßen Betrachtung* gegenüber der Gründung des Reichs durch Bismarck. (Vgl. 13.1, 265)[7] Nietzsche wird somit das Urbild für die politische Stellungnahme des unpolitischen Künstlers, das Identifikationsmuster jenes „ironischen Konservativismus", der die Demokratie und den Fortschritt fördert „durch die Art, in der er ihn bekämpft" (13.1, 634), wie es am Ende der *Betrachtungen* lautet (in einem Passus, den Mann 1918 in einem völlig veränderten persönlichen und geschichtlichen Zusammenhang geschrieben hat gegenüber dem, in dem er mit der Arbeit am Buch anfing).

Dieser dialektische Zug bildet vielleicht den geheimen Mittelpunkt von Manns vielschichtiger Auseinandersetzung mit Nietzsche in den *Betrachtungen*. An vielen Stellen wird die Ambivalenz und die Widersprüchlichkeit von Nietzsches Einfluss auf die geistige Situation der Zeit ausdrücklich betont, was auch der Grund ist, weshalb Mann wiederholt vor der Gefahr einer politischen Instrumentalisierung Nietzsches warnt. Dass Mann die Politisierung Nietzsches für eine Verhunzung und eine Korruption seines

[6] Im späteren *Lebensabriß* (1930) äußert Mann selbst die Idee, dass gerade Nietzsche es war, der ihn hellsichtiger und empfindlicher gegenüber den reaktionären Tendenzen seiner Zeit machte: „Mein Nietzsche-Erlebnis bildete die Voraussetzung einer Periode konservativen Denkens, die ich zur Kriegszeit absolvierte; zuletzt aber hat es mich widerstandsfähig gemacht gegen alle übel-romantischen Reize, die von einer *inhumanen* Wertung des Verhältnisses von Leben und Geist ausgehen können und heute so vielfach ausgehen." (XI, 110)

[7] Wie im folgenden näher zu erörtern gilt, kann man mit Recht behaupten, dass Mann schon in den *Betrachtungen* – und nicht erst nach der republikanischen Wende von 1922 – im Zeichen einer politischen *Imitatio* Nietzsches steht. Zum Thema der politischen *Imitatio* Nietzsches siehe Hans Wißkirchen: Nietzsche–Imitatio. Zu Thomas Manns politischem Denken in der Weimarer Republik, in: TM Jb, 1, 1988, 46–62; Schmidt (zit. Anm. 1), S. 61–103.

Denkens und seiner Figur hält (und immer halten wird) hat damit zu tun, dass Nietzsche für ihn sämtliche Gegensätze der Kultur seiner Zeit vorwegnimmt und reflektiert und deswegen keineswegs parteiisch zu (miss) brauchen ist. Abgesehen von der Widersprüchlichkeit dieser Position (das ist gerade, was Mann in den *Betrachtungen* unter anderem mit Nietzsche anstellt), kann man eines der wichtigsten Leitmotive der Zeit- und Kulturdiagnose, die er durch direkte und indirekte Nietzsche-Zitate und -Bezüge[8] in den fast 600 Seiten seines Essays entwickelt, in der Idee zusammenfassen, dass nicht nur die Lehre Nietzsches sondern auch dessen Schicksal das Neue exemplarisch verkörpere. (Vgl. 13.1, 160) Für Mann stellt Nietzsches ethische Tragödie den Eintritt der deutschen Kultur in die Modernität dar, die Verwandlung des traditionellen Bürgers in den „Bourgeois mit seiner *asketischen* Idee der Berufspflicht" (13.1, 159). Am Schluss des Kapitels „Bürgerlichkeit" unterstreicht Mann seine eigene psychologische, geistige und historische Teilnahme an diesem Prozess, die poetische Intuition von Zusammenhängen, die erst nach der Veröffentlichung von Erzählungen wie *Tonio Kröger* oder *Der Tod in Venedig* eine bestimmte Form in philosophischen oder soziologischen Theorien annahmen, wie es bei Autoren wie Max Weber oder Sombart geschah. Und hier ist der entscheidende Punkt:

> Was ich aber als neu hinzufügen möchte, ist die Vermutung, welche einer Gewissheit gleichkommt, daß unsere Übereinstimmung über die psychologische Reihe ‚Kalvinismus, Bürgerlichkeit, Heldentum' durch ein höheres, das höchste geistige Mittel besteht: durch das Mittel *Nietzsche* [...] (13.1, 160).

Ohne das absolut neue und moderne Ereignis von Nietzsches Schicksal wären weder Sombart und Weber noch Mann je auf die Intuition eines Zusammenhangs von neukapitalistischem Bürgertum und protestantischer Ethik gekommen,[9] eine Intuition, die seiner literarischen Produktion „eine gewisse zeitkritische Modernität" und vor allem – und das macht Nietzsches wesentliche Rolle aus – die „plötzliche" Politisierung „dieser symbolischen Teilnahme" (13.1, 161 f.) verleiht.

[8] Zur Montagetechnik und zur Semiotik des Zitierens in den *Betrachtungen* siehe Hermann Kurzke: Nietzsche in den „Betrachtungen eines Unpolitischen", in: Wagner – Nietzsche – Thomas Mann. Festschrift für Eckhard Heftrich, hrsg. von Heinz Gockel, Michael Neumann und Ruprecht Wimmer, Frankfurt/Main: Klostermann 1993, S. 184–202.

[9] Hier wird die Opposition zwischen dem Nietzsche *militans* und *triumphans* in diejenige zwischen dem protestantischen Moralisten und dem Ästheten der Schönheit übersetzt. Die mythisierende Verklärung des „nordischen", protestantischen, faustischen und dürerischen Nietzsche, bestätigt und verstärkt durch Bertram, ist auf jeden Fall bei Mann schon seit 1904 zu dokumentieren (vgl. *Der französische Einfluß*, 14.1, 73–75) und muss daher als ein selbstständiges Element von Manns Nietzsche-Rezeption betrachtet werden.

Der innere Zusammenhang zwischen Krieg, Politisierung des unpolitischen Künstler und Nietzsche-Nachfolge ist hier programmatisch. Das Jahr 1914 bedeutet für Mann auch den Ausbruch eines anderen Krieges, desjenigen der Modernität gegen sich selbst. Im semantischen System der *Betrachtungen* ist einerseits die Zivilisation die äußerste Entwicklungsstufe der Modernität in ihrer „apollinischen" Form, anderseits ist aber auch derjenige konservative Militarismus, mit dem die ‚Feinde' den deutschen Geist identifizieren, nichts anderes als Modernität, „das gefährdete und höchst angespannte Dasein mit ‚schlechten Grenzen'" (13.1, 162), der politisch-geschichtliche endgültige Ausdruck vom Ethos des kapitalistischen Bürgertums.

In diesem Sinne ist Nietzsches Einfluß auf die deutsche Kultur buchstäblich ambivalent, wie die Formel vom „radikalen Antiradikalismus" Nietzsches verrät. Dieser Antiradikalismus identifiziert sich für Mann mit dem ethischen Prinzip Kants und mit der Idee des Lebens „jenseits der tiefsten Erkenntnis" (13.1, 91 f.), mit der Lebensidee Nietzsches, nach dem der erkennende Geist es ist, der dem Leben dienen soll, und nicht umgekehrt. (Vgl. 13.1, 208) Mann hat unter anderen durch Simmel gelernt, dass „seit Nietzsche ‚das Leben' zum Schlüsselbegriff aller modernen Weltanschauung" geworden sei, „dieser deutscheste, goethischste und im höchsten, religiösen Sinn konservative Begriff", den „Nietzsche mit neuem Gefühle durchdrungen" hat. (13.1, 92)[10]

In diesen ambivalenten und konzentrierten Stellen von Manns Argumentationen ist aber Nietzsche, und das ist der springende Punkt, auch der Prototyp des Zivilisationsliteraten. In Frontstellung gegen das Nietzsche-Bild des George-Kreises, dem auch sein Freund Bertram nahe stand, spricht der Schriftsteller deutlich von einer Verkennung Nietzsches „*als* Gesamterscheinung" (13.1, 94). Nietzsche kann nicht zum verhinderten Poeten mythisiert werden, der „hätte singen mögen, statt ‚bloß' zu reden" (ebd.), ohne ihn völlig zu verkennen und zu verkleinern, weil er, so Mann, auch „ein *Schriftsteller* von oberstem Weltrang", ein „Literat und Feuilletonist höchsten Stils, etwas sehr *Ententemäßiges*" sei (ebd.). In dieser klaren Distanzierung von Bertrams Nietzsche-Legende ist der Philosoph nicht der gescheiterte neue Hölderlin, der Vorläufer Georges, und auch nicht nur der geniale Psychologe der Décadence und die höchste Instanz in Sachen

[10] Diesem in den *Betrachtungen* überhaupt nicht selten vorkommenden Bezug zu Goethe widerspricht das gängige Deutungsschema von einer Konversion vom Dreigestirn Wagner–Schopenhauer–Nietzsche zu Goethes Humanitätsidee: „... die Idee des Lebens, – welche man [...] von Goethe empfangen mag, wenn man sie nicht von Nietzsche empfängt, und die bei diesem freilich in einem neuen, moderneren, farbigeren Lichte steht, – eine anti-radikale, anti-nihilistische, anti-literarische [...] Idee." (13.1, 93) Schon hier gibt es einen Nietzsche, der „Goethes Schüler" ist.

Kunst und Künstlertum, sondern *auch* „ein europäischer Intellektueller mit einem Wort“, dessen geistiger Einfluß auf den kulturellen und *„politischen Fortschritt“* Deutschlands (ebd.) nicht durch seine Poesie, sondern durch undeutsche oder sogar antideutsche Produktionen wie die *Genealogie der Moral* gekennzeichnet sei:

Es ist nicht zu bezweifeln: Nietzsche hat, unbeschadet der tiefen Deutschheit seines Geistes, durch seinen Europäismus zur kritizistischen Erziehung, zur Intellektualisierung, Psychologisierung, Literarisierung, Radikalisierung oder, um das politische Wort nicht zu scheuen, zur *Demokratisierung* Deutschlands stärker beigetragen, als irgend jemand. Ich stelle fest, daß unser gesamtes Zivilisationsliteratentum bei ihm schreiben gelernt hat, – worin ein Widerspruch liegt, der letzten Endes keiner ist [...]. Nietzsche's *Lehre* also war für Deutschland weniger neu und revolutionierend, sie war für die deutsche Entwicklung weniger wichtig [...] als *die Art, in der er lehrte.* Mindestens, allermindestens ebenso stark wie durch seinen ‚Militarismus‘ und sein Macht-Philosophem, hat er durch seine äußerst westliche Methode, als europäisierender Prosaist die deutsche Geistigkeit beeinflußt, und seine ‚fortschrittliche‘, zivilisatorische Wirkung besteht in einer ungeheueren Verstärkung, Ermutigung und Schärfung des Schriftstellertums, des literarischen Kritizismus und Radikalismus in Deutschland. (13.1, 95 f.)

Nietzsche ist nämlich *sowohl* der Erbe der deutsch-bürgerlichen Kultur der Goethezeit, *als auch* das Mittel, wodurch diese deutsche Kultur zu einer europäischen, modernen, demokratischen und politischen Dimension gelangt ist. Anders als alle Eideshelfer der *Betrachtungen* – Schopenhauer, Wagner und Goethe auf der einen Seite, die Zivilisationsliteraten auf der anderen –, ist Nietzsche die einzige und dominierende Figur, die programmatisch ambivalent ist. Sein Einfluss auf das prosaistisch-kritizistische Element in Deutschland ist unmissverständlich *„Fortschritt* im bedenklichsten, politischsten Sinne, im Sinne der ‚Vermenschlichung‘, – Fortschritt in westlich-demokratischer Richtung“ (13.1, 96), und seine epochale Bedeutung besteht wohl nicht nur in der Förderung einer konservativen Bildung. Dieser Nietzsche ist einerseits konservativ, ethisch-goethisch, anderseits der geistliche Katalysator jenes Zivilisationsprozesses, den die *Betrachtungen* in einem bewusst aussichtslosen Rückzugsgefecht bekämpfen. Brüderkrieg, Opposition zwischen Künstler und Literat, usw.: das ist schon alles in Nietzsche, die einzige Figur in den *Betrachtungen*, die alle möglichen zukünftigen Entwicklungen der deutschen Kultur synthetisch vorwegnimmt. (Vgl. 13.1, 378)

Geht man von diesem dialektischen Zusammenhang aus, wird dann die Art und Weise kaum verwundern, wie Mann im reichen Netz von Bezügen und Zitaten der *Betrachtungen* Nietzsche auch stilistisch benützt. Unter die direkt oder indirekt meistzitierten Werken Nietzsches sind diejenigen der sogenannten aufklärerischen Phase zu zählen, in der für Nietzsche nach dem Bruch mit Wagner auch eine neue Betrachtungsweise der Politik beginnt. In der aufklärerisch gesinnten Kritik des Freigeists von *Menschliches, Allzumenschliches* wird z.B. die Demokratie zu einer langweiligen aber nützlichen Schutzmaßnahme gegen einen möglichen Rückschlag Europas in einen mittelalterlichen Obskurantismus.[11] In Bezug auf Nietzsches Freigeisterei zitiert Mann den Aphorismus 633 aus *Menschliches, Allzumenschliches I,* um dadurch die fanatische Gebärde zu kritisieren, mit der der Zivilisationsliterat seine Meinungen und sein Pathos des Wahrheitsbesitzes zu behaupten versucht. (Vgl. 13.1, 544) Die echte Aufklärung bestehe nicht in der dogmatischen Kritik, die der mutmaßliche Progressist gegen das reaktionäre Deutschland richtet, sondern im Pathos der Wahrheits*suche*. Aus dieser Überlegung heraus reflektiert Mann über die innere Dialektik der Aufklärung, die er durch den Ausbruch des Krieges einer epochalen Umkehrung unterzogen sieht. Ausgehend vom Ideal der Gerechtigkeit in Fragen des Geistes interpretiert Mann die Radikalisierung des aktivistischen Literaten als das Zeichen einer nur scheinbar revolutionär-fortschrittlichen Tendenz, in der sich ein potentiell reaktionärer Rückschlag verberge, dessen Verkörperung der „gotische Mensch", der Mensch der „neuen Intoleranz", der „neuen Antihumanität des Geistes", des „Glaubens an den Glauben" sei (13.1, 540; 544; 560). Aber, und gerade darin besteht die Schlüsselfunktion Nietzsches in Manns Argumentation, auch dieser neue Fanatismus gehe von ihm aus. (Vgl. 13.1, 540f.)[12] Das „exzentrische Schauspiel seiner Spätzeit" (13.1, 541) bildet für Mann die Voraussetzung für die Erneuerung einer ästhetischen Möglichkeit, die im expressionistischen Aktivismus endlich zur Entfaltung kommt.

Wie sich auch in Bezug auf die Freud-Rede von 1929 zeigen wird, stellt Nietzsches Aphorismus mit dem Titel „Reaktion als Fortschritt"[13] einen Kardinalpunkt nicht nur in Manns Nietzsche-Rezeption dar, sondern auch in dessen Interpretation der geistespolitischen Voraussetzungen der Modernität. Die Ersetzung des Pathos der Wahrheitssuche (der Ironie)

[11] Siehe dazu das Buch von Henning Ottmann: Philosophie und Politik bei Nietzsche, 2. Aufl., Berlin/New York: de Gruyter 1999, S. 124–220.

[12] Mann erwähnt hier Nietzsches Brief an Paul Deussen vom 14. September 1888 und hebt dabei noch einmal auf den exzentrischen, fatalen Nietzsche der Zeit unmittelbar vor seinem geistigen Zusammenbruch ab.

[13] Vgl. Friedrich Nietzsche: Werke. Kritische Gesamtausgabe. Bd. IV/2: *Menschliches, Allzumenschliches I*, hrsg. von Giorgio Colli und Mazzino Montinari, Berlin/New York: de Gruyter 1967, S. 42–43. [Diese Ausgabe nachfolgend als KGW]

durch das des Wahrheitsbesitzes (des Glaubens) wird von Mann im Sinne Nietzsches als Erstarrung verstanden,[14] und zwar als Reduzierung jeder lebendigen Kulturschöpfung auf reine Konvention. Diese Erstarrung der Aufklärung in einem ideologisch leeren Fortschrittsoptimismus ist sowohl für Nietzsche als auch für Mann das Prinzip eines möglichen reaktionären Rückschlags, der um so gefährlich sein könne, als er sich als progressiv und revolutionär verkleide. (Vgl. 13.1, 426f.) Gerade deswegen vermöge seine eigene ironisch-konservative Gesinnung die Demokratie und den Fortschritt zu fördern, „durch die Art, in der er ihn bekämpft" (13.1, 634). Der einzige Ausweg vor dieser Gefahr der Erstarrung sei jene "Freiheit des Geistes", durch die das Wissen „seinen Stachel gegen sich selbst" kehren könne,[15] und zwar die Idee einer zweiten Aufklärung als ständiger vitalistischen Reaktion gegen das Starrwerden der ersten. Dieser dialektische Zug, den Mann durch eine tiefe und vielschichtige Auseinandersetzung mit Nietzsche entwickelt, ist vielleicht das produktivste Ergebnis der intellektuellen Anstrengung der *Betrachtungen*. Geht man der Persistenz dieser Denkfigur in Manns essayistischem Werk nach, wird es möglich, seine spätere politische Entwicklung nach einem nicht-ideologischen Interpretationsmuster zu beurteilen. Dementsprechend bedeutet die Phase nach den *Betrachtungen* nicht der Wechsel vom Feld der Kultur zu demjenigen der Zivilisation, sondern eher der Versuch einer Aufnahme der Zivilisation und der Politik in die Kultur.

Wie viele Stellen aus den *Betrachtungen* und aus Briefen dieser Jahre bezeugen, ist Mann sich völlig der rein experimentellen Natur seiner Gedanken bewusst, des Bedingtseins seiner Gedanken durch den Krieg und den Zusammenbruch der geistig-kulturellen Welt, in der er aufgewachsen ist.[16] Die von Nietzsche behauptete Notwendigkeit, auf dem Weg zur Wahrheitssuche ständig Verräter seiner eigenen Überzeugungen zu bleiben, wird bei Mann zur Möglichkeit, zwischen „Gedanken", die sich ändern können und müssen,[17] und „Sinn" (15.1, 514), dem er nur durch ste-

[14] Es handelt sich um die zentrale erkenntnistheoretische These des jungen Nietzsche, die in der grundlegenden kurzen Schrift *Ueber Wahrheit und Lüge im aussermoralischen Sinne* erörtert wird. Vgl. KGW III/2, 367–384.

[15] *Vom Nutzen und Nachteil der Historie für das Leben.* KGW III/1, 306.

[16] In dem bedeutenden Brief an Paul Amann vom 25. Februar 1916 gibt Mann offen zu, die Arbeit an den *Betrachtungen* sei ein Experiment, das ihn nur unter dem formal-ästhetischen Aspekt wirklich interessiere, und äußert die Hoffnung, bald „zu anderen, neuen, besseren und womöglich ganz gegenteiligen [Gedanken] zu gelangen." (22, 122f.) Und weiter: „Nun, meine Natur war, schon von Blutes wegen, immer mehr europäisch-intellektuell, als deutsch-poetisch; aber es giebt für mich vom individualistischen Freiheitsstandpunkte aus da einiges zu protestieren." (22, 123)

[17] Vgl. den Aphorismus 636 aus *Menschliches, Allzumenschliches I* (KGW IV/2, 374),

tigen Verrat an erstarrten Ideen, durch ständige Selbstüberwindung treu bleiben kann.

In dieser ersten Phase identifiziert Mann die Dimension des Politischen noch mit dem ethischen Prinzip des „Leben[s] jenseits der tiefsten Erkenntnis" und gelangt dabei zu einem *„zugleich ironischen und kategorischen* Begriff" (13.1, 208) der Politik. Diese Auffassung wirkt auch in der Zeit nach 1922 weiter, wo Mann noch immer zwischen politisch engagiertem Schriftsteller und unpolitischem und der Romantik verbundenem Künstler unterscheiden wird. Die ironische Polarspannung zwischen diesen beiden Extremen bleibt auch später eines der Leitmotive von seiner ununterbrochenen Auseinandersetzung mit dem Modell Nietzsche. Das stellvertretende Beispiel seiner Selbstüberwindung wird zur Grundkategorie des modernen Künstlertums und zur unabdingbaren Voraussetzung einer neuen Auffassung des Humanen.

2. Schwankungen und Angriffe

Dem Gefühl von totaler Identifikation mit der deutschen Sache, das der Krieg bei Mann auslöste, entspricht die Intensität und das Ausmaß der Erschütterung und Desillusionierung nach dessen Ende, so dass er die Niederlage auch als Demütigung seiner selbst und seiner eigenen geistigen und kulturellen Voraussetzungen erleben konnte.[18] Manns unmittelbar nach dem Ende des Krieges offensichtliche Nähe zum Neokonservativismus[19] hat in diesem Sinne mit den realen geschichtlichen Gegebenheiten der jungen Weimarer Republik wenig zu tun und das mag wohl auch daher rühren, daß er seine Syntheseidee, wie gesehen, gerade von der Auseinandersetzung mit Nietzsche herleitete. Die Idee, dass der Konservativismus nur Geist zu haben braucht, um revolutionärer zu werden als irgendwelche bloß positivistische-liberalistische Aufklärung, wird wiederholt in

den Mann ausführlich zitiert (vgl. 13.1, 542), und den oben erwähnten Brief an Amann vom 25. Februar 1916. Mann ist nie müde geworden, die Kohärenz zwischen dem Sinn der *Betrachtungen* und der Hinwendung zur Demokratie zu behaupten und zu verteidigen wie z.B. im Brief an Ida Boy-Ed vom 5. Dezember 1922. (22, 454–455)

[18] Siehe hierzu Jutta Linder: *„Memento vivere"*. Zu Thomas Manns Orientierung an Goethe, in: „Was war das Leben? Man wußte es nicht!" Thomas Mann und die Wissenschaften vom Menschen. Die Davoser Literaturtage 2006, hrsg. von Thomas Sprecher, Frankfurt/Main: Klostermann 2008 (= TMS XXXIX), S. 205–224. Siehe außerdem Philipp Gut: Thomas Manns Idee einer deutschen Kultur, Frankfurt/Main: Fischer 2008, S. 116–120.

[19] Siehe dazu u.a. Hermann Kurzke: Auf der Suche nach der verlorenen Irrationalität. Thomas Mann und der Konservatismus, Würzburg: Königshausen & Neumann 1980, S. 158–181.

den Schriften und in den Tagebüchern dieser Jahre variiert.[20] Unter den bedeutendsten Dokumenten dieser Übergangsphase ist sicherlich der kurze Aufsatz *Russische Anthologie* vom Februar 1921, in dem sich auch wichtige Elemente zur Entwicklung von Manns Nietzsche-Bild zwischen den *Betrachtungen* und der Rede *Von deutscher Republik* andeuten. Hier nimmt Mann eine Idee wieder auf, die sich schon an verschiedenen Stellen seiner Schriften aus der Zeit vor dem Kriege und in den *Betrachtungen* abgezeichnet hatte, und die in ständigem Bezug auf Nietzsche zu einem Leitmotiv der essayistischen Produktion dieser Jahre wird (um nicht von ihrer zentralen Rolle im *Zauberberg*-Roman zu sprechen):

> In der Tat sind es zwei Erlebnisse, welche den Sohn des neunzehnten Jahrhunderts, der bürgerlichen Epoche, zur neuen Zeit in Beziehung setzen, ihn vor Erstarrung und geistigem Sterben schützen und ihm Brücken in die Zukunft bauen, – nämlich das Erlebnis Nietzsche's und das des russischen Wesens. (15.1, 340)

Das Nietzsche und dem „russischen Wesen" gemeinsame Element ist hier ein neues religiöses Gefühl, eine Art Zukunftsreligion. Merežkovskijs Kritik am Christentum und diejenige Nietzsches ähneln sich, und insbesondere Nietzsche hat, so Mann, das Christentum und die „asketischen Ideale" auch mit den Mitteln der positivistischen Aufklärung bekämpft, auch wenn er es nicht um der positivistischen Aufklärung willen tat,

> sondern um einer neuen Religiosität, eines neuen ‚Sinnes der Erde' und um der Heiligung des Leibes willen, im Namen des ‚Dritten Reiches' […]. Seine Synthese ist die von Aufklärung und Glauben […], von Geist und Fleisch, ‚Gott' und ‚Welt'. Es ist, künstlerisch ausgedrückt, die von Sinnlichkeit und Kritizismus, politisch ausgedrückt, die von Konservatismus und Revolution. Denn Konservatismus braucht nur Geist zu haben, um revolutionärer zu sein als irgendwelche positivistisch-liberalistische Aufklärung, und Nietzsche selbst war von Anbeginn, schon in den ‚Unzeitgemäßen Betrachtungen', nichts anderes als konservative Revolution. (15.1, S. 341)

1921 besteht für Mann die Aufgabe der echten Aufklärung noch im Kampf fürs dritte Reich der humanistischen Synthese zwischen Geist und Fleisch, Konservatismus und Revolution. Seine Auseinandersetzung mit Nietzsche in den Jahren zwischen 1918 und 1933 kreist gerade um eine zunächst relativ zögerlich und dann immer sichere Akzentverschiebung hinsichtlich dieser Syntheseidee und der Aufgabe einer neuen Aufklärung. In immer entschiedenerer Weise ändert sich der Zielpunkt seines unpolitischen Kampfes vom aufklärerisch rückgewandten Zivilisationsliteratentum zur „romantischen

[20] Siehe z.B. Tb, 21.4.1919.

Barbarei" (15.1, 932) des Neukonservatismus, und das auch längst vor der Intensivierung seiner erneuerten Eideshelfer-Strategie.

Wie verwunderlich das auch klingen mag, die Figur Nietzsches wird dabei nur sporadisch und nie in radikaler Weise einer Revision unterzogen, so dass kritische Akzente und Distanzierungen eher selten vorkommen. Im Gegenteil, es sind die meisten Stellungnahmen Manns zu zeitgemäßen Fragen (sowohl die polemisch-negativen – wie diejenigen gegen Spengler und Baeumler – als auch die erzieherisch-exemplarischen) immer von wichtigen und positiven Bezugnahmen auf Nietzsche gekennzeichnet, der einerseits vor der konservativen, reaktionären und später faschistischen Instrumentalisierung in Schutz genommen wird, anderseits als Grundlage oder Bestätigungsinstanz weiter benützt wird.

Die Schwankungen der ersten verworrenen Jahre nach dem Ende des Krieges spiegeln sich auch in den unterschiedlichen Nietzsche-Projektionen wider.[21] Die ersten Akzentverschiebungen werden in der *Republik-Rede* spürbar. Manns Strategie – romantisches Blut in den abstrakten Geist der neugeborenen Republik einzuflößen, ohne das Gefühl zu haben, die Richtung seiner vorherigen Ideen geändert zu haben – geht von einer der Hauptthesen der *Betrachtungen* aus, und zwar von der Rückdatierung der Republik, die nicht 1918, sondern 1914 entstanden sei. Durch diese chronologische Verschiebung muss die Republik nicht mehr nur das bittere Ergebnis der Niederlage sein, sie kann vielmehr als Weiterentwicklung der deutschen Kulturtradition gesehen werden. Um zu beweisen, dass Romantik fast genau mit Modernität zusammenfällt, bezieht sich Mann hier nicht auf das Dreigestirn Schopenhauer–Wagner–Nietzsche, sondern auf drei neue Figuren: Novalis, Whitman und Hauptmann. Gerade in den Jahren, in denen Carl Schmitt die politische Romantik für falsch erklärte,[22]

[21] Vgl. z.B. *Das Problem der deutsch-französischen Beziehungen* (1922), wo Mann sich wesentlich noch im Rahmen des Kategoriensystems der *Betrachtungen* bewegt: „Und Deutschland? *Und Nietzsche*? ist er nicht nach-humanistisch, anti-humanistisch, soweit er nur irgend nach- und anti-bürgerlich ist, ein Namenlos Neues, durch das heilige Opfer-Schauspiel seines Lebens inauguriert? [...] Alles, was von Nietzsche herkommt – und es kommt alles von ihm her! –: das ganze Schauen, Trachten und Versuchen unserer besten Jugend; ihr Ringen um die Verwirklichung einer neuen Sittlichkeit, Religiosität, Gemeinschaft, verleiblichten Menschlichkeit; dies mystische Umgetriebenwerden etwa gewisser schweifender Bünde im Herzen des Landes, an psychische Erscheinungen des Mittelalters erinnernd, – was hat das alles noch zu schaffen mit Humanismus, [...] mit ‚Erforschung der Naturgesetze zum Nutzen der Gesellschaft', [...] mit humanitärer Demokratie [...] – kurz, mit der Ideologie des Rhetor-Bourgeois?" (15.1, 463 f.) „Humanismus" ist hier noch „Zivilisationsliteratentum" und noch nicht jene „Humanität", die aber parallel dazu in der Arbeit am *Zauberberg* sowie im Vortrag über Goethe und Tolstoi immer mehr in den Mittelpunkt der Synthese-Überlegungen Manns rückte.

[22] Vgl. Carl Schmitt: Politische Romantik, München: Duncker & Humblot 1919.

bestand Mann auf den utopisch-progressiven Elementen von Novalis' Lehre, dessen *Christenheit oder Europa* er für den Schatz jenes dritten Reiches religiöser Humanität hielt, das in der *Russischen Anthologie* noch mit der Idee einer konservativen Revolution identifiziert wurde. Diese Umdeutung bringt zunächst auch eine zwar nicht absolut neue, aber dann entschiedenere Akzentsetzung von Nietzsches Rolle mit sich:

> Das Wort ‚ästhetisch' aber [...] macht uns aufmerksam, daß hier der „Herrenmensch" des in einigen Punkten etwas fatalen Nietzsche in Rede steht, in Frage gestellt werden soll, – jenes Nietzsche, über den Novalis anachronistischerweise folgendes bemerkt: ‚Das Ideal der Sittlichkeit hat keinen gefährlicheren Nebenbuhler, als das Ideal der höchsten Stärke; des kräftigsten Lebens, das man auch das Ideal der ästhetischen Größe (im Grunde sehr richtig, der Meinung nach aber sehr falsch) benannt hat.' [...] Nietzsche's Lyrik des blonden Bestialismus ist im voraus überholt und abgetan durch die beiläufige Äußerung eines seiner deutschen Lehrer. (15.1, 541)[23]

Dass die kritische Hervorhebung von Nietzsches „fatalen" Punkten keineswegs eine Distanzierung bedeutet, sondern eher die Übersetzung seiner Figur ins neue Koordinatensystem wird erst klar, wenn man den zweiten der *Briefe aus Deutschland* vom Februar 1923 (nur vier Monate nach der Republik-Rede) in Erwägung zieht. Hier betont Mann ausdrücklich, dass Nietzsches „seherische und zielweisende Bedeutung für die Zukunft der Menschheit" (15.1, 656) nicht überschätzt werden kann. Wenn sein Name von der Propaganda der zivilisierten Länder instrumentalisiert werden konnte, sind seine Machtphilosopheme, seine berauschte Verherrlichung der ästhetischen Größe und des starken und schönen Lebens daran schuld, also immer noch die fatalen Punkte. Das Wesentliche aber ist für Mann:

> ... diese Lyrismen als eine Prophetie des militaristischen Industrialismus verstehen, heißt sie, heißt ihn nicht wohl verstehen. Weiß man denn nicht, daß er das ‚Reich' um seiner Philosophie- und Ideenlosigkeit willen, gehaßt und verflucht hat wie kein Zweiter? Daß er es war, der den Begriff des ‚Guten Europäertums' geprägt und gegen ein national verhärtetes Nichts-als-Deutschtum im Geiste höchster nationaler Überlieferung verfochten hat? Nietzsche steht dort, wo der Geist des

[23] Und weiter: „Erkenntnis, wie es scheint, braucht nicht unbedingt hamletischen Ekel am Erkannten und seine Vernichtung im Erkenntnisekel zu bedeuten, wie bei Nietzsche; sie kann bejahend sein." (15.1, 542) Dass es sich um eine erste Differenzierung zwischen dem „Besten" und dem „Fatalen" beim Philosophen handelt, die dann eine gewisse Rolle im Laufe von der Auseinandersetzung mit Nietzsche haben wird, wird in den letzten Seiten der Rede deutlicher, wo Mann in Bezug auf Whitman schreibt: „Goethe ist darin und das Beste, Zukünftigste, Erzieherischste, was in Nietzsche war, und die Tempelandacht des Novalis." (15.1, 553)

Griechentums eingeht in den hymnisch gewordenen Geist amerikanischer Demokratie, den Geist Walt Whitmans, der ausruft: ‚Zweifelt jemand, dass der Leib vollauf so viel gilt wie die Seele? [...]' Das ist das dritte Reich der religiösen Humanität, eine neue Idee des Menschen, die mehr ist als Idee, die Pathos und Liebe ist: eine wahrhaft *erzieherische* Liebe, welche ihren Trägern – und auch Nietzsche war ihr Träger! – die Gefolgschaft einer ganzen Weltjugend sichert. (15.1, 656)

Der Brief, der an die Leser einer amerikanischen Zeitschrift mit der bewussten Absicht gerichtet war, das propagandistische Bild einer militaristisch-konservativen deutschen Kultur zu korrigieren, zeigt, wie Mann im Lauf weniger Monate Nietzsche in seine neuen kulturell-politischen Kategorien integriert hatte. Und in diesem Zusammenhang muss man auch den ersten Fall im politisch-kulturellen Kampf um Nietzsche lesen, und zwar die Polemik gegen Spengler.[24] Die Auseinandersetzung mit Spenglers *Untergang des Abendlandes* ist ohne Zweifel eines der auffallendsten Beispiele von Manns Schwankungen in den Jahren nach dem Kriegsende. Zwischen Anfang 1919 und dem November 1922, als unmittelbar nach der *Republik-Rede* der erste der *Briefe aus Deutschland* erscheint, setzt sich Mann mit Spenglers Monumentalwerk in der persönlichen und epochalen Niederlage- und Demütigungsstimmung jener Jahre auseinander. Die Identifikation scheint zunächst total zu sein: Mann vergleicht das *Untergang*-Buch mit Schopenhauers *Welt*, definiert es als einen intellektualen Roman in einer Reihe mit den Büchern von Keyserling, Bertram und Gundolf, aber vor allem sieht er in Spenglers Morphologie der Weltgeschichte eine Bestätigung seiner in den *Betrachtungen* vertretenen Thesen. In den Tagebüchern sind die Phasen dieser Auseinandersetzung leicht zu verfolgen und es fällt sofort auf, dass die Beschäftigung mit Spenglers Theorie von Anbeginn an mit dem Namen Nietzsches einhergeht. (Vgl. Tb, 22.6.1919) Die anfängliche Begeisterung hält z.B. Mann nicht davon ab, Spenglers Perspektive als ein Beispiel von Décadence-Aufklärung in „widersprechendem Verhältnis" (Tb, 25.6.1919) zu Nietzsche zu definieren. Diese Mischung von Begeisterung und Vorbehalt hat wahrscheinlich damit zu tun, dass Mann am Anfang die Kategorien verwechselt: Kultur und Zivilisation sind für Spengler diachronisch aufeinanderfolgend, für Mann, wie bekannt, synchronisch gegeneinander wirkend.[25] In dieser ersten Identifikationsphase betont Mann den als Naturgesetz verkleideten historischen Determinismus, auf dem Spengler seine weltgeschichtliche Theorie baut. Das ist

[24] Zum Verhältnis Mann–Spengler siehe u.a. Barbara Beßlich: Faszination des Verfalls. Thomas Mann und Oswald Spengler, Berlin: Akademie-Verlag 2002.

[25] Vgl. hierzu Gut (zit. Anm. 18), S. 125–131.

aber gerade der Blickwinkel, aus dem heraus Mann im erwähnten *Brief aus Deutschland*[26] von 1922 Spengler scharf angreift. Was hier von Belang ist, ist dass dieser Angriff dreierlei Ziele hat: Nietzsche (und natürlich auch Goethe, der Inspirator von Spenglers morphologischen Theorien) in Schutz zu nehmen; den neuen Humanitätsbegriff des *Zauberberg*-Romans vor möglichen Zweideutigkeiten zu schützen; die Natur der konservativen Revolution als reine Reaktion zu brandmarken. In diesem Sinn ist die Rolle Nietzsches in Spenglers Kritik äußerst klar: Spenglers „Fatalismus, resümiert in dem Satze: ‚Wir müssen das Notwendige wollen oder nichts', ist weit entfernt, tragisch-heroischen Charakter zu tragen, den dionysischen, in welchem Nietzsche den Gegensatz von Pessimismus und Optimismus aufhob." (15,1, 568 f.)

Wie Mann schon in seinen Tagebüchern angedeutet hatte, wird das Werk Spenglers durch Nietzsche und unter ständigem Rekurs auf die Kategorien von Selbstüberwindung und Dialektik der Aufklärung aus dem Arsenal der *Betrachtungen* beurteilt. Auch bei Spengler spielt sich nämlich eine „Selbstüberwindung" (15.1, 574) ab, nur dass es sich bei ihm um eine fatalistische, grausame, kalte Selbstverneinung handelt, die nichts mit der Zukunft einer neuen Menschheit, einer neuen Synthese von Leben und Geist zu tun hat: „Er hat von Nietzsche schreiben gelernt, ihm die verhängnishaften Akzente abgeguckt; aber vom Wesen dieses wirklich strengen und liebenden Geistes, Inaugurators eines unsäglich Neuen, hat seine lieblose und falsche Strenge nicht einen Hauch verspürt." (15.1, 574) Spengler sei bloß und immer wieder Zivilisation, neunzehntes Jahrhundert, Rationalismus, Relativismus, Kult des Naturgesetzes und der Kausalität. Auch bei Spengler sei eine Dialektik der Aufklärung am Werk, die aber schon falsch und deklamiert anmutet, weil er selbst wider den Geist sei, doch nicht im Sinne der Kultur, sondern gerade im Sinne jener materialistischen Zivilisation, die in seinem eigenen weltgeschichtlichen Entwurf die Phase der Dekadenz darstellt.

Was jenseits der spezifischen Punkte von Manns Kritik an Spengler hier interessiert, ist, dass Mann in diesem kurzen Essay eine Art Grundmuster fixiert, das auch für weitere Polemiken grundlegend sein wird. Wie im Fall von der Kritik an Baeumler, ist der entscheidende Punkt wesentlich derselbe: nicht nur Nietzsche vor der reaktionär-faschistischen Vereinnahmung zu retten, sondern diese Unternehmung von innen her und mit Hilfe der in den *Betrachtungen* erarbeiteten Nietzsche-Kategorien durchzuführen.

[26] *Briefe aus Deutschland*, „Erster Brief", Nov. 1922 (15.1, 563–578). 1924 mit dem Titel *Über die Lehre Spenglers* (15.1, 735–744).

Zwischen Spenglers entschiedenem Verriss und der Polemik gegen Baeumler beendet Mann den *Zauberberg* und beginnt die Arbeit am großen Projekt der *Joseph*-Tetralogie. Im *Zauberberg* bietet Mann eine erste literarische Verwirklichung seiner Syntheseideen an, die, wie der einzige direkt Nietzsche gewidmete essayistische Beitrag dieser Jahre zeigt, der *Vorspruch zu einer musikalischen Nietzsche-Feier* von 1924 (15.1, 788–793), eng mit der Figur und der Philosophie des *Zarathustra*-Verfassers verbunden ist. Es ist hier weder der Fall noch der Ort, eine Analyse dieses grundlegenden Zusammenhangs vorzunehmen,[27] es genügt darauf hinzuweisen, dass die Schlusspassagen des *Vorspruchs* einerseits fast wörtliche Selbstzitate aus dem Roman sind, und anderseits den mehr oder weniger kryptischen Sinn eines der wichtigsten Kapitel des Romans, "Fülle des Wohllauts“ (5.1, 987–990),[28] erhellen.

Von diesem Zeitpunkt an werden Nietzsches „große, stellvertretende Selbstüberwindung“ (15.1, 792) sowie die Figur des „Evangelisten eines neuen Bundes von Erde und Mensch“ (ebd.) zu gängigen und konsolidierten Begriffen und Formulierungen, die Mann entschieden in seinem kulturell-politischen Kampf einsetzt.[29] Auf der anderen Seite können

[27] Zum Thema gibt es eine fast überflutende Sekundärliteratur. Hier sei nur auf die für das Thema Nietzsche-*Zauberberg* wichtigsten Beiträge hingewiesen: Eckhard Heftrich: Zauberbergmusik. Über Thomas Mann, Frankfurt/Main: Klostermann 1975, bes. S. 281–316; Joseph Erkme: Nietzsche im „Zauberberg“, Frankfurt/Main: Klostermann 1996; Hermann Kurzke: Selbstüberwindung. Thomas Manns Rede zu Nietzsches 80. Geburtstag und ihre Vorgeschichte, in: Thomas Mann. Neue Wege der Forschung, hrsg. von Heinrich Detering und Stephan Stachorski Darmstadt: Wissenschaftliche Buchgesellschaft 2008, S. 217–230; Helmut Koopmann: Oswald Spenglers „Der Untergang des Abendlandes“ in Thomas Manns „Der Zauberberg“, in: Thomas Mann und die Wissenschaften, hrsg. von Dietrich von Engelhardt und Hans Wißkirchen, Lübeck: Dräger 1999, S. 9–23.

[28] Dazu u. a. Hans Rudolf Vaget: Seelenzauber. Thomas Mann und die Musik, Frankfurt/Main: S. Fischer 2006, S. 48–77.

[29] Wie es, um nur ein Beispiel zu nennen, in *Die geistigen Tendenzen des heutigen Deutschlands* (1926) der Fall ist. Hier hebt Mann mit Nachdruck hervor, wie Deutschland die Kraft unterschätzt habe, die die „Tiefenmächte“ des „Irrationalen“ auch in Frankreich besaßen, wo sich in den Jahren vor dem Kriege ein starker nationalistischer „Rückschlag“ gegen Rationalismus und Intellektualismus manifestiert hat, „ein von Nietzsche nicht unbeeinflußter Rückschlag, der, paradoxer und tragischer Weise, die französische u[nd] die deutsche Jugend einander geistig ungemein nahe brachte, während er sie – bemerkt oder unbemerkt – politisch schärfer gegeneinander stellte.“ (15.1, 1080 f.) Nach wenigen Seiten fährt aber Mann das Schema von Nietzsches Wagner-Kritik ins Politische übersetzend so fort: „Man darf sich im Ausland diesen Prozeß der Rückeroberung der demokratischen Idee durch Deutschland nicht allzu leicht vorstellen. Es ist viel Abschied, viel Selbstüberwindung damit verbunden, – und ich will den Geist nennen, der [...] uns dennoch bei dieser Selbstüberwindung als Meister und sittliches Vorbild dienen kann: ich meine den europäischen Kritiker, dessen Name in Frankreich soviel Glanz besitzt, wie der Goethes und Heines, – Friedrich Nietzsche.“ (15.1, 1085) Hier kommt einerseits die ambivalente Doppelbedeutung Nietzsches, andererseits seine Funktion als Vorbild wieder klar zutage.

jetzt die problematischen Aspekte von Nietzsches Erbe relativiert werden, wie es im Essay *Deutschland und die Demokratie* geschieht (15.1, 938–948),[30] dessen Argumentation zu einer Analyse von Nietzsches Rolle im neuen geistes-politischen Zusammenhang führt. Eine These aus den *Betrachtungen* wiederaufnehmend, und zwar Kants Unterscheidung zwischen reiner und praktischer Vernunft, spricht Mann von „*Dienst am Leben*" als einem den neuen politischen Bedingungen gemäßen „*Dienst an der Demokratie, ohne die Europa des Todes ist*" (15.1, 947). In diesem Zusammenhang ist es nur eine „Oberflächenunwahrscheinlichkeit", dass der Geist Nietzsches die ideologische Grundlage einer deutschen Demokratie bilden könne:

> Ist er es nicht, der die Demokratie zur Vorbedingung erklärt hat eines neuen Adels [...], und ist er nicht der nachchristliche und neuantikische Sänger einer neuen Heiligung der Erde und des Menschen, der Prophet eines neuen Bundes von Erde und Mensch? [...] Nietzsche, der Ueberwinder Wagners, der Ueberwinder der Romantik, ist zugleich Begründer einer romantischen Renaissance, die eine Neuerfüllung unseres Bildes der Antike mit geheimnis- und blutvollem Leben bedeutet. *Demokratie aber ist nur der moderne politische Name für den älteren, klassizistischen Begriff der Humanität* [...] Der Prophetie Nietzsches verdanken wir einen erfrischten, religiös vertieften Blick auf diese Synthese. (15.1, 948)

Und noch im wichtigen Fragment *[Von europäischer Humanität]* von 1927 kritisiert Mann die falsche und engstirnige Alternative zwischen rationalistisch-bürgerlichen Liberalismus und dem sich selbst als „dem Neuen" und „dem Leben" feiernden „Hakenkreuz froher Entmenschung":

> Mir ist zumute, als ob eine solche Beschränktheit im Lande Goethe's und Nietzsche's beschämend sei. Denn was namentlich diesen Letzteren, einen Seher wahrer menschlicher ‚Neuigkeiten' betrifft, so gilt es, das Pathos großer europäischer Humanität, das seines Wesens Kern bildet, klar herauszuarbeiten und gegen wüste Mißverständnisse zu verteidigen – Nietzsche's echten Humanismus, gegen welchen alle romantische Exzentrizität seines Denkens und Befürwortens, die ‚blonde Bestie', die Verherrlichung der Macht und dergleichen mehr, heute durchaus fade anmutet. Ja, fade und peinlich, als Künstler-Labilität, wirkt alles bei Nietzsche, worauf der europäische Anti-Idealismus à la mode sich berufen zu dürfen scheint, und was übrig bleibt, ist die liebende und erzieherische Vision eines Menschentums, dessen tragische ratio und wissende Schönheit weit jenseits heutiger Wahlfälle und kurzatmiger Rückschläge des Tages steht... (XII, 638)

[30] Erstmals in französischer Übersetzung, in der Originalfassung am 15. März 1925 veröffentlicht.

In diesem Kontext ist auch der berühmte Angriff an Baeumler zu lesen,[31] in dem Nietzsche nochmals die wichtigste Rolle sowohl als Vorbild als auch als Schlachtfeld spielt. Die Polemik findet ihren Platz in der *Pariser Rechenschaft*, den ausführlichen Aufzeichnungen der Pariser Reise, die Mann als Kulturbotschafter 1926 unternahm. (Vgl. 15.1, 1115–1214) Im Rahmen der geistespolitischen Verständigung mit Frankreich markiert Mann „die Gefahr der Vermengung und Verwechslung von Nachdemokratisch-Revolutionärem mit massiver Reaktion" (15.1, 1159), ein zentrales Thema, das er in der Freud-Rede von 1929 wiederaufnehmen und entscheidend vertiefen wird. Alles dreht sich um die Rolle der romantischen Revolution und deren Deutung und Bedeutung, die voll „von aktueller Tendenz" sei.[32] In seiner umfangreichen und von Mann wissenschaftlich geschätzten Einleitung zur Auswahl von Bachofens Schriften *Der Mythus von Orient und Occident*, unterscheide Baeumler, so Mann, zwischen einer wahren und einer nur sogenannten Romantik. Novalis und Friedrich Schlegel seien noch siebzehntes Jahrhundert, „rational infiziert", also verwerflich. Die Linie Arndt, Görres, Grimm und Bachofen sei hingegen die wahre Romantik, weil sie bestimmt sei durch die mütterlich-nächtige Idee des „großen ‚Zurück'", die in gradem Gegensatz zur „männlich-allzumännlich" zukunftorientierten Idee der Jenaer Romantik stehe.

[31] Wie die Forschung schon längst herausgestellt hat, steht im Zentrum dieser Auseinandersetzung das Problem der „Wiederentdeckung" und der „Humanisierung" des Mythos und die Funktion von Bachofens Schriften für die Arbeit an der *Joseph*-Tetralogie. Vgl. dazu Manfred Dierks: Studien zu Mythos und Psychologie bei Thomas Mann. An seinem Nachlaß orientierte Untersuchungen zum „Tod in Venedig", zum „Zauberberg" und zur „Josephs-Tetralogie", Bern/München: Francke 1972; Hermann Kurzke: Thomas Mann. Epoche – Werk – Wirkung, München: Beck 1997, S. 248–249. Auch Kurzke behauptet, Manns Kritik der reaktionären „Remythisierung" der zwanziger Jahre werde durch Nietzsche-Argumente geführt, insbesondere durch das Schema von Nietzsches Wagner-Kritik: „Die tiefere Ebene, der eigentliche Schauplatz der Auseinandersetzung ist auch hier Nietzsche." (Ebd., S. 249) Für eine umfassende Dokumentation über die Mann-Baeumler Auseinandersetzung siehe Marianne Baeumler/Hubert Brunträger/Hermann Kurzke: Thomas Mann und Alfred Baeumler: eine Dokumentation, Würzburg: Königshausen & Neumann 1989. Weiteres in Hubert Brunträger: Der Ironiker und der Ideologe: die Beziehungen zwischen Thomas Mann und Alfred Baeumler, Würzburg: Königshausen und Neumann 1993; Elisabeth Galvan: Zur Bachofen-Rezeption in Thomas Manns „Joseph"-Roman, Frankfurt/Main: Klostermann 1996 (= TMS XII).

[32] In einem mit dem Themenkreis des *Zauberbergs* sehr eng verbundenen Essay von 1924, *Zum 60. Geburtstag Ricarda Huchs*, hatte Mann endgültig den für ihn entscheidenden Charakter der deutschen Romantik festgelegt, der vollkommen modern und intellektualistisch sei, besonders bei Novalis und F. Schlegel, die den Begriff der Kunst nie anders verstanden hätten „denn als Gegensatz des Instinktiven, Natürlichen, Unbewußten" (15.1, 772).

Da man aber, seit der Schilderhebung Bachofens, vom Mythus nichts versteht, da man von nichts etwas versteht, wenn man im Gynaikokratisch-Mutterrechtlichen nicht zu Hause ist, so ist die Romantik von Jena, eben als deutsche Romantik, erledigt und abgetan, und mit ihr ist es Nietzsche, um dessen ‚Mythus' es in der Tat geschehen ist in dem Augenblick, wo unser Autor sich anschickt, ‚Nietzsche an Bachofen zu messen'. (15.1, 1159f.)

Eine für Mann „vermessene und maßvergessene Messung", abgesehen von der Bewunderung für den Gelehrtengeist Bachofens, dessen Gestalt aber nicht zu vergleichen sei mit der „eines Helden und Überwinders [...], dessen eigenes hinreißendes Künstlerleben ein seelen- und zukunftsprägender Mythus war" (15.1, 1160), nämlich mit Nietzsche. Laut Baeumler kenne Nietzsche jedoch das heilige Dunkel der Vorzeit nicht und daher sei seine Auffassung des tragischen Mythus sokratisch, d.h. eine durch eine bloß psychologische Erkenntnismethode zusammengestellte Mischung aus logischen und mystischen Elementen:

In Nietzsche's Begriff des tragischen Mythus offenbart sich seine ‚totale Unfähigkeit, den Mythus zu verstehen, historisch ausgedrückt: seine gänzliche Zusammenhanglosigkeit mit der *wirklichen* Romantik' [...] Diese *Unberührtheit* Nietzsches durch die stärkste geistige Bewegung des beginnenden 19. Jahrhunderts ist eine der auffallendsten *und folgenreichsten* Erscheinungen der deutschen Geistesgeschichte' (15.1, 1160f.),

zitiert Mann sarkastisch aus der Bachofen-Einleitung Baeumlers Urteil politisch ergänzend: „Folgenreich aber auch, insofern Nietzsche die mehr oder weniger latente Vaterländerei einer gewissen Romantik als einen *Sumpf* empfunden hat – dies Wort kaum als Schimpfwort, sondern als sachliche Kennzeichnung genommen." (15.1, 1161) Da die politische Kehrseite der kulturellen Auseinandersetzung offenbar geworden ist, kann Mann konsequenterweise das Zweigestirn Nietzsche-Goethe einführen: „Nietzsche's hohes und bildendes Deutschtum wußte, wie dasjenige Goethe's, andere Wege des Ausdrucks als den des großen Zurück in den mystisch-historisch-romantischen Mutterschoß." (Ebd.)

Damit ist das Problem der Revolution deutlich angesprochen, und zwar das Phänomen der Verwirrung und der Doppelgesichtigkeit der Kategorien, wonach das „Abgestorbenste" als anziehende „Lebensneuigkeit" sich vermummen kann, den bekannten Deutungsmustern von Nietzsches Wagner-Kritik und von der Dialektik der Aufklärung folgend. Das musterhafte (auch weil wissenschaftlich wertvolle) Beispiel von Baeumlers Bachofen-Deutung, von Mann als Gelehrtenfiktion gebrandmarkt, hat nicht mit der Romantik-Debatte zu tun, sondern mit der Travestie der Reaktion, die das neunzehnte Jahrhundert als eine Epoche von seichtem und sattem Rationalismus missdeutet, um die Anknüpfung an die wahre Romantik als revolutionär zu legitimieren unter tendenziöser Ausblendung der zweiten Romantik der dekadenten Kunst Wagners und deren Überwindung durch Nietzsche:

Nicht an Bachofen und seine Grabessymbolik knüpft das wahrhaft Neue an, das jetzt werden will, sondern an das heroisch bewunderungswürdigste Ereignis und Schauspiel der deutschen Geistesgeschichte, an die Selbstüberwindung der Romantik in Nietzsche und durch ihn; und nichts ist gewisser, als daß in die Humanität von morgen, die nicht nur ein Jenseits der Demokratie, sondern auch ein Jenseits des Faschismus wird sein müssen, Elemente eines Neu-Idealismus eingehen werden, stark genug, um dem Ingrediens romantischer Nationalität die Waage zu halten. (15.1, 1162)

Wie es sich hier zeigt, will und kann Mann während der zunehmend verhunzenden Verherrlichung des Mythischen durch die reaktionäre Intelligenz das Terrain nicht einfach preisgeben. Das erklärt auch die Antizipation des vehementen Angriffs gegen Baeumler, der 1926 zu einer Art Sündenbock wird (die Geschichte hat aber nachträglich Mann völlig Recht gegeben), genauso wie Spengler drei Jahre vorher. Zu diesem Zeitpunkt gilt es Mann vor allem, diesen für ihn zu wichtigen Zusammenhang umzubesetzen, und zwar just durch eine Synthese des alten Gegensatzes von Psychologie und Mythos. Konkret bedeutet dieses „Spiel der Psychologie auf dem Mythus" (IX, 500) eine Allianz mit der Psychoanalyse gegen die „Propheten des Unbewußten", die drei Jahre nach der *Pariser Rechenschaft* in der Freud-Rede ihren Ausdruck finden wird.

3. Die neuen Eideshelfer: Freud, Goethe, der Sozialismus

Wie die Forschung schon mehrmals herausgestellt hat,[33] ist die Rede über *Die Stellung Freuds in der modernen Geistesgeschichte* (1929) einer der direkteren Eingriffe Manns in die politisch-kulturelle Situation seiner Zeit. Was sofort jedem Leser auffällt, sind die Proportionen des Argumentationsverfahrens: von den ungefähr 25 Seiten sind nur die letzten sechs direkt Freud und der Psychoanalyse gewidmet. In den ersten zwanzig konzentriert sich Mann vor allem auf das Problem der „*Stellung*" Freuds

[33] Vgl. Jean Finck: Thomas Mann und die Psychoanalyse, Paris: Les Belles Lettres 1973; Manfred Dierks: Thomas Mann und die Tiefenpsychologie, in: Thomas Mann und die Wissenschaften (zit. Anm. 27), S. 141–159; Kurzke (zit. Anm. 31), S. 218–221.

in der aktuellen geistespolitischen Aktualität mehr noch als in der modernen Geistesgeschichte. Wenn auch diese Verfahrensweise typisch für viele Reden Manns aus dieser Zeit ist, so ist aber Nietzsches Funktion in Manns Gedankengang und im rhetorischen Aufbau der Rede besonders relevant. Es wird wohl nicht übertrieben klingen, wenn man behauptet, nach den *Betrachtungen* sei dies der Ort, wo Nietzsche nicht nur eine vor dem reaktionär-faschistischen Missbrauch zu schützende Figur ist, sondern dass er wieder einmal zum grundlegenden geistesgeschichtlichen Bezugspunkt wird, zum Vergrößerungsglas, durch das die politisch-kulturelle Lage der Zeit lesbar wird.

Die Rede setzt ein mit einem langen Zitat aus einem *Morgenröthe*-Aphorismus[34], das eines der großen Themen der *Betrachtungen* behandelt, die Dialektik der Aufklärung:

> In einem entscheidenden Aphorismus, den er ‚Die Feindschaft der Deutschen gegen die Aufklärung' überschreibt, erörtert Nietzsche den Beitrag, den die Deutschen, ihre Philosophen, Historiker und Naturforscher in der ersten Hälfte des neunzehnten Jahrhunderts mit ihrer geistigen Arbeit der allgemeinen Kultur gebracht haben, und weist darauf hin, daß der ganze große Hang dieser Denker und Forscher gegen die Aufklärung und gegen die Revolution der Gesellschaft gerichtet war, ‚welche mit grobem Mißverständnis als deren Folge galt'. (X, 256)

Die Pietät gegenüber dem Bestehenden habe sich für diese Denker und Forscher in Pietät gegenüber dem Bestandenen umgesetzt (das Studium der Historie als Krankheit) und es gebe „keine geringe allgemeine Gefahr" (ebd.), unter dem Anschein der Erkenntnis des Vergangenen und Abgestorbenen „die Erkenntnis überhaupt unter das Gefühl hinabzudrücken" (ebd.). Aber, und darin besteht die Dialektik der allgemeinen Aufklärung, gerade die von den Deutschen beschworenen Geister seien auf die Dauer den Absichten ihrer Beschwörer am schädlichsten geworden. Nietzsche selbst zieht die Bilanz, die sich Mann zu eigen macht:

> … die Historie, das Verständnis des Ursprungs und der Entwicklung, die Mitempfindung für das Vergangene, die neu erregte Leidenschaft des Gefühls und der Erkenntnis, nachdem sie alle eine Zeitlang hilfreiche Gesellen des *verdunkelnden, schwärmenden, zurückbildenden Geistes* schienen, haben eines Tages eine andere Natur angenommen und fliegen nun mit den breitesten Flügeln an ihren alten Beschwörern vorüber und hinauf, als neue und stärkere Genien *eben jener Aufklärung*, wider welche sie beschworen waren. Diese Aufklärung […] haben wir jetzt weiterzuführen – unbekümmert darum, daß es eine ‚große Revolution' und wiede-

[34] KGW V/1, 167f.

rum eine ‚große Reaktion' gegen dieselbe gegeben hat, ja, daß es beides noch gibt. (X, 257)

Der „beherrschende Genius Nietzsche's", seine „überschattende Größe, der unsere Gegenwart, sei sie sich dessen bewußt oder nicht, mit all ihrem Denken, Wollen, Meinen und Streiten buchstäblich zu Füßen liegt" hat, so kommentiert Mann, „in großem Stile" Probleme gelöst, um die herum die geistige Welt sich bemüht in einer „skurrilen Wiederholung" seines geistigen Erlebnisses, das nichts anders ist, als die „journalistische Ausmünzung" vom „symbolisch-repräsentativen" Kampf Nietzsches gegen Wagner, von der „Selbstüberwindung der Romantik durch ihn und in ihm" (X, 257f.).

Die Wiedergabe dieser Stellen dient dazu, die rhetorische Konstruktion in den Vordergrund zu rücken: am Anfang stehen direkte Zitate aus Nietzsches Texten, die den Problemzusammenhang klar umreißen: die Dialektik der Aufklärung als Schlüsselbegriff der modernen Geistesgeschichte. Dann kommt die fast rituelle und mit vielen Selbstzitaten beladene Hervorhebung der symbolisch-synthetischen und vorwegnehmenden Bedeutung von Nietzsches geistigem Erlebnis, die sich in seiner stellvertretenden Selbstüberwindung zusammenfassen lässt. Die kohärente Persistenz von Themen, Motiven und Formulierungen seit der Zeit der *Betrachtungen* durch den *Vorspruch zur Nietzsche-Feier* bis hin zur Essayistik der letzten zwanziger Jahre ist offensichtlich: nach mehr als zehn Jahren und trotz der vielen geschichtlichen, politischen und persönlichen Veränderungen bleibt Nietzsche immer noch die symbolisch-epochale Orientierungsbasis, der Wegweiser für die Lösung des Problems der Dialektik von Romantik und Aufklärung, Reaktion und Fortschritt.[35] „Vorbildlich" nennt Mann die Besonnenheit, mit der Nietzsche die Vorteile erwägt, die man aus dem Wirken dieser Forscher des Irrationalen ziehen kann, indem sie unsere Empfindung „in ältere, mächtige Betrachtungsarten der Welt und Menschen zurückzwingen" und dadurch der Gerechtigkeit der Erkenntnis einen „unschätzbaren Gewinn" bieten (X, 258f.). Auf diese Weise, so Nietzsche (und Mann), hat man aus der Reaktion einen Fortschritt machen können.

In wenigen Seiten resümiert Mann regelrecht nach Nietzsches aufklärerischen Denkmustern die Geschichte der deutschen Kultur, von Luther über Schopenhauer, Arndt, Görres, Grimm, Creuzer und Bachofen, eine klare genealogische Linie nachzeichnend bis hin zu Klages und Spengler. Nun füge sich Freud laut Mann genau in dieser Reihe von Forschern, die gegen

[35] Mann bezieht sich hierbei ausdrücklich auf den schon erwähnten Aphorismus Nietzsches (vgl. X, 258f.).

den Rationalismus des achtzehnten und neunzehnten Jahrhunderts die Nachtseite der Seele als das eigentlich Lebensschaffende wissenschaftlich hervorkehren und „den Primat [...] des Unbewußten oder, wie Nietzsche sagt, des ‚Gefühls' vor der ‚Vernunft' revolutionär vertreten." (X, 260) Der springende Punkt ist aber für Mann, daß diese von Nietzsche als Feindschaft gegen die Aufklärung beschriebene geistige Tendenz revolutionäre Bedeutung haben will. Gerade deswegen muss Mann die für ihn entscheidende Frage aufwerfen, ob die von Nietzsche gemeinte Gefahr für die Humanität als vorübergegangen angesehen werden darf, und die Antwort lautet: ja im Rahmen der „Hauptströmung des Lebens", absolut nein, wenn man sich den Eindrücken „des Tages und der Stunde" (X, 270) überlässt.

Die Gefahr des Tages und der Stunde besteht in einer Fiktion, in einem trügerischen und für ideologisch-politische Zwecke erfundenen und als historisch-kulturelles Faktum ausgegebenen Bild vom neunzehnten Jahrhundert. Dieses Jahrhundert sei nämlich nicht nur in seiner ersten Hälfte romantisch gewesen. Die bürgerlich-liberalen, naturwissenschaftlichen und materialistischen Jahrzehnte seiner zweiten Hälfte seien durchsetzt mit Verfallsprodukten der Romantik, dessen exemplarisches Sinnbild auch hier die Kunst Wagners sei,

> diese Kunst, groß wie das Jahrhundert, [...] überladen mit allen seinen Trieben und würdig, dem Besieger und Drachentöter der Epoche, Nietzsche, dem Initiator alles Neuen und Besseren, was aus der anarchischen Verworrenheit unserer Gegenwart zum Lichte ringt, als symbolischer Gegenstand seines Heldenkampfes zu dienen. (X, 263)

Die Fiktion, nach der die echt revolutionäre Natur der Romantik mit den rein reaktionären Tendenzen der ersten zwei Jahrzehnte des zwanzigsten Jahrhunderts verglichen wird, ist „voller Tagestendenz" (ebd.), und zwar sei es eine Frage der Politik und nicht des Geistes. Hier wird auch die Kernthese der *Betrachtungen* und des *Zauberberg*-Romans wiederaufgenommen, und zwar dass der Krieg dasjenige epochale Ereignis war, das dem mutmaßlichen Optimismus der Vernunft der zweiten Hälfte des neunzehnten Jahrhunderts ein jähes Ende bereitete.[36] Das neunzehnte Jahrhundert hat dadurch seine nicht nur romantische, sondern auch schon pessimistische und todverbundene Natur verraten. Und hier spielt Nietzsche wieder seine ambivalente Rolle:

[36] Hier definiert Mann die Bedeutung des Krieges auf eine seinem neuen politisch-kulturellen Engagement entsprechende Weise, und zwar als den siegreichen Krieg des „internationalen Nationalismus" und des imperialistischen Kapitalismus gegen die echten kosmopolitischen Kräfte, zu denen er bezeichnenderweise die Kirche und den Sozialismus zählt.

Durch Nietzsche hindurch, dessen Streit gegen die Instinktfeindschaft des Sokrates unseren Propheten des Unbewußten behagt, während sie ihn seiner psychologischen Erkenntnismethode wegen für unfähig erklären, den Mythos zu verstehen und sich im ‚Heiligen Dunkel der Vorzeit‘ zurechtzufinden, durch ihn hindurch setzen die antirationalen Tendenzen des neunzehnten Jahrhunderts sich fort bis in unsere Gegenwart, in schlimmeren Fällen freilich nicht sowohl durch ihn hindurch als über ihn hinweg. Ist es nicht buchstäblich vorgekommen, daß ein berauschter Editor des ‚Mutterrechts‘ es unternahm, ‚Nietzsche an Bachofen zu messen‘? (X, 264)

Diese Stelle bestätigt die wesentliche und vorwegnehmende Funktion der Polemik gegen Baeumler: Mann zitiert ganze Stellen aus der *Pariser Rechenschaft*, vor allem diejenigen, die eine Brücke zur politischen Kehrseite, zum Problem der Revolution schlagen können:

Durch das historische Vorkommen jener Erscheinung, die Nietzsche mit ‚Reaktion als Fortschritt‘ bezeichnet, ist das Problem der Revolution gestellt, das in seiner Zwiespältigkeit und Doppelgesichtigkeit heute die Köpfe – und namentlich die der Jugend – derart verwirrt, daß das Abgestorbenste als wunder wie anziehende Lebensneuigkeit sich vermummen kann und eine reinliche Klärung des Begriffs, seine Zurückführung aufs Einfache, wodurch er vor gefährlichem Mißbrauch geschützt wird, sehr dringlich geworden ist. (Ebd.)

Da ist die fundamentale Frage wieder aufgeworfen: was ist eigentlich Fortschritt und was Reaktion? Mann antwortet durch eine Wiederaufnahme vom geschichtsphilosophischen triadischen Schema des Schiller'schen Idealismus:[37] Die ursprüngliche Einheitlichkeit der Kultur beruhe nur auf unbewußten und moralisch verdienstlosen Scheinvollkommenheiten, Totalitätsillusionen, die von der analytischen Erkenntnis zerstört werden, in einem Prozess, wo kein Zurück zum Ursprung mehr möglich ist, sondern nur eine Flucht nach vorne, zur echten Lebenseinheit eines auf Kultur beruhenden Selbstbewusstseins. Das ist nach Mann das echt Revolutionäre, das natürlich Vergangenheit und Tiefe nicht verleugnen oder vergessen muss, sondern in diese (so auch die Nietzsche-Worte) „als ein Erkennender und ein Befreier“ dringen soll (X, 265).

Diese sehr differenzierte Rekonstruktion, in der die wichtigsten Elemente der vorigen Essayistik wieder aufgenommen werden, zielt vor allem

[37] In einer sechs Monate nach dem Freud-Vortrag veröffentlichten Antwort auf eine Rundfrage schreibt Mann: „Geist und Natur, Geist und Leben, um diesen Gegensatz kreist im Grunde alles deutsche Denken, und wenn das heutige, Nietzsche übertrumpfend, den Geist als Henker des Lebens verfemt, so heißt das freilich, die sentimentalische Sehnsucht nach dem Naiven, dem Schöpferisch-Unbewußten, auf eine groteske Spitze treiben.“ (‚*Ist Schiller noch lebendig?*‘, 10.11.1929; X, 910)

darauf, die besondere Komplexität der geistespolitischen Situation jener Jahre zum Vorschein zu bringen. Die Revolution ist von der Reaktion usurpiert worden: das ist die absolut zeitgemäße Form der Dialektik der Aufklärung. Mann weiß nämlich sehr gut, was rein melancholische Sympathie mit dem Tode bedeutet (und hier zitiert er Pfitzners *Palestrina*, ein weiterer Bezug zum Nietzsche-Wagner-Modell[38]), aber es ist wohl nicht gegen diese einfach rückgewandte und rein melancholische Lebensstimmung, dass Mann seine besorgte Analyse richtet: es ist vielmehr der Versuch „des Lebenswidrigen, die Gebärde jugendlicher Zukünftigkeit zu stehlen und in sie verstellt seine dunkle Sache zu betreiben" (X, 271), der ihn kümmert. Es ist der „Ehrgeiz des Alten" (ebd.), das Neue zu sein, das nach Mann absolut neu ist, und diese Finte ist möglich, weil es tatsächlich eine Revolution wider den Geist gibt, eben Freuds Psychoanalyse. Obwohl diese neue Lehre Gefahr laufe, von der Reaktion usurpiert zu werden, schließe diese „*Erscheinungsform des modernen Irrationalismus, die jedem reaktionären Mißbrauch unzweideutig widersteht*" (X, 280) als Weg zur Bewusstmachung durch Erkenntnis jede Wiederherstellung und jedes Zurück aus.

Hier wird deutlich, wie die Auseinandersetzung mit Freud den Ansatz zu einer möglichen philosophischen Wendung mit sich gebracht hat, und zwar zu einem Ausweg aus der von Schopenhauer geprägten deterministischen Weltanschauung, die Manns Geschichtsphilosophie bis dann charakterisiert hatte[39]. Über den durch und mit Nietzsche interpretierten Freud kann Mann eine konkrete kulturell-politische Projektion vom Begriff der zwei Aufklärungen liefern: die historische Aufklärung sei nur ein geistigtechnisches Mittel unter anderen, um das Leben zu erneuern, die zweite Aufklärung, die Nietzsche heraufbeschwört habe und die sich auch mit entgegengesetzten Mitteln durchführen lasse, könne durch die Psychoanalyse weitergeführt werden.

Nach der Freud-Rede wird bei Mann das Problem vom Kontinuitätsverhältnis zwischen Goethe und Nietzsche (sowie der kulturellen Vermittlungsrolle Nietzsches via Goethe) zu einem der Leitmotive seiner Essayistik.[40] Besonders in den zwei wichtigen Reden über Goethe aus dem Jahr

[38] Bezüglich des Verhältnisses zu Pfitzner innerhalb der Nietzsche-*Imitatio* siehe Wißkirchen (zit. Anm. 7), S. 46–48.

[39] Dazu Kurzke (zit. Anm. 31), S. 219–221. Derselben Meinung ist auch Finck (zit. Anm. 33).

[40] Zum Zweigestirn Goethe-Nietzsche vgl. Jutta Linder: „Vaterspiel". Zu Thomas Manns Goethe-Nachfolge, Soveria Mannelli: Rubbettino 2009, S. 70 und 81–86. Nach Linder setzt die Goethe-Nachfolge Thomas Manns erst 1818/19 ein, also auf die *Betrachtungen* hin, weil für Mann 1918 eine sowohl psychologische als auch kulturell-literarische Um- und Neuorientierung nottat. Da aber Mann nicht seinen Sinn, sondern nur seine Meinungen geändert

1932 wird die Goethe-*Imitatio* zum Hauptweg für die Rettung von Nietzsches Erbe vor dem faschistischen Missbrauch. In *Goethe's Laufbahn als Schriftsteller* wird diese Rettungsaktion exemplarisch durchgeführt, indem Mann besagte Kontinuität im sprachlich-stilistischen Aspekt verankert und nachweist, um sie dann über das Literarische hinaus ins Politische zu erweitern. Vom Problem des Populären und der Popularität bei Goethe ausgehend plädiert Mann für die Überlegenheit der entwickelten Kulturen im Vergleich zur vermeintlichen Reinheit des bloß Exotischen und National-Volkhaften, indem er der Pseudoromantik des völkisch-rassistischen Mythos die Idee der Synthese von Dämonie und Urbanität bei Goethe diametral entgegenstellt. Auf dieser Grundlage stelle sich die Gemeinsamkeit zwischen Goethe und Nietzsche hinsichtlich der Ablehnung des Bloß-Ethnischen im Bildungsideal deutlich heraus:

> Noch einmal aber: seine [Goethes] bewußte Tendenz, sein volkserzieherischer Wille richtet sich gegen das Nichts-als-Volkhafte, und sehr ähnlich wie Nietzsche, der hierin vollkommen sein Schüler ist, betrachtet er das Ethnisch-Barbarische als einen Exotismus, der Neugier errege, aber im tiefsten nicht zu befriedigen vermöge. (IX, 352)

Das für die Konstruktion einer organischen Linie der gesunden bürgerlichen deutschen Kultur zentrale Lehrer-Schüler-Verhältnis zwischen Goethe und Nietzsche untermauert Mann wie gesagt durch einen sprachlich-stilistischen Vergleich, der die kulturpolitischen Implikationen entscheidend beweisen soll. Ausgehend von der Analyse zweier Goethe-Stellen (der einen mit „echt lutherischem Tonfall", der anderen mit klaren Nietzsche-Anklängen) kann Mann folgende Bilanz ziehen:

> In seinen [Goethes] psychologisch-charakterisierenden Wortverbindungen erkennt man deutlich die Schule, in die Nietzsche gegangen ist, dessen Prosa in der Tat in ganz verwandter Weise auf derjenigen Goethe's fußt, wie die Prosa Goethe's – und namentlich des jungen Goethe – auf derjenigen Luthers. [...] Die Linie wird fortgesetzt durch den völlig underben und unbiederen Nietzsche, den Luthers Robustheit abstößt, der aber im ‚Zarathustra' virtuos den Bibelstil parodiert. Die Lehrer-Schüler-Beziehung zwischen Goethe und Nietzsche ist so deutlich wie die zwischen Goethe und Luther. [...] Im ganzen: man kann Nietzsche's [...] Verhältnis als Psychologen und Stilisten zu Goethe ähnlich sehen wie das Goethe's zu Luther, – und an der fortschreitenden Verfeinerung des Deutschtums sich freuen oder sie als Verderbnis beklagen. (IX, 353 f.)

hat, bringt dieser neue Ansatz einen Versuch mit sich, Nietzsche zusammen mit Goethe ins Demokratische zu übersetzen und ihn fürs Neue einzusetzen, was viele Essays der zwanziger Jahre zeigen, wo die beiden Namen als ein neues Zweigestirn immer zusammen erscheinen.

Die klar gezogene genealogische Linie führt offensichtlich zu Mann selbst: von Luthers „Robustheit" zu Goethes epochal vermittelnder Raffinierung, bis hin zur Modernität von Nietzsches parodistischem Stil, als dessen Fortführer sich Mann mit Recht betrachten kann.[41]

Die Akzentverschiebung vom Sprachlich-Stilistischen zum Kulturpolitischen und der ambivalente Schluss des Argumentationsverfahrens sind ein Meisterwerk von Manns ironisch-mimetischem essayistischem Stil: Die Verfeinerung des bürgerlichen Geistes durch Bildung kann einerseits der Weg zu einer höheren Humanität sein, kann aber auch als Dekadenzsymptom gedeutet werden, eine typische Nietzsche-Frage, die Mann nach dem Modell von Nietzsches Wagner-Überwindung als Selbstüberwindung[42] nur ironisch beantwortet.

Auch im zweiten grundlegenden Beitrag aus dem Goethe-Jahr, *Goethe als Repräsentant des bürgerlichen Zeitalters*, rekonstruiert Mann die Genealogie des Fixsternhimmels seiner eigenen Bildung, der seit den *Betrachtungen* auch den Kern der echten – weil echt europäischen – deutschen Kultur darstellt.

Er [Goethe] hält die Hand dessen, der ‚Die Welt als Wille und Vorstellung' vorbereitet, das Standardwerk des europäischen Pessimismus der zweiten Hälfte des hochbürgerlichen, des neunzehnten Jahrhunderts, das auf Wagner einerseits und auf Nietzsche anderseits so entscheidend eingewirkt hat. Die überlieferte Szene bedeutet eine wundervolle geistesgeschichtliche Konjunktur. Goethe, Schopenhauer, Wagner, Nietzsche, – da ist er, der Fixsternhimmel unserer Jugend, Deutschland und Europa auf einmal, unsere Herkunft [...]. Es ist die große Heimatwelt, deren Zöglinge wir sind, die bürgerliche Geisteswelt, die eben als Geisteswelt zugleich eine überbürgerliche ist und durch Nietzsche, den Goetheschüler, in neue, nachbürgerliche, noch namenlose Zukunftswelten hinüberführt. (IX, 328 f.)

[41] Ein weiterer Beweis dafür, dass die Goethe-*Imitatio* zumindest bis 1933 eher eine Goethe-(Nietzsche)-*Imitatio* ist. Vgl. auch die Stelle aus dem Essay *An die japanische Jugend. Eine Goethe-Studie* (1932), die den Parallelismus der *Imitatio* bekräftigt: „Dennoch hat seine [Goethes] Wendung vom Volkhaft-Nordischen, von dem Nebelspuk des ersten ‚Faust' zum Griechentum und zu einem human geläuterten Kunstgeist nicht verfehlt, viel vaterländisches Bedauern hervorzurufen – in einem gewissen Sinn mit Recht; denn dieser Kosmopolitismus war die klassische Vorform dessen, was durch einen späteren Weltdeutschen, Nietzsche, den Namen des ‚guten Europäertums' erhalten hat." (IX, 286)

[42] Eine weitere Stelle aus diesem Goethe-Essay bezeugt das Verhältnis zwischen Stil und Politik im Zeichen der Selbstüberwindung: „Dieses Ringen aber mit dem weiteren Ich, der Nation, dies Bestehen auf einer Selbstkorrektur und Selbstbezwingung, die man selber übt, diese pädagogische Solidarität mit der Umwelt, dem Volk, eine Solidarität, die sich natürlich oft als Distanzierung, kritische Kälte und Strenge äußert, wie wir sie aus den Worten und Urteilen aller großen Deutschen, im besonderen Goethe's und Nietzsche's kennen, – wieviel mehr Verbundenheit liegt darin als in der grölenden Selbst- und Volksbestätigung der Hurrapatrioten!" (IX, 341)

Besteht Manns Hauptanliegen nach dem Unpolitischen in der politischen Projektion einer Humanitätsidee, die zugleich Erbe und Überwindung jener bürgerlichen Kultur sei, die im Begriff war, unwiderruflich zur reaktionären Revolution des Nazismus zu entarten, dann ist auch klar, dass diese Operation im Entwurf eines neuen Nietzsche-Bildes gipfeln musste. Dies ist das Ergebnis einer nicht nur politischen *Imitatio* Nietzsches, die einerseits in der kulturpolitischen Werkstatt der *Betrachtungen* wurzelt, die aber anderseits als Basis für die Hinüberführung in neue Zukunftswelten dienen musste. Die Rede über *Goethe als Repräsentant des bürgerlichen Zeitalters* schließt mit der Besprechung der *Wanderjahre*, und zwar jenes Werkes, in dem Goethe nach dem bekannten Nietzsche-Modell seine eigene Selbstüberwindung vollzieht:

> Noch jener Sohn und Enkel protestantischer Pfarrhäuser, in dem die Romantik des neunzehnten Jahrhunderts sich selbst überwand und mit dessen Opfertode am Kreuz des Gedankens unsäglich Neues sich anbahnte, noch dieser Friedrich Nietzsche –, wo lagen denn seine Wurzeln als im Erdreich bürgerlicher Humanität? Und eine solche Selbstüberwindung des Bürgerlichen kraft des Geistes finden wir in Goethe's Altersroman, den ‚Wanderjahren'. (IX, 329)

Das utopische Bild einer nachbürgerlichen Epoche, deren Vorbedingung diese Selbstüberwindung ist, trägt, „wenn man das Wort allgemein genug und undogmatisch verstehen will" (IX, 331), kommunistische Züge. Durch die sozialistische Verklärung der *Wanderjahre* im Zeichen der Selbstüberwindung ist es auch möglich, eine Brücke zu schlagen zum letzten wichtigen Problemzusammenhang, in dem Mann das Erbe Nietzsches aufs Spiel setzt, wie es in der *Rede vor Arbeitern in Wien* vom Oktober 1932 der Fall ist.

Um die bedeutende in dieser Rede sich ereignende Akzentverschiebung sowie ihr Verhältnis zu den Goethe-Essays und die Funktion der doppelten *Imitatio* Goethe-Nietzsche richtig verstehen zu können, ist es notwendig, auf einen weiteren wichtigen Beitrag zum Thema Sozialismus zurückzugreifen, den Essay *Kultur und Sozialismus* von 1928. Bezeichnend ist, dass Mann hier seinerseits gerade auf die *Betrachtungen eines Unpolitischen* rekurriert, um ihre Bedeutung im Rahmen seiner eigenen intellektuellen Biographie zu erörtern. Das Grundproblem jenes Buches ist ihm wesentlich geblieben: die Identität von Politik und Demokratie und die natürliche Fremdheit des deutschen Geistes gegen diese Welt als Ursache des Krieges und der Isolierung Deutschlands. Auf diesem Zusammenhang beruht auch ein folgenschweres und fatales Missverständnis von Seiten der anderen zivilisierten Länder, und zwar die Tatsache, dass die „Bildner und Erzieher deutscher Menschlichkeit" wie Luther, Goethe, Schopenhauer, Nietzsche oder George keine Demokraten waren, im Gegenteil, sie waren gerade die Vertreter jener Kulturidee, die das Kraftzentrum der deutschen Kriegsideologie bildete. (Vgl. XII, 644) Das Kategorienarsenal der *Betrachtungen* in entgegengesetzte Richtung weiterverfolgend weist Mann darauf hin, dass das Wort „Kultur" seine Herkunft von „Kultus" habe und dass Kultur und Kultus mit einer individualistischen Dimension eng verbunden seien, deren Idee sich religiös in der Gemeinde, politisch in der Gemeinschaft verwirkliche. Grundlage der Gemeinschaft sei das Volk, während die Zivilisation sich in den Formen der Gesellschaft und folglich der Nation ausdrücke. Wenn aber der Sinn des Diskurses derselbe ist, nicht so Manns Meinungen. 1928 glaubt Mann, es sei nicht mehr möglich, eine Grenze zwischen Kulturpolitik und Politik im westlichen Sinn des Wortes zu ziehen. In diesem Sinne unterhalte der deutsche Sozialismus, der an sich und für sich die Zersetzung der kulturellen Volks- und Gemeinschaftsidee bedeute, „weit freundlichere Beziehungen zum Geist" als die „bürgerlich volksromantische Gegenseite" (XII, 647), deren Konservatismus „die Sympathie mit den Lebensforderungen" verloren und verlernt habe: „Die sozialistische Klasse ist, in geradem Gegensatz zum kulturellen Volkstum, geistfremd nach ihrer ökonomischen Theorie, aber sie ist geistfreundlich in der Praxis." (Ebd.) Die Unzulänglichkeit der deutschen Kulturtradition „dem suchend-zukunftswilligen Sinn" zu helfen (XII, 648), beruht nach Mann auf der Tatsache, dass in ihr die sozialistische Idee völlig fehlt, und sie fehlt folglich auch bei Nietzsche, den Mann hier ausdrücklich zitiert. Die Argumentation Manns, die um das Problem einer möglichen Konvergenz von Kulturgedanken und Gesellschaftsidee kreist, gipfelt in einer synthetischen Idee, die an anderen Stellen seiner Essayistik sowie im *Zauberberg* fast immer mit dem Namen Nietzsches verbunden war und die Mann hier seltsamerweise in der utopischen Konvergenz von Marx' Theorie und Hölderlins heroischer Figur zu versinnbildlichen versucht. (Vgl. XII, 649)

In der vier Jahre später gehaltenen *Rede vor Arbeitern in Wien* ist im Gegenteil wieder Nietzsche der Kronzeuge der utopischen Synthesevorstellung. In der ersten Hälfte der Rede nimmt Mann fast Wort für Wort den *Kultur und Sozialismus*-Essay wieder auf (XI, 892–895) – nach vier Jahren sind für ihn jene Kategorien noch völlig aktuell. Die Ablehnung des Sozialismus als „Termitenglücks" (XI, 896) durch die deutsche Kulturtradition sei aber einfach nicht mehr erlaubt, weil das Politische und das Soziale keine von Religion und Metaphysik so weit entfernten Bereiche des Humanen seien. Und die Kunst?

Die Kunst war ja immer und wird jederzeit sein das vollendete ‚Dritte Reich', von dem große humane Geister geträumt haben und dessen Name heute so mißbräuchlich geführt wird, die Einheit nämlich von Leiblichkeit und Geistigkeit, des Natürlichen und des Menschlichen, ganz so, wie Friedrich Nietzsche, der Künstlergeist, so gefordert hat: ‚Mit Menschlichem', sagt er, ‚wollen wir die Natur durchdringen ... Wir wollen aus ihr nehmen, was wir brauchen, um über den Menschen hinauszuträumen'. (XI, 897)[43]

Im Unterschied zu *Kultur und Sozialismus* ist hier Nietzsche der Garant von der Idee eines Bündnis von Kultur und sozialistischer Weltanschauung im Zeichen der Humanität. Die Kunst ist die Dimension der Synthese und vor sozialistischen Arbeitern ist es das Künstlerwort Nietzsches, das als Grundlage für den Entwurf einer synthetischen Humanitätsutopie dienen kann. Um den Zusammenhang von Materialismus und Humanität weiter zu legitimieren, stützt sich Mann noch einmal auf ein Nietzsche-Zitat, das er wie folgt kommentiert:

Das ist der Materialismus des Geistes, die Wendung eines religiösen Menschen zur Erde hin, die uns das Kosmische vertritt. Und Sozialismus ist nichts anderes als der pflichtmäßige Entschluß, den Kopf nicht mehr vor den dringendsten Anforderungen der Materie, des gesellschaftlichen, kollektiven Lebens in den Sand der metaphysischen Dinge zu stecken, sondern sich auf die Seite derer zu schlagen, die der Erde einen Sinn geben wollen, einen Menschensinn. (XI, 899)

Dass Mann die utopische Projektion auf Zarathustras Worte als politische Botschaft Ernst nahm (im wesentlichen ist seine Sozialismusauffassung immer dieselbe geblieben, und zwar diese), wird vom *Bekenntnis zum Sozialismus* bewiesen, einem auf den 12. Januar 1933 datierten und an den sozialdemokratischen Kultusminister Adolf Grimme gerichteten Brief, in dem er genau denselben Gedanken nachgeht. (Vgl. XII, 678–684) Ungefähr zwei Wochen später kam Hitler an die Macht. Von diesem Zeitpunkt an setzt eine weitere und unterschiedliche Phase von Manns Auseinandersetzung mit Nietzsche ein, die hier im Detail zu analysieren nicht der Ort ist. Von 1933 bis 1937 wird Nietzsche wesentlich nur verteidigt und bezüglich einer Wirkung im nationalsozialistischen Deutschland in Schutz genommen. Erst in den Jahren 1936/37, nachdem Mann die deutsche Bürgerschaft aberkannt worden war, wird die Schuld Nietzsches allmählich eingestanden und eine Phase von eigentlicher Nietzsche-Kritik setzt ein, die aber insgesamt isoliert bleibt. Nicht mehr als geistespolitisches Ur- und Vorbild,

[43] Hier zitiert Mann frei aus einem Fragment aus dem *Zarathustra*-Umkreis (Sommer 1883, 13 [1]). Vgl. Friedrich Nietzsche: Nachgelassene Fragmente Juli 1882 bis Winter 1883–1884, KGW VII/1, 450.

als höchste Instanz in Sachen Politik und Kultur, als Inspirator einer produktiven Auseinandersetzung mit den Zeitfragen benutzbar, verflüchtigt er sich – bis auf einige Intermezzi in den vierziger Jahren[44] – mehr und mehr aus der Essayistik Manns, bleibt aber weiterhin unter veränderten Bedingungen brauchbar, und zwar als erzählerisches Modell, wie es im *Faustus*-Roman der Fall ist.[45]

[44] Problematischere Akzente über Nietzsches „bedenkliche[r] Rolle" (Tb, 8.8.1935) tauchen schon 1935 auf, z.B. in *Achtung, Europa!* (1935, XII, 766–779, bes. 772–773). Im *Schopenhauer*-Essay von 1938 (nach der Ausbürgerung Thomas Manns von 1936) wird diese Tendenz noch deutlicher (vgl. z.B. IX, 577), um dann 1941 im kurzen Essay *Denken und Leben* klar zutage zu kommen (X, 362–367, bes. 364–365).

[45] Die Ausnahme ist natürlich der große Essay von 1947 *Nietzsche's Philosophie im Lichte unserer Erfahrung*, der aber erst in Bezug auf die Künstlertum-Problematik des *Faustus* seinen Bedeutungszusammenhang gewinnt (siehe dazu TM Hb, 649–651; Heftrich, zit. Anm. 27, S. 281–316). In der Montagearbeit vom *Faustus*-Roman werden einerseits Nietzsches Biographica als Basis für „das Leben des deutschen Tonsetzers Adrian Leverkühn" übernommen, andererseits ganze Stellen aus Nietzsches Werk ins erzählerische Geflecht einmontiert wie z.B. bei der zentralen Szene vom Teufelspakt (Kap. XXV). Dass der Roman deswegen als Nietzsche-Roman zu bezeichnen sei, ist aber zu bezweifeln. Eher stellt Nietzsches Figur nur ein Element, wenn auch eines der wichtigsten, dar im komplexen Geflecht von den Bezügen und Zitaten, die den Roman ausmachen. Sehr knapp formuliert, wirkt Nietzsche im *Faustus* wesentlich als Kompositionsmaterial weiter und nicht mehr als Inspirator der Zeit- und Kulturdiagnose und als Vorbild des politischen Engagements. Siehe dazu die Kommentare von Ruprecht Wimmer in 10.2, 18–22, 67f., und von Herbert Lehnert in 19.2, 207–236. Die Sekundärliteratur über das Thema Nietzsche im *Faustus*-Roman ist schon seit geraumer Zeit außer Kontrolle. Hier sei nur auf die Monographie von Liisa Saariluoma hingewiesen: Nietzsche als Roman. Über die Sinnkostituierung in Thomas Manns „Doktor Faustus", Tübingen: Niemeyer 1996. Siehe ferner auch die vor wenigen Jahren erschienene Studie von Jens Schmitz: Konstruktive Musik. Thomas Manns „Doktor Faustus" im Kontext der Moderne, Würzburg: Königshausen & Neumann 2009 (Studien zur Literatur- und Kulturgeschichte 21).

Ruprecht Wimmer

Die Essayistik der *Doktor Faustus*-Zeit

I. Der *Doktor Faustus* – Gerichtstag über Deutschland und das eigene Ich

Es war trotz aller Unheilszeichen nicht vorauszusehen: Thomas Mann fand sich gewissermaßen über Nacht im Exil wieder. Lange vor der Machtergreifung im Januar 1933 hatte er das Verbrecherische des aufkommenden Nationalsozialismus begriffen und kritisiert; doch dass er schon wenige Wochen danach aus seiner bürgerlichen und kulturellen Heimat hinausgedrängt werden sollte, dass er von einer Vortragsreise nicht nach München zurückkehren durfte, weil er sonst Leib und Leben aufs Spiel gesetzt hätte – das konnte er nicht erwarten. Als einen „schweren Stil- und Schicksalsfehler [s]eines Lebens" (Tb, 14.3.1934) hat er diese Vertreibung bezeichnet, und dabei war das Ereignis, das er so ästhetisch-fatalistisch charakterisierte, zugleich die politischste Zäsur in seiner Biographie. Er saß gerade an der biblischen Romantetralogie über *Joseph und seine Brüder* und nutzte natürlich fortlaufend die Gelegenheiten zur aktuell-politischen Bezugnahme, die dieser Stoff ihm bot, ja er schaltete später (1939) mit dem Goetheroman *Lotte in Weimar* eine grundsätzliche Auseinandersetzung mit Deutschland in das Großepos ein, konkret: er nahm den Nationalsozialisten ihr angemaßtes Vorrecht auf den Mythos gleich zweimal weg, indem er ihnen den hebräisch-biblischen Mythos und dann auch noch den deutschesten aller Mythen, den Mythos *Goethe*, vor Augen stellte. Und doch wurde ihm schon bald nach der Vertreibung, nach einer Phase halber und unentschiedener Hoffnungen, endgültig klar, dass es mit Reaktionen im fiktionalen Bereich nicht getan war; mit der indirekten Stellungnahme musste das „rein redend-richtende Bekenntnis"[1], musste die essayistische Auseinandersetzung mit dem nationalsozialistischen Deutschland einhergehen. Doch blieb die künstlerische Mehrstimmigkeit Pflicht. In den vierziger Jahren entstanden nicht nur große politische Reden und Essays, es entstand auch – von 1943 bis 1947 – der monumentale Bekenntnis- und

[1] Vgl. hierzu meine Entstehungsgeschichte im Kommentarband der Großen kommentierten Frankfurter Ausgabe des *Doktor Faustus* (10.2, 22).

Bilanzroman des *Doktor Faustus.* Es gibt keine Phase in Thomas Manns Leben, während der das Zwiegespräch zwischen den Gattungen Roman und Essay aufschlussreicher wäre, ja man darf sagen, dass eine „wechselseitige Erhellung“ stattfindet, dass Roman und Essayistik für sich nicht vollkommen zu verstehen sind.

Natürlich kann ich an dieser Stelle Vollständigkeit, d.h. einen lückenlosen Überblick über die Essayistik dieser Jahre, nicht leisten; man braucht nur daran zu erinnern, dass der Redner Thomas Mann in der Zeit seiner Emigration über 130 mal in den USA das Wort ergriff[2] – doch werde ich versuchen, den betreffenden Dialog der Gattungen an drei Essaytexten exemplarisch zu verdeutlichen. Dabei bleibt der Zyklus *Deutsche Hörer!* ausdrücklich beiseite – diese „Essay“-Gattung *sui juris* wird von Jutta Linder gesondert behandelt.

1945 hielt der Siebzigjährige (kurz vor seinem runden Geburtstag) an der Library of Congress in englischer Sprache einen Vortrag über *Deutschland und die Deutschen*, dessen deutsche Originalfassung noch im gleichen Jahr im Druck erschien. Der *Doktor Faustus* war da zur Hälfte geschrieben, das heißt, das schwierige Gespräch des „deutschen Tonsetzers“ Adrian Leverkühn mit dem – halluzinierten oder halbwirklichen – Teufel war gerade zu Papier gebracht. Lange vor Abschluss des Romans entsteht dann der Plan zu einem Nietzsche-Vortrag, dessen Ausarbeitung aus Krankheitsgründen mehrmals aufgeschoben werden muss; er wird kurz nach der Vollendung des Romans niedergeschrieben und im April 1947, wieder in englischer Fassung, an der Library gehalten; in deutscher Version erschien er 1948 im Druck: *Nietzsche im Lichte unserer Erfahrung.* Mein drittes Beispiel war ursprünglich ein Zeitungsartikel, der 1949 in englischer Fassung im New York Times Magazine (unter dem Titel *Goethe: „Faust and Mephistopheles“*) erschien und wenig später als deutscher Vortrag im Stockholmer Rundfunk gehalten wurde. Er erscheint unter wechselnden englischen und deutschen Titeln; schließlich erfolgt, wohl auf Wunsch des Autors, die Titelfestlegung *Die drei Gewaltigen.*[3]

Die ersten zwei Beispieltexte begleiten also die Entstehung des Romans, der letzte blickt auf ihn zurück.

[2] Vgl. hierzu Hans Rudolf Vaget: Thomas Mann, der Amerikaner. Leben und Werk im amerikanischen Exil 1938–1952, Frankfurt/Main: S. Fischer 2011, S. 223.

[3] Zur Titelfestlegung vgl. den Kommentar Herbert Lehnerts in 19.2, 742.

II. *Deutschland und die Deutschen*

Thomas Mann unterstreicht eingangs, schon vor der Annäherung an das Thema, dass er als Amerikaner spreche, der vor kurzem das Bürgerrecht erworben habe, als „Weltbürger" – und das bedeute eine spezielle Annäherung an die „deutsche" Problematik. Und er bezeichnet sogleich sein grundsätzliches Dilemma:

> Das grausige Schicksal Deutschlands, die ungeheuere Katastrophe, in die seine neuere Geschichte jetzt mündet, erzwingt Interesse, auch wenn dies Interesse sich des Mitleids weigert. Mitleid erregen zu wollen, Deutschland zu verteidigen und zu entschuldigen wäre gewiß für einen deutsch Geborenen heute kein schicklicher Vorsatz. Den Richter zu spielen aus Willfährigkeit gegen den unermeßlichen Haß, den sein Volk zu erregen gewußt hat, es zu verfluchen und zu verdammen und sich selbst als das ‚gute Deutschland' zu empfehlen, ganz im Gegensatz zum bösen, schuldigen dort drüben, mit dem man gar nichts zu tun hat, das scheint mir einem solchen auch nicht sonderlich zu Gesichte zu stehen. Man *hat* zu tun mit dem deutschen Schicksal und deutscher Schuld, wenn man als Deutscher geboren ist. Die kritische Distanzierung davon sollte nicht als Untreue gedeutet werden. Wahrheiten, die man über sein Volk zu sagen versucht, können nur das Produkt der Selbstprüfung sein. (XI, 1128)

Dann behandelt der Redner Widersprüche und innere Spannungen, die das deutsche Wesen von jeher bestimmten: „Weltbedürftigkeit und Weltscheu, [...] Kosmopolitismus und Provinzialismus" (XI, 1129), er kennzeichnet weiterhin das Deutschtum durch eine seit dem Spätmittelalter latent vorhandene Dämonie, durch Figuren wie Luther und den legendären Magier Doktor Faust (durch den der Teufel ins Spiel kommt), durch die zentrale Kunst der deutschen Musik, durch „deutscheste" Überwinder dieses Deutschtums wie Goethe und Nietzsche, durch die gefährliche Eigenart des deutschen Freiheitsbegriffs, durch eine grundsätzliche Politikfremdheit, durch das Moment der Tiefe in ihrer Aufgipfelung durch die Romantik und deren Entartung. Und am Ende steht doch die Hoffnung, die im Deutschtum vorhandene „Masse des Guten" könnte gerade durch die Agonie des Nazismus „glückliche Bewährungsmöglichkeiten" erhalten in Richtung auf eine „soziale Weltreform": „Zuletzt ist das deutsche Unglück nur das Paradigma der Tragik des Menschseins überhaupt. Der Gnade, deren Deutschland so dringend bedarf, bedürfen wir alle." (XI, 1148)

Das war, ich gestehe es zu, ein reichlich verwegener Ritt quer durch die Themen und Motive des Essays. In einem zweiten Durchgang werde ich nun zu zeigen versuchen, was das zeitgenössische Publikum der Ansprache kaum zu ahnen vermochte: dass dieses Motivgeflecht mit Blick auf die Faustus-Geschichte entworfen ist und dass von dieser zusätzliches Licht auf unseren Text fällt, wie umgekehrt auch. Da sich zwischen *Deutschland und die Deutschen* und den weiteren herangezogenen Beispieltexten ein Beziehungs- und Motivnetz bildet, werden Luther und Luthertum vorerst nur gestreift, und Nietzsche bleibt fast ganz beiseite; diese Themenkomplexe lassen sich bei der Beschäftigung mit beiden folgenden Essays sinnvoller behandeln.

Dass ein Auseinanderdividieren in ein gutes und schlechtes Deutschland nicht möglich ist, dass die Haltungen von rechtfertigender Verteidigung einerseits, und andererseits von überheblicher, gewissermaßen außenperspektivischer Aburteilung nicht isoliert praktiziert und aufrechterhalten werden können, kommt im Roman, kaum verschlüsselt, ebenfalls zum Ausdruck, deutlich später als im Vortrag oder Essay, der hier auf noch zu schreibende Partien des *Doktor Faustus* vorauszuweisen scheint. Zu Beginn des dreiundvierzigsten Kapitels wird der Biograph des Titelhelden, der in Freising sitzende pensionierte Studienrat Serenus Zeitblom, über die „von donnernden Flammen umtanzte Höllenfahrt" Deutschlands klagen, die ihm von lang her in der deutschen Geschichte angelegt zu sein scheint; der historische Unheilsweg Deutschlands scheint ihm unheilvoll von jeher, „in jedem seiner Punkte und Wendungen" (10.1, 655). Der Leser des ersten Blicks setzt das natürlich in Parallele zum Sturz des Teufelsbündners Leverkühn in die Paralyse; eine gewissermaßen allegorische Funktion der Titelfigur scheint sich abzuzeichnen. Freilich bringt Zeitblom dann Liebe und Gnade ins Spiel, wie wir das auch vom Ende des Essays kennen:

> Ich [...] habe viel Deutsches geliebt, ja, mein unbedeutendes [...] Leben war der [...] Liebe zu einem bedeutend deutschen Menschen- und Künstlertum geweiht, dessen geheimnisvolle Sündhaftigkeit und schrecklicher Abschied nichts über diese Liebe vermögen, welche vielleicht, wer weiß, nur ein Abglanz der Gnade ist. (Ebd.)

Essay und Roman spiegeln hier die Auseinandersetzung ihres Autors mit dem englischen Diplomaten und Schriftsteller Robert Gilbert Vansittart wider, dessen Texte Thomas Mann seit 1941 rezipierte. Vansittart – ein guter Kenner der deutschen Kultur übrigens – verfocht die These, dass Deutschlands Geschichte von Urzeiten an auf Weltherrschaft (und speziell auf die Unterwerfung Englands) angelegt war und folgerichtig in die Hitlerdiktatur mündete; ein gutes Deutschland sei ein Phantom. Diesem Phänomen Deutschland sei nur durch radikale Umerziehung nach der Niederlage und strikte Entmilitarisierung beizukommen.[4] Aus unseren beiden

[4] Vgl. hierzu Vaget (zit. Anm. 2), S. 415ff.

Texten wird klar, dass Thomas Mann Vansittarts Hauptgedanken sorgenvoll in sich bewegte, doch ist es kein Zufall, dass sich bei Amerikanern wie in Emigrantenkreisen über seinen angeblichen „Vansittartismus" widersprüchliche Ansichten verfestigten. Was seine Haltung kennzeichnete und ihn in eine gewisse Distanz zu Vansittart rückte, war der ständige Gedanke daran, dass er selbst als Mensch und Künstler ein Teil Deutschlands war. Aber die Feststellung, selbst mit dem deutschen Schicksal „zu tun" zu haben, konnte ihn nicht dazu bringen, sich gewissermaßen aufzugeben und sich in eine Schar der Vorläufer und Wegbereiter einzureihen. Damit wird Leverkühn – trotz seines streckenweise allegorischen Status – auch zu einer Figur, die Eigenstes des Autors widerspiegelt: die vieles von seiner Kulturleistung und seinen Zukunftshoffnungen in sich trägt. So erscheint der Tonsetzer der Liebe und Gnade würdig – und das hat nichts mehr mit Vansittart zu tun. Außerdem wird dadurch die bis heute nicht umzubringende Kennzeichnung Thomas Manns als eines vehementen Verteidigers einer deutschen Kollektivschuld widerlegt.

„Weltbedürftigkeit und Weltscheu [...] Kosmopolitismus und Provinzialismus": auch hier beziehen sich Essay und Roman aufeinander. Dass der "Provinzialismus" des Essays altdeutsch stilisiert wird, dass er in Verbindung gebracht wird mit spätmittelalterlicher Abgewandtheit und im Besonderen mit Lübeck, der Heimatstadt des Autors, mit deren lutherischer Grundatmosphäre, aber auch deren vom späten Mittelalter geprägter latenter Dämonie – das hat im bereits vorliegenden Teil des Romanmanuskripts seine Vorläufer, wenn auch ins fiktional Kombinatorische verschoben. Leverkühns Geburtsort wird in ein imaginäres Zentrum der bekannten Lutherstädte, ins „Herz der Luther-Gegend" verlegt, und der Ort seiner Gymnasialzeit mit dem imaginären Namen Kaisersaschern ist ein Amalgam vieler dieser Städte – aber auch Lübecks! So ist dieses Kaisersaschern bevölkert von vielen der sonderbaren Typen, die schon im Lübeck der *Buddenbrooks* aufgetreten waren – und sein Rathaus gleicht dem Lübecker bis ins Detail.[5] Wie dann im einzelnen die Gestalt Luthers selbst ins Spiel kommt, sei hier, wie gesagt, noch nicht näher ausgeführt, es dürfte indessen klar geworden sein, dass Thomas Mann schon durch die angedeutete Komposition darauf hinweist, dass er selbst mit dem „deutschen Wesen" eine Menge zu tun hat. Der Roman gibt sich schon früh als ein Text der „Selbstprüfung" zu erkennen.

Und die andere Seite des Deutschtums, sein Kosmopolitismus, wie ihn der Redner des Vortrags ja schon eingangs für sich beansprucht, ist eben-

[5] Vgl. die Belege in 10.2, 225 ff.

falls beim Romanhelden auszumachen, schon in den vorliegenden Textteilen, aber auch in denen, die nach dem Essay niedergeschrieben werden: Adrians Lehrer Wendell Kretzschmar kennt alle Musik der Welt, Adrian selbst will als schöpferischer Komponist die „gesiebtesten Ergebnisse der europäischen Musikentwicklung" in sein Werk eingehen lassen (10.1, 467). Freilich wird er – im progressiv-musikalischen Europa bereits als Mann der Zukunft gehandelt – dem Konzertagenten Fitelberg, der ihn aus Deutschland herausholen und in die Welt führen möchte, einen deutsch-provinziellen Korb geben ... (vgl. 10.1, 583–592).

Im Essay sagt Thomas Mann, es sei ein Fehler in Goethes *Faust*, dass der Protagonist nicht Musiker sei, denn gerade die Musik sei notwendiger, zentraler Bestandteil des Deutschtums. Nun ist sein ins Zeitgenössische verpflanzter altdeutscher Magier wirklich Musiker – übrigens auch politikfremd, wie sein Auftreten in der Studentenverbindung „Winfried" bezeugt, und um die Freiheit auf ganz eigene Weise besorgt. Er sieht die deutsche Romantik, vor allem in ihrer späten Form, als Sackgasse und sucht den künstlerischen Durchbruch in einer scheinbaren Drangabe der Freiheit, in einer Zwölftonmusik, in „der es keine freie Note mehr gibt" (10.1, 280), der aber schließlich als „glühender Konstruktion" zugetraut wird, der Musik direkten Ausdruck und „Seele" zurückzugeben (10.1, 703 ff.). Der *Doktor Faustus*, dieses „zugleich offenste und verschlossenste Buch" (vgl. Tb, 4.12.1947), zielt im Halbgeheimen auf Erlösung – und genau das passt zu Thomas Manns Liebe zum Helden und zu seiner Hoffnung in eigener Sache.

III. *Nietzsche's Philosophie im Lichte unserer Erfahrung*

Sie werden es bemerkt haben: Nietzsche im *Doktor Faustus* war bis jetzt kein Thema. Das ist von der Sache her kaum zu rechtfertigen, hier aber dadurch zu begründen, dass Nietzsche im ersten Essay-Beispiel zwar erwähnt wurde, aber nur am Rande.

Es ist seit langem klar und im einzelnen erforscht, dass nicht nur der Magier Faust, sondern auch Friedrich Nietzsche hinter der Figur Leverkühn, ihrem Lebenslauf und Werdegang steht, ja dass der Autor logische und chronologische Schwierigkeiten hatte, die beiden Hintergrundsbiographien so zu verschmelzen, dass seine Konstruktion vor den Augen des Lesers gewissermaßen verschwindet. Die Lebensdauer des Philosophen – 56 Jahre – wird beibehalten, ebenso die zehn Jahre seiner Wahnsinnsphase, aber als Ganzes um einundvierzig Jahre *nach vorne*, in Richtung auf die

Gegenwart, verlegt, Nietzsches Bordellerlebnis erscheint in kaum veränderter Gestalt, Details seiner letzten Lebensphase kommen, nur sparsam variiert, zur Sprache, und dazu ist der Roman gewissermaßen eingerahmt von Nietzschezitaten.[6]

Warum gerade Nietzsche? Wenn wir einen Blick auf die Entstehung des Romans werfen, stellen wir fest, dass er deutlich später ins Spiel kommt als die Faust-Silhouette, konkret: später also als die Figur des syphilitischen Künstlers, der sich dem Teufel verschreibt. Diesen Komplex hatte der Autor ja schon runde vierzig Jahre (1904) vor dem konkreten Romanprojekt in sich bewegt. Allerdings weist bereits das Motiv der *schöpferischen* Infektion durch die Geschlechtskrankheit indirekt auf den Syphilitiker Nietzsche hin. Als Thomas Mann es dann, im unmittelbaren Vorfeld der Niederschrift des Romans, namentlich mit Nietzsche in Verbindung brachte, konnte er aber auf ein seit langem entstandenes Nietzsche-Bild rekurrieren, das indessen weitgehend unabhängig vom Motivkomplex Doktor Faust geblieben war. Er verdankte es zu einem erheblichen Teil Ernst Bertram, der ihn schon früher, unter anderem bei den Nietzschepassagen der *Betrachtungen eines Unpolitischen* (1918), beraten hatte und dann durch sein eigenes Nietzsche-Buch, erschienen im gleichen Jahr, wesentlich beeinflussen sollte. Um es kurz zu machen: Nietzsche erscheint Thomas Mann – über Bertram – als profunder Kenner und zugleich Kritiker des deutschen Geistes, den er aus der Reformation herleitete und in enger Verbindung mit der Kunst der Musik sah, er wird seinerseits als Musiker gesehen und – in der *Zauberberg*-Zeit – als Überwinder einer zu Ende gelangten Spätromantik (sprich Richard Wagners), als „Freund des Lebens, ein Seher höheren Menschentums, ein Führer in die Zukunft, ein Lehrer der Überwindung [...].“[7]

Dieses Bild passte zur Faustus-Figur, solange diese als Inbegriff der erkenntnismäßigen und künstlerischen Innovation gesehen werden konnte: dass Thomas Mann Nietzsche als gleichberechtigtes Muster für Leverkühn sah, zeigt eindeutig, dass ihm sein radikaler Bekenntnisroman von Anfang an nicht als blanke Aburteilung einer deutschen Endzeit vor Augen stand.

Trotzdem handelt der *Doktor Faustus* auch von den „deutschen Dingen“ allgemein – das hat uns weiter oben schon die quälende Auseinandersetzung des Autors mit Vansittarts These vom *einen* Deutschland gezeigt. Thomas Mann wehrte sich – bei aller Nähe zu Vansittarts Gedanken – dagegen, als eindeutiger, ja überhaupt als Vorläufer vereinnahmt zu wer-

[6] Vgl. hierzu die Belegstellen im GKFA- Kommentar, 10.2, u.a.: 175, 409f., 548, 561, 815, 874, 890, 898, 901, 1035f.

[7] Vgl. die Nietzsche-Rede von 1924; 15.1, 790.

den. In besondere Schwierigkeiten brachte ihn dabei die kaum bestreitbare Tatsache, dass Nietzsche, eine seiner geistigen Leitfiguren, von den Nationalsozialisten als Vordenker in Anspruch genommen wurde, und dass dies nicht, und sei es auch durch eine noch so sensible Analyse seiner Schriften, eindeutig zu widerlegen war. So erscheint es naheliegend, dass der Autor Nietzsche zum Thema eines seiner traditionellen Vorträge an der Library of Congress machte. Er konnte und wollte ihn nicht opfern, und so musste er versuchen, ihn zu retten – natürlich mit Blick auf den so gut wie vollendeten *Doktor Faustus.* Wir haben es schon festgehalten: Der Protagonist des Romans, der Tonsetzer Adrian Leverkühn, war durch den Doppelcharakter des Romans, der mit Deutschland abrechnete, aber auch Thomas Mann und seine Kunst rechtfertigen sollte, zu einer zweideutigen Figur geworden, eben nicht zu einem nur-allegorischen simplen Repräsentanten des schuldig gewordenen Deutschland, sondern auch zu einer Art Märtyrer, zu einem, der „das Leid der Epoche trägt".

Nun war die Rettung Nietzsches ein „heikelstes Beginnen" (10.1, 467), zumal Ernst Bertram, Thomas Manns wissenschaftlicher Garant für Nietzsches Größe, selbst den Nationalsozialisten aufgesessen war. Andererseits konnte der Essayist daran anknüpfen, dass Nietzsches Doppelgesicht nicht nur im Roman, sondern auch in *Deutschland und die Deutschen* aufscheint: Luther, dessen Zweideutigkeit wir uns dann eingehender in unserem dritten Beispiel, den *Drei Gewaltigen*, zuwenden werden, erscheint dort als großer Vorgänger und Vordenker des Philosophen: „... die Selbstüberwindung der christlichen Moral aus Moral, aus äußerster Wahrheitsstrenge – denn das war die Tat (oder Untat) Nietzsche's –, dies alles kommt von Luther." (XI, 1134)

Nietzsche's Philosophie im Lichte unserer Erfahrung: der Titel ist aussagekräftig; er signalisiert jüngste Zweifel und treibt eine deutliche Ironisierung ins Relief, die wir bei allem Enthusiasmus Thomas Manns schon früh antreffen. „... ich *glaubte* ihm fast nichts" heißt es einmal sogar – im *Lebensabriß* von 1930 (XI, 110). Freilich liegt das schon deutlich später als der *Zauberberg* und mag hier als Beispiel eines permanenten Überdenkens und Befragens älterer Positionen gelten. Bei Wagner treffen wir Ähnliches an.

Wieder riskiere ich eine sehr knappe, pointierte Zusammenfassung eines komplizierten Vortrags bzw. Essays. Sie überspringt manches, etwa die biographischen Einzelheiten, welche die *Doktor-Faustus*-Parallelen bzw. -Varianten deutlich herausstellen. Thomas Mann betont eingangs die grundsätzliche Geschlossenheit des Gesamtwerkes von Nietzsche, das ja seit jeher den Vorwurf des Aphoristisch-Diffusen auf sich gezogen hatte.

Er setzt dem entgegen, dass Nietzsches Werk „*einen* überall gegenwärtigen Gedanken" variiere, und er zerlegt diesen Gedanken dann „in seine Ingredienzien, seine in ihm streitenden Teile":

> Sie heißen, bunt durcheinander aufgeführt: Leben, Kultur, Bewußtsein oder Erkenntnis, Kunst, Vornehmheit, Moral, Instinkt. In diesem Ideenkomplex, dominiert der Begriff der *Kultur.* Er ist dem Leben selbst fast gleichgesetzt: Kultur, das ist die Vornehmheit des Lebens, und mit ihr verbunden, als ihre Quellen und Bedingungen, sind Kunst und Instinkt, während als Todfeinde und Zerstörer von Kultur und Leben Bewußtsein und Erkenntnis, die Wissenschaft und endlich die Moral figurieren, – die Moral, welche als Wahrerin der Wahrheit dem Leben ans Leben geht, da dieses ganz wesentlich auf Schein, Kunst, Täuschung, Perspektive, Illusion beruht und der Irrtum der Vater des Lebendigen ist. (19.1, 196 f.)

Zunächst verteidigt und rechtfertigt der Autor den Ideenkomplex insgesamt mit dem Hinweis auf Nietzsches geistige Herkunft und die Gegebenheiten seiner Epoche, doch verlässt er diese Perspektive der Zeitgebundenheit, und relativiert sie entscheidend durch den Hinweis auf den derzeitigen Erkenntnishorizont, auf jüngere und jüngste Erfahrungen also. Er macht zwei grundlegende Irrtümer Nietzsches aus: einmal die Stigmatisierung des Intellekts und die Glorifikation des Instinkts, andererseits die Polarisierung von Leben und Moral auf Kosten der letzteren. Nicht der Instinkt müsse vor dem Intellekt gerettet werden, so Thomas Mann, sondern dieser sei als Korrektiv und Steuerung unverzichtbar, das hätten die trieborientierten Massenbewegungen der jüngsten Zeit gelehrt – die Moral, resp. Ethik aber sei „Lebensstütze" und „der moralische Mensch ein echter Lebensbürger" (19.1, 209).

Durch das Faktum, dass „‚der Sozialismus der unterworfenen Kaste'" den Nietzsche'schen Übermenschen „als die Idealisierung des fascistischen Führers" sehe, dass er nachweise, „daß er [Nietzsche] selbst mit seinem ganzen Philosophieren ein Schrittmacher, Mitschöpfer und Ideensouffleur des europäischen –, des Welt-Fascismus gewesen ist", sieht sich Thomas Mann zunächst „etwas in die Enge getrieben", versucht aber dann eine Gegenattacke: Nietzsche sei eher Seismograph denn Wegbereiter heilloser Zukunftsentwicklungen gewesen; seine grundsätzliche innere Hinwendung zu dem, was vornehm sei, widerstreite von allem Anfang an dem „Fascismus als Massenfang, als letzte Pöbelei und elendestes Kultur-Banausentum, das je Geschichte gemacht hat". Dann rückt der Autor den Philosophen auf eine Weise in die Nähe Leverkühns, die so gar nichts zu tun hat mit Vorläufertum und unseliger Wegbereitung. Der Philosoph wird gekennzeichnet durch sein „tragisches Schicksal", das ihm „eine über die Kraft gehende Erkenntnis" auferlegte, durch das Leiden an seiner Zeit, durch seine zur Selbstopferung bereite Askese.[8] Und dann heißt es:

> Daß Philosophie nicht kalte Abstraktion, sondern Erleben, Erleiden und Opfertat für die Menschheit ist, war Nietzsches Wissen und Beispiel. Er ist dabei zu den Firnen grotesken Irrtums emporgetrieben worden, aber die Zukunft war in Wahrheit das Land seiner Liebe, und den Kommenden, wie uns, deren Jugend ihm Unendliches dankt, wird er als eine Gestalt von zarter und ehrwürdiger Tragik, umloht vom Wetterleuchten dieser Zeitenwende, vor Augen stehen. (19.1, 226)

Nietzsche – ein Muster Leverkühns insoweit, als er Asket und Schmerzensmann ist. Anders scheint es sich mit seiner seismographischen Qualität zu verhalten. Der Essay, der ja am Ende, eigentlich erst nach der Niederschrift des Romans entstanden ist, erscheint hier selbst als eine Art Seismograph: Das frühere Bild Nietzsches kann nicht ganz beibehalten werden, er erscheint nicht mehr als Lehrer, geschweige denn als Wegweiser – als Modell Leverkühns war er das noch gewesen, wenigstens in Andeutungen und soweit philosophisches Denken auf musikalische Innovation übertragbar war. Die jüngere Auseinandersetzung mit dem Philosophen im Essay löst sich, partiell zumindest, von der Botschaft des Romans: er wird, übrigens auch unter Heranziehung neuerer Quellen, „im Lichte unserer [politischen] Erfahrung" differenzierter gedeutet. Dass Thomas Mann ihn aber retten wollte, retten mit liebender Anstrengung, zeigen übrigens auch private Texte dieser Jahre, in denen er Bertrams Buch – trotz ihrer persönlichen Entfremdung – weiter verteidigt, eben jenen Text, dem sein frühes Nietzschebild Grundsätzliches verdankt.

IV. *Die drei Gewaltigen*

Wir hatten uns zunächst einem Essay zugewendet, der sich – mitten in der Phase der Romanniederschrift – mit dem Thema des Deutschtums generell auseinandersetzte, der die Zweigesichtigkeit dieses Deutschtums diskutiert hatte, der mit dem Vorsatz der „Selbstprüfung" angetreten war. Trotz der beunruhigenden Stigmatisierung der eigenen Heimat und Kultur durch Vansittart, hatte dieser Text, konform zum Roman, die Dimensionen der Liebe und Gnade im Bereich des Möglichen gesehen. Dann behandelten wir die rettende Beschwörung der großen Hintergrunds- und

[8] Zur gesamten Gedankenfolge siehe 19.1, 214–217.

Modellgestalt Nietzsches, verfasst unmittelbar nach der Beendigung des *Doktor Faustus*, diesmal in sich andeutender Distanz zum romanesken Kompositionsgefüge. Jetzt, zum Abschluss, kommt ein Essay aus dem Jahr 1949 über deutsches Kulturprofil zur Sprache, der einerseits auf den Roman zurückblickt, andererseits bezeichnend reagiert auf die aktuell-bedrängende Situation, in der der Neuamerikaner Thomas Mann sich gerade befand.

Zur Vor- und Entstehungsgeschichte der *Drei Gewaltigen*: Der *Doktor Faustus* war 1947 erschienen; die erste englische Übersetzung datiert vom folgenden Jahr. Die Aufnahme des Romans war in den USA gespalten – das „musikalisch erzählbare Deutschlandbild“[9], das im *Doktor Faustus* Gestalt gewinnt, erwies sich als schwer vermittelbar, und außerdem richtete sich das Interesse der Öffentlichkeit schon auf ein anderes Problem als auf die Demokratisierung des postnazistischen Deutschland. Das *House Unamerican Activities Committee* (HUAC), bereits 1938 zur Aufspürung nazistisch-faschistischer Unterwanderung gegründet, wandte sich schon in der Zeit des amerikanischen Kriegseintritts bevorzugt der Offenlegung kommunistischer „Umtriebe“ zu. Und hier geriet Thomas Mann ins Visier. Sein Eintreten für kommunistische oder als kommunistisch verdächtigte Künstlerkollegen führte – nach einer schon relativ langen Phase der Überwachung durch den FBI – 1949 zu einer publizistischen Attacke durch *Life*. Im Rahmen eines Artikels über die New Yorker Weltfriedenskonferenz 1949 erschien eine Art Fotogalerie von Amerikanern, die als *Communist Dupes* (‚nützliche Idioten‘) oder *Fellow travelers* (‚Mitläufer‘) verdächtigt wurden, und Thomas Mann befand sich darunter. Er wollte offen dagegen vorgehen, entschied sich aber anders, als die New York Times auf ein früheres Angebot zurückkam, einen großen Goethe-Artikel zu schreiben. Die Geschichte des heutigen Titels braucht hier nicht wiederholt zu werden: Herbert Lehnert hält jedenfalls zu recht fest, dass dem Angegriffenen ein großer Artikel in der führenden Zeitung des Landes ein besseres Mittel „zur Herstellung seines Ansehens“ zu sein schien als eine direkte Reaktion auf die Polemik von *Life*.[10]

Das erbetene Thema bot ihm zudem eine weitere Gelegenheit, sein Deutschlandbild publikumswirksam zu vermitteln: „Die drei Gewaltigen, von denen ich hier spreche – um mit wahrer Herzensneigung nur von einem von ihnen zu sprechen – sind Luther, Goethe und Bismarck.“ (19, 1, 651)

[9] Vaget (zit. Anm. 2), S. 430.
[10] Vgl. den Kommentar von Lehnert in 19.1, 742 f.

Der eben zitierte Passus formuliert insofern ein bisschen nachlässig, als er eine chronologische Reihung der behandelten Personen bietet – der Text selbst ist jedoch ein wirklicher „Goethe-Artikel“: er beginnt mit Luther und gipfelt in seinem letzten umfangreichsten Teil in Goethe. Mit Luther und Goethe aber sind zwei Hintergrundsgestalten des *Doktor Faustus* wieder aufgerufen; und es wird aufschlussreich sein, wieweit diese Figurenkonstellation die Botschaft des Romans wieder aufgreift.

Wir schlagen wie angekündigt bei der Behandlung des Lutherthemas den Bogen nicht nur zum Roman zurück, sondern auch zum ersten Essay *Deutschland und die Deutschen*. Luther erscheint hier in nicht überbietbarer Zwiespältigkeit; Stichworte sollen genügen:

Angelastet werden ihm 1945 „das Deutsche in Reinkultur“, das „Separatistisch-Antirömische, Anti-Europäische, dann „das spezifisch Lutherische, das Cholerisch-Grobianische, das Schimpfen, Speien und Wüten, das fürchterlich Robuste, verbunden mit zarter Gemütstiefe und dem massivsten Aberglauben an Dämonen, Incubi und Kielkröpfe.“ Entgegengestellt wird ihm, dessen Tischgast der Redner nicht hätte sein wollen, weil er sich wohl „wie im trauten Heim eines Ogers“ gefühlt hätte, der elegante Humanistenpapst Leo X, Giovanni de' Medici und der „feine Pedant Erasmus“. Und flüchtig zeichnet sich die Silhouette Goethes ab, der über den Gegensatz Luther–Erasmus hinaus ist und ihn „versöhnt“: „Er ist die *gesittete* Voll- und Volkskraft, urbane Dämonie, Geist und Blut auf einmal, nämlich Kunst...“ (XI, 1133)

Freilich erscheint Luther seinerseits „als riesenhafte Inkarnation deutschen Wesens [...], groß im deutschesten Stil“, „groß und deutsch auch in seiner Doppeldeutigkeit als befreiende und zugleich rückschlägige Kraft, ein konservativer Revolutionär. Er stellte ja nicht nur die Kirche wieder her; er rettete das Christentum“ (XI, 1132f.). Und dann findet der Autor hymnische Worte über Luthers Bibelübersetzung, über seine Neuschaffung der deutschen Sprache, die in Goethe und Nietzsche ihre Vollendung finde, über seine befreiende Wirkung auf das theologische und philosophische Denken, der freilich seine Fremdheit der politischen Freiheit gegenübertritt, konkret seine menschenverachtenden Stellungnahmen gegenüber dem Bauernaufstand (vgl. XI, 1134).

Text- und Motivparallelen zum *Doktor Faustus* sind unverkennbar, und es ist nicht schwer, Thomas Manns Hauptquellen ausfindig zu machen, u.a. Nietzsche und das Huttenbuch von David Friedrich Strauss. Auch im Roman wird die Reformation in zweideutiger Weise gewürdigt, und zur Sprache kommt Luthers nicht gewollte Wiederherstellung der Papstkirche (wieder nach Nietzsche). Verspottet werden in der Parodie, d.h. in der

Gestalt des Theologen Ehrenfried Kumpf, Luthers Tischgespräche, sein fulminanter Appetit und seine dröhnende Geselligkeit bei Tisch.[11]

Es liegt auf der Hand: die Zwiespältigkeit der Luthergestalt, die im Essay des Jahres 1945 erscheint, wurde primär für eine Art Ausflaggung des *Doktor-Faustus*-Deutschlandbildes gebraucht – sein Vorläufertum, ja der Synchronismus mit dem Eindringen der Syphilis in Europa hatten nicht zuletzt kompositorische Gründe.

Galt das alles auch noch 1949? Nun, der Reformator ist da einer von drei „Gewaltigen" und er fungiert als Introduktion des Essays. Werfen wir jetzt erstmals einen Blick auf den späten Text, ohne in einen philologischen Einzelvergleich einzusteigen. Viele Motive aus *Deutschland und die Deutschen* kommen wieder, allerdings weitgehend neu formuliert: Luther als „ein Fels und ein Schicksal von einem Menschen, ein heftiger und roher, dabei tief beseelter und inniger Ausdruck deutscher Natur, ein Individuum, klobig und zart zugleich..." „sinnlich und sinnig, revolutionär und rückschlägig" ... Und es geht weiter mit Luthers Humanismusferne, seinem Aberglauben, seiner „Balgerei mit dem Teufel", seiner kriegerisch-polemischen Einstellung zu Kirche und Papst, seinem Eintreten für das religiöse Individuum und andererseits für die politische Gängelung. Dann mit seiner antirömischen, antieuropäischen Haltung, seinem Nationalismus und Antisemitismus ... Darauf in scharfer Entgegensetzung, mit der Bibelübertragung, der Neugestaltung der deutschen Sprache. Und, in erneuter Kehrtwendung, mit den politischen Folgen seines Wirkens: „... entsetzliches Blutvergießen im Glaubenszwist, Bartholomäusnächte, Krieg dreißig Jahre lang, [...] das hätte der stiernackige Gottesbarbar bereitwillig auf diesen seinen gedrungenen Hals genommen, ‚Hier stehe ich, ich kann nicht anders'." (19.1, 651 f.)

Man kann auch nach dem zweiten Blick sagen: Viel hat sich nicht getan; Thomas Manns Lutherbild wurde in seiner Zweideutigkeit weitervertreten, seine Vorläuferqualitäten wurden beibehalten, ja gelegentlich verdeutlicht – bis hin zum Drastischen.[12] Als nächster „Gewaltiger" kommt Bismarck an die Reihe – auch ihm gehört nicht die „wahre Herzensneigung" des Autors, wie dieser eingangs festhielt, und man muss sich bei der Lektüre der ihm gewidmeten anderthalb Seiten eingestehen, dass speziell zu ihm Thomas Mann nicht viel einfiel. Er würdigt ihn zunächst generell als das überraschende Phänomen „eines politischen Genies aus deutschem Stamm", ver-

[11] Vgl. die Belege in 10.1, 130–132, 141–146, und dazu den Kommentar in 10.2, 332–336, 348–356.

[12] Zu den scharf abwehrenden Kritiken der evangelischen Theologie vgl. Lehnerts Ausführungen zur Rezeptionsgeschichte des Essays in 19.2, 743 f.

weilt aber dann vorwiegend auf den machtpolitischen Qualitäten dieses „hysterische[n] Kolosses mit hoher Stimme“[13], mit Luther verbinde diesen „Revolutionär“, der zugleich eine „Ausgeburt rückschlägiger Bärenkraft“ gewesen sei, (neben seiner Völlerei) lediglich das Germanisch-Antieuropäische, die „Lust und Leidenschaft des Hasses“, die bedingungslose Gegnerschaft gegen den Ultramontanismus und ein genereller Autokratismus. Zu Luthers „Beseeltheit“, seiner mystischen Tiefe, seiner innovativen Sprachgewalt fehlt bei Bismarck so gut wie jedes positive Pendant.

Der Bismarckteil des Essays ist wenig mehr als ein Übergang vom ungeliebten, aber hoch respektierten Gewaltigen des ersten zum geliebten des dritten Teiles, zu Goethe. Bei ihm verweilt der Autor (oder Redner) länger als bei den zwei anderen Giganten zusammen.

Goethe wird von Thomas Mann, der sich in dessen zweihundertstem Geburtsjahr als eine Art Festredner verstehen darf, enthusiastisch eingeführt:

> Dazwischen nun [d.h. zwischen 16. und 19. Jahrhundert, R. W.] – Heil ihm! – das achtzehnte Jahrhundert, das den ‚großen Mann‘ deutscher Nation, den Übermenschen in höchster, weltgewinnender Liebenswürdigkeit hervorbrachte, als Dichter und Weisen, als Lebensfreund, Friedenshelden, als Gesegneten der Natur und des Geistes, als Liebling der Menschheit, – so ist man zu sagen versucht angesichts der reinen und einmütigen, der andächtigen Sympathie, mit der buchstäblich die ganze bewohnte Erde jetzt die zweihundertste Wiederkehr seiner Epiphanie begeht. (19.1, 653 f.)

Der Gebrauch des Wortes „Epiphanie“ wird gerechtfertigt, es stehe auch hier, so Thomas Mann, für die Erdenankunft eines Gottes. Und nun – wieder in wenigen Strichen – der Gang der Eloge: Was bei der Darstellung und Würdigung Luthers angesprochen wurde, bei derjenigen Bismarcks eher zum Verkümmern neigte, erscheint hier in vollem schimmernden – oder schillernden? – Glanz: die Doppelung von Halbgott und Ungeheuer, von menschlicher Vollkommenheit und gleichfalls existentieller Dämonie. Und nochmals wird die unerlaubte Trennung eines guten von einem bösen Deutschland aufgerufen – das ist der Blick auf *Doktor Faustus* zurück, gewissermaßen *post festum.* Goethe erscheint expressis verbis – in *Deutschland und die Deutschen* war das schon angeklungen – als einzigartige Synthese von „deutscher Gewaltigkeit“ und Gestalt gewordenem Humanismus, als „olympisch gebildeter Titan“, der den Gegensatz Luther-Erasmus versöhnt. Eine Harmonie, die errungen werden musste, die sich über einem Nihilismus erhebt, der in der Mephistophelesfigur sich personalisiert hat,

[13] Vgl. zu den folgenden Zitaten 19.1, 652 f.

Aber dieses ‚Nichts', es ist ein anderer Name für ‚Alles', für das Menschlich-Umfassende, für die tausendfache Lebendigkeit des Proteus, der in alle Formen schlüpft [...]. Nichts und alles sind da eins, wie Mephistopheles und Faust eins sind in der Person ihres Schöpfers, der sie ihren Pakt schließen läßt auf dem Grund einer totalen, das Höllische ins Allmenschliche umdeutenden Lebenshingegebenheit. (19.1, 657)

Goethe gehört nicht zu den offen eingestandenen Hintergrundsmustern des *Doktor Faustus*, doch ist auch sein festrednerischer Lobpreis ein verstohlener Blick zurück. Thomas Mann beschreibt hier das Lebensbejahende, das im Grunde Zukunftsträchtige des Goetheschen Teufelspaktes – der vielleicht doch das alte Muster des Volksbuchpaktes außer Kraft setzt. Jedenfalls gibt er uns einen weiteren Hinweis, dass *sein* Adrian Leverkühn, den er mehr liebte als alle sonstigen Imaginationen aus seiner Feder, alles andere ist als ein verbrecherisches Deutschland in Menschengestalt.

Aufschlussreich und in gewissem Sinne verwunderlich auch, wie er seinen Text enden lässt. Nach einer letzten Aufgipfelung des Lobpreises der alle Gegensätze versöhnenden und überholenden Gestalt Goethes ist es plötzlich doch das allein dastehende „gute Deutschland", das den Schlussakkord bildet: „Das ‚gute Deutschland', das ist Kraft, gesegnet durchs Musische, gesittete Größe. So konnte ein Deutscher musterhaft werden, Vorbild und Vollender seines Volkes nicht nur, sondern der Menschheit, zu deren Selbst er sein Selbst erweiterte." (19.1, 660)

V. Versuch einer Zusammenschau

Drei Essays bzw. Vorträge gruppieren sich um den *Doktor Faustus*, die den Roman einerseits konstant kommentierend erhellen, die aber andererseits verlaufende Zeit und Geschichte abbilden.

Zu den Konstanten: Immer wieder geht es um den Unheilsweg Deutschlands und die Betroffenheit Thomas Manns. Eine besserwisserische Außenperspektive in eigener Sache wird kaum je eingenommen, die Perspektive Vansittarts, der ein einziges, von Anfang an auf Hitler hinstrebendes Deutschland postulierte, blieb stets bedrängend gegenwärtig, wurde nie offen attackiert, immer ernst genommen, aber auch nie übernommen. Die vorbehaltlose Kritik an der neueren Entwicklung Deutschlands und den dafür direkt Verantwortlichen verband sich, im Roman wie in den Essays, mit dem (vorsichtigen) Glauben an „Gnade" und Zukunft – in eigener Sache, aber auch in Sachen Deutschlands.

Zu den Variablen: Geistige Instanzen, die Thomas Manns schriftstellerischen Weg von Anfang an begleitet hatten – in unserem Falle Luther, weniger als Person denn als Vertreter eines Weltbildes, Nietzsche und Goethe – wurden in den Entstehungsjahren des Romans und kurz danach einer permanenten Befragung und Prüfung unterzogen. Bei Luther blieben die Ergebnisse weitgehend konstant; eine Neuzuwendung zu ihm datiert erst in den Jahren nach der *Faustus*-Zeit, sie ist uns erhalten in den Materialien zu einer Komödie über ‚Luthers Hochzeit', die andere Akzente setzen[14] und damit zu erweisen scheinen, dass Luthers Zweigesichtigkeit partiell auch dem entstehenden Roman geschuldet war – ohne dass man Thomas Manns Quellenarbeit grundsätzlich in Zweifel ziehen sollte. Was man ihm freilich vorhalten kann, ist die – eben der Romankonzeption geschuldete – Einseitigkeit der Quellenarbeit. Als besonders heikel erwies sich die Auseinandersetzung mit Nietzsche: Er wurde (mit Anstrengung) gerettet, verlor aber seinen Status als Wegweiser in die Zukunft, der in der Konzeptions- und Entstehungszeit des Romans noch wirksam gewesen war. Thomas Manns Goethebild, das im Roman verdeckt gewirkt hatte (und wohl für den latenten Erlösungsgedanken verantwortlich war), wurde nachher gewissermaßen festlich enthüllt und half den sozialen und kulturellen Zukunftsglauben des Autors stützen – natürlich ohne für eine generelle Rehabilitierung Deutschlands missbraucht zu werden.

Gerade die Synopse von Roman und Essay hat, so hoffe ich wenigstens gezeigt zu haben, die Komplexität, aber auch die Ehrlichkeit und Folgerichtigkeit von Thomas Manns Auseinandersetzung mit den Herausforderungen der nationalsozialistischen Zeit Deutschlands erneut unter Beweis gestellt.

[14] Vgl. Bernd Hamacher: Thomas Manns letzter Werkplan ‚Luthers Hochzeit'. Edition, Vorgeschichte und Kontexte, Frankfurt/Main: Klostermann 1996 (= TMS XV).

Jutta Linder

Im Dienst der Politik
Thomas Manns *Deutsche Hörer!*

Als die New Yorker Vertretung der britischen Rundfunkgesellschaft im Herbst 1940 auf Thomas Mann zuging mit der Bitte, er möge für ihren Deutschen Dienst in London eine Reihe von Nachrichtenkommentaren übernehmen (vgl. XI, 983),[1] konnte sie ihm mit einem solchen Anliegen nur willkommen sein. Zunächst einmal schon grundsätzlich in bezug auf das fragliche Medium selbst, da der Schriftsteller bekanntermaßen zu jenen gehörte, die die „große Einrichtung der Radio-Kommunikation",[2] wie er sie einmal nannte, mit Passion benutzen, und zwar vor allem dann, dies sei gleich hinzugefügt, wenn es um den Bereich politischer Informationen ging. Um sich hiervon eine Vorstellung zu machen, genügt es, einen Blick in die Tagebuchüberlieferung zu werfen, die von Hinweisen auf seine Gewohnheiten als Rundfunkhörer nur so wimmelt. Waren es prominente Vertreter der Politik, die ihre Ansprachen hielten,[3] waren

[1] Eine Hand im Spiel wird wohl auch Tochter Erika gehabt haben, die bekanntlich mehrfach beim Deutschen Dienst der BBC tätig gewesen ist. Auch in den Monaten, die besagter Einladung vorangingen, arbeitete sie im Londoner Rundfunkstudio. Wie weit freilich ihr Einfluss gegangen sein mag, ist ungewiß, nachweisen läßt sich im Prinzip nur, daß sie in der Angelegenheit ihres Vaters vermittelt hat. Verwiesen sei diesbezüglich auf die archivalischen Nachforschungen von J. F. Slattery: Erika Mann und die BBC 1940–1943, in: TM Jb 12, 1999, 309–347.

[2] So der Wortlaut einer Ansprache des Schriftstellers vom Juni 1934, als er sich auf seiner ersten Reise in die USA befand. (Vgl. XIII, 626) Ausführlich betonte er bei der Gelegenheit, wie er „auch auf dem heimatlich-europäischen Boden", sich besagter Einrichtung „immer mit besonderer Vorliebe bedient habe, weil die phantastische Reichweite ihrer Wirkungsmöglichkeit von jeher eine große Anziehungskraft" auf ihn ausgeübt habe. Natürlich, so räumte er ein, sei er sich bewußt, daß ihr auch „gefährliche Möglichkeiten des Mißbrauches" innewohnten, nichtsdestotrotz fuhr er fort, ihre Vorzüge zu unterstreichen als einer „Erfindung" in deren „Wesen" es liege, „die räumliche Entfernung vollständig aufzuheben", die wie „keine andere berufen und bestimmt" sei, „die Vereinigung und Verständigung der Menschheit zu fördern", was sich dann seinerseits – wohlgemerkt – „nahe mit der besonderen Aufgabe des Schriftstellers und Dichters" berühre. (Ebd., S. 626 f.)

[3] Mit Leidenschaft hat Mann vor allem die Äußerungen des von ihm so hochgeschätzten Roosevelt am Radio verfolgt, nachdem er sich selbst in Amerika niedergelassen hatte. Zitiert seien zur Verdeutlichung zwei Bemerkungen, die er in den Tagebüchern um den Jahreswechsel 1940 machte. „Nach dem Kaffee kamen wir gerade zurecht, um in unserem Salon die

es Journalisten von Rang, die ihre Kommentare zum aktuellen Geschehen lieferten,[4] pünktlich findet sich in den tagtäglichen Aufzeichnungen Manns eine entsprechende Resonanz. Ganz zu schweigen vom Programm der Nachrichten selbst, mit dessen Hilfe er – ergänzend zur Tagespresse, der er sich gleichfalls intensiv widmete – sich aufs genaueste über den Gang der Politik seiner Zeit ins Bild zu setzen suchte, im Kleinen und natürlich besonders im Großen. Zur Illustration sei beispielhaft die Kette von Eintragungen angeführt, die sich in den Diarien an drei aufeinanderfolgenden Tagen vom April 1940 in bezug auf den Einfall des deutschen Heeres in Norwegen findet. „Beklemmend-aufregende, noch unentscheidende Meldungen zu versch. Stunden des Tages über die Marine- und Flug-Kämpfe in der Nordsee, an der norwegischen Küste. Widerstand der Norweger", heißt es dort für den 10. des Monats. Weiter geht es noch unter selbigem Datum mit der Eintragung: „Wieder Nachrichten gehört. Warum haben die Engländer die Invasion Norwegens nicht verhindert? Unfähigkeit oder Falle?" Der Tag darauf notiert dann: „... längere Zeit Radio-Nachrichten u. Betrachtungen gehört. Die Deutschen haben ihre halbe Flotte verloren u. Truppentransporte von 1 Armeecorps-Stärke sind versenkt. Die Alliierten besitzen aber offenbar nicht die volle Controle, da es gelungen ist, weitere deutsche Truppen in Norwegen zu landen". Und wieder einen Tag später, am 12. April, wo das Unternehmen Blitzkrieg wohl noch nicht so eindeutig war, lautet es: „Viel Radio Nachrichten gehört. Weitere deutsche Schiffsverluste. Das skandinavische Abenteuer scheint tatsächlich in die Brüche zu gehen, besonders da Schweden die Einwilligung zum Durchmarsch ‚fremder' Truppen verweigert."

Willkommen aber – um zu unserem Thema zu kommen – war dem Schriftsteller das Angebot der BBC vor allem, weil es ihm in seinem Kampf gegen Hitler, den er schon früh mit entsprechenden Seitenhieben in *Goethe und Tolstoi* von 1925 eingeleitet,[5] dann namentlich über

Rede des Präsidenten zu hören, die mich tief bewegte und mit Hoffnung erfüllte", schreibt er am 29. Dezember und am 6. Januar dann: „Nach dem Lunch Kongress-Rede des Präsidenten. Vorzüglich."

[4] Insbesondere die Kommentare, die der angesehene Journalist Raymond Gram Swing lieferte, waren ihm wichtig. Angeführt sei nochmals mit einer repräsentativen Stelle das so wertvolle Tagebuch: „Swing im Radio über die heutige Amerika-Rede Reynauds, deren wichtigster Punkt die Zuziehung Amerikas zur wirtschaftl. Zusammenarbeit Englands u. Frankreichs nach dem Kriege." (Tb 3.4.1940)

[5] „Wir brauchen hier über den deutschen Faszismus", heißt es gegen Ende der Essayfassung von *Goethe und Tolstoi*, „seine Entstehung, die vollkommene Erklärlichkeit seiner Entstehung nicht viel Worte zu machen. Es genügt die Feststellung, daß er eine ethnische Religion ist, der nicht nur das internationale Judentum, sondern ausdrücklich auch das Christentum, als menschheitliche Macht, zuwider ist und deren Priester zum Humanismus

die große Warnrede *Appell an die Vernunft* von 1930 fortgeführt und – nach dem Schweigen in den ersten Jahren der Emigration – systematisch im großen Kontinent als „demokratischer Wanderredner" (Br III, 248) in die Hand genommen hatte, jetzt die Möglichkeit zu bisher unerreichter Stoßkraft eröffnete. Denn, so betont er selbst im Vorwort zur Erstausgabe seiner *Deutschen Hörer!*, die 1942 als Teiledition bei Bermann Fischer in Stockholm erschien, die BBC war imstande, und dies wie nur wenige der ausländischen Rundfunkstationen, die im Nationalsozialismus unter die Rubrik „Feindsender" fielen, ihre Übertragungen auf Langwellen zu liefern, also über den Empfang laufen zu lassen, der als solcher der deutschen Bevölkerung allein noch erlaubt war (vgl. XI, 984). Mit anderen Worten, unvergleichlich leichter, als sich etwa auf das Columbia Broadcasting System Amerikas[6] zu stellen, war es seinerzeit – freilich auch, wie bekannt, unter hoher Gefahr[7] –, auf den britischen Kanal, auf Radio London zu schalten. Es ließen sich dergestalt sozusagen die Lücken im System der offiziellen Abschottung nutzen, ein Umstand, auf den Mann gleichwohl hinweist, indem er in genanntem Vorwort davon spricht, daß er, nachdem er von den Machthabern durch Verbot seiner Schriften „jeder geistigen Wirkungsmöglichkeit in Deutschland" beraubt worden war, nun „hinter dem Rücken der Nazi-Regierung" (XI, 983 f.) mit den Landsleuten in der Heimat wieder in Kontakt treten könne.

Daß Thomas Mann eine deutsche Selbstbefreiung bis zu einem gewissen Punkt überhaupt im Bereich des Möglichen gesehen hat, zumindest noch um die Zeit, in der Italien das Joch des faschistischen Regimes abwarf,

unserer klassischen Literatur sich nicht freundlicher verhalten; er ist völkisches Heidentum, Wotanskult, – feindlich ausgedrückt (und wir wollen uns feindlich ausdrücken) romantische Barbarei." (15.1, 932) Wenn Thomas Mann, wie der Textkommentar hervorhebt (vgl. 15.2, 529), solche „Hellsichtigkeit" in Bezug auf den Nationalsozialismus zeigt, dann haben ihm sicherlich, so sei hinzugefügt, auch die Signale dazu verholfen, die der Fall Italien – dafür spricht die Schreibweise „Faszismus" – gesetzt hat, dessen Politik er wiederum, wie er nicht zuletzt mit *Mario und der Zauberer* beweist, aufs aufmerksamste verfolgt hat.

[6] Verwiesen sei auf die differenzierte Datensammlung, die auf der Grundlage archivalischer Nachforschungen erstellt wurde, von Conrad Pütter: Rundfunk gegen das ‚Dritte Reich'. Deutschsprachige Rundfunkaktivitäten im Exil 1933– 1945. Ein Handbuch, unter Mitwirkung von Ernst Loewy u. mit einem Beitrag von Elke Hilscher erarbeitet im Auftrage des Deutschen Rundfunkarchivs, München u.a.: Saur 1986, S. 149. Speziell zum – mit dem September 1938 eingerichteten – Deutschen Dienst der BBC: S. 84 ff.

[7] Mit dem 1. September 1939 trat in Deutschland die „Verordnung über außerordentliche Rundfunkmaßnahmen" in Kraft. Darin im Wortlaut: „§ 1. Das *Abhören ausländischer Sender ist verboten*. Zuwiderhandlungen werden mit *Zuchthaus* bestraft. In leichteren Fällen kann auf Gefängnis erkannt werden. Die benutzten Empfangsanlagen werden eingezogen. § 2. Wer *Nachrichten ausländischer Sender verbreitet*, wird mit Zuchthaus, in besonders schweren Fällen mit dem *Tode* bestraft." Abgedruckt in: Rundfunkarchiv. Zeitschrift für Rundfunkrecht und Rundfunkwirtschaft, Bd. 12, H. 8/9, August/September 1939, S. 353.

ist bei aller Vorsicht doch wohl anzunehmen.[8] Denn darauf läuft seine Argumentation, die andernfalls unglaubhaft wäre, in den Texten seiner Rundfunkreden sichtbar hinaus, wenn er etwa – dies sei schon vorweg angeführt – in der Ansprache vom 27. Juli 1943, zwei Tage nur nach der Verhaftung Mussolinis und der Bildung der Regierung Badoglio, mit folgenden Erklärungen seine Landsleute auffordert, sich an Italien ein Beispiel zu nehmen:

> Das ist ein politisches Volk, das den Augenblick erfaßt, da ein über und über kompromittiertes, ein völlig unmöglich gewordenes Regime fallenzulassen, über Bord zu werfen ist, und es nicht mit sich schleppt, bis alles verloren ist. Deutsche, wenn ihr euch nicht zu diesem politisch-intelligenten Entschluß aufzuraffen vermögt, wenn ihr es nicht im letzten Augenblick fertigbringt, euch des Gesindels zu entledigen, das euch und der Menschheit so Schandbares angetan hat, so ist alles verloren, Leben und Ehre. (XI, 1078f.)

Entsprechend lautet dann sein Aufruf zum Schluß der Sendung: „Handelt! Verwirklicht in eurem Geist, was geschehen ist! Der Faschismus ist in seinem Ursprungsland vernichtet!". Und auch noch zwei Monate später hält Mann an seiner Position fest, da er die Ansprache vom 29. September 1943 so anheben läßt:

> Ist Deutschland rettungslos verloren? Nein, es kann gerettet werden, noch heute, noch morgen, vor der äußersten Zerstörung, die ihm droht: durch eine demo-

[8] Wenn Mann sich schon in der Zeit zuvor in entgegengesetztem Sinne geäußert hat, wie er es beispielsweise in seinem Brief an Agnes Meyer vom 27./28. April 1942 tat, dann muß das obige Annahme nicht in Abrede stellen. Schwankungen in der eigenen Meinung liegen ja bei solchen Fragen in der Natur der Sache. Wie der Schriftsteller auch im Moment großer Skepsis dann doch wieder hin und her überlegt, zeigt die betreffende briefliche Äußerung selbst, die mit Bezug auf die Radiosendung vom April 1942 besagt: „Wegen dieser neuesten habe ich sogar Gewissens-Skrupel, weil man sich nämlich durch die Aufforderung an die Deutschen, sich zu erheben, ihren Raub-Poebel, die Nazis, zum Teufel zu jagen und der Welt Frieden zu bieten, – dann könne sogleich ans Werk der neuen Ordnung im Geist der Atlantic Charter gegangen werden, einer Ordnung der Freiheit und Sicherheit für Alle, – leicht der späteren Bloßsetzung aussetzt durch das, was den Deutschen, wenn sie jetzt, schon viel zu spät, revoltieren, doch natürlich wird geschehen müssen. Denn daß man sie nach allem, was sie angerichtet, ohne Weiteres mit offenen Armen als vollwertiges und gleichberechtigtes Mitglied in die Gemeinschaft der Völker aufnimmt, ist selbstverständlich ausgeschlossen. Vorderhand wird es ihnen nicht gut gehen, und dann steht man als einer da, der geholfen hat, sie zu ‚betrügen'. Es ist aber wohl eine überflüssige Sorge, – sie werden nicht aufstehen, sondern werden, und müssen vielleicht, es bis zum bitteren Ende weitertreiben. Wer so weit übers A hinausgekommen ist im Alphabet muß wohl bis zum Z gehen." (DüD II, 615f.) Wäre Mann aber, so läßt sich noch anfügen, durchweg bereits zur gegebenen Zeit von der Aussichtslosigkeit einer nationalen Selbstbefreiung überzeugt gewesen, dann hätte er wohl auch nicht erst nach dem Scheitern des 20. Juli, sondern schon früher vom eigentlichen Kurs seiner *Deutschen Hörer!* abgelassen.

kratische Revolution, durch die entschlossene Beseitigung des weltunmöglichen Raub- und Mordregimes, das diesen Krieg entzündet hat und dessen Verschwinden Deutschland friedensfähig machen würde, nach Ost und West. (XI,1082)

Daß freilich von einem solchen „morgen“ auch für ihn spätestens nach dem Scheitern des 20. Juli nicht mehr zu sprechen war, ist ebenfalls an seiner Handhabung der *Deutschen Hörer!* auszumachen, insofern nämlich, als er sich mit eben diesem Monat fürs erste aufs Schweigen verlegte, die ganze Initiative ruhen ließ,[9] um erst ein halbes Jahr später wieder auf den Plan zu treten,[10] genauer gesagt im Januar 1945, dann aber mit, wie er sich ausdrückte, „Trost-Ansprachen“[11] unter anderen Vorzeichen. Doch davon im späteren.

Mit Stolz in jedem Fall – das noch zu unseren Präliminarien – hat Mann auf dieses sein Unternehmen dann zurückgeblickt, selbst wenn er es in bezug auf dessen Zielsetzung einer, so wörtlich, „Erregung innerdeutschen Widerstandes“ (Tb, 25.8.1941) letztlich als, so nochmals sein Ausdruck, „verlorene Liebesmüh“ (19.1, 115) ansehen mußte. Seinem Gewissen zumindest auch dank der Information, die ihn wiederholt erreichte, daß doch viele in der Ferne Trost und Stärkung durch seine Worte erhalten hatten, hat die Aktion *Deutsche Hörer!* wohl entsprochen, und so sind es immer wieder sie, die Rundfunksendungen, die er ins Feld geführt hat, wenn er nachträglich bei den heftigen Kontroversen um seine Person sich gezwungen sah, die eigene moralische Integrität als Deutscher unter Beweis zu stellen. Etwa bei der berühmten Auseinandersetzung mit Walter von Molo vom Sommer und Spätsommer 1945, die sich um seine Nicht-Rückkehr in die Heimat drehte und bei der er geltend machte: „Das Halb-

[9] Bezeichnend sind folgende Äußerungen Manns in einem unveröffentlichten Brief an die BBC vom 20. Mai 1944: „I want to inform you that I find it harder and harder to continue with my monthly broadcasts to Germany. You can easily imagine the reasons. At the present moment, it is very difficult to advise and help the German people. As long as a decisive change in the military situation has not been effected, it will not be possible to induce the Germans to get rid of their present regime – nor are they physically in a position to do so. Speaking to them, one does not quite know what admonition to give them. Therefore, I want to ask the central office of the British Broadcasting System whether it would not be wiser for me to discontinue my broadcasts for the time being, and to wait until a new situation – let us say the opening of a second front, the liberation of several European countries – has been established.“ (TMA)

[10] „Ich mußte auch wieder anfangen“, teilt Mann am 13. Januar 1945 Caroline Newton mit, „für B.B.C., London, Ansprachen nach Deutschland zu richten. Aber was soll man diesen unglückseligen, verdummten und verbiesterten Menschen sagen?“. (DüD II, 619) Knapp einen Monat zuvor vermerkte er noch im Tagebuch: „Revozierung meiner Zusage an B.B.C. Zu früh, nicht genug Boden unter den Füßen – in jedem Sinn.“ (Tb 19.12.1944)

[11] So die Formulierung im Tagebuch vom 4. März 1945: „Schrieb bis 1 Uhr / an neuer deutscher (Trost-)Ansprache [...].“

hundert Radiobotschaften nach Deutschland (oder sind es mehr?), die jetzt in Schweden gedruckt wurden, – diese immer sich wiederholenden Beschwörungen mögen bezeugen, daß oft genug anderes mir vordringlicher schien, als ‚Kunst'." (19.1, 79)

Wie willkommen also im Herbst 1940 die britische Rundfunkgesellschaft dem Dichter gewesen sein muß, als sie ihm das Angebot einer Mitarbeit machte, ist anhand des Beschriebenen unschwer zu ermessen. Und unverzüglich hat er sich selbst auch ans Werk gemacht, was wiederum klar und deutlich der Tagebuchüberlieferung zu entnehmen ist. Fanden laut ihrer die ersten Vereinbarungen im New Yorker Büro am 10. Oktober statt, so wurde bereits zwei Wochen später, wie es dort weiterhin heißt, „das Kabel nach London" mit Sohn Golo „besprochen". Am 26. Oktober notiert dann das Diarium, es sei „eine neue Einleitung für die Kabel-Message nach London geschrieben", und mit dem 4. November traf nach dem Zeugnis dieser Aufzeichnungen schon die Nachricht ein, daß die „Message nach Deutschland von London gesendet worden".

Allmonatlich wurde in der Regel in der Zeit darauf – von der Pause nach dem Stauffenberg-Attentat abgesehen – eine Sendung *Deutsche Hörer!* von London aus bis Ende des Krieges übertragen, die ersten vier gelangten nach England per Kabeltelegramm, das Thomas Mann auf den Umfang von fünfhundert Worten eingrenzen mußte. Vom März 1941 freilich an sprach er sie selbst auf Platte, deren Aufnahme zunächst vom New Yorker Studio aus, dann nach dem Umzug des Schriftstellers nach Pacific Palisades von den Studios in Los Angeles oder Hollywood aus teils über Luftpost, teils über Kurzwellen- oder Telefonkommunikation, den Deutschen Dienst in London erreichte, um von dort in die Langwellenübertragung nach Deutschland zu gehen.[12] Auch der Umfang der jeweiligen Rede änderte sich, waren die ersten noch auf fünf Minuten Sprechzeit bemessen, so wurden die weiteren gleichzeitig mit dem Einführen der eigenen Stimme auf rund acht Minuten verlängert. Der Inhalt schließlich, der zunächst noch mehr an Amerika orientiert war,[13] konzentrierte sich schon ab Weihnachten 1940, also vom dritten Sendemonat an, voll auf das Thema Hitlerdeutschland.

[12] Übertragen wurde die Aufnahme in London nochmals auf eine Platte, die dann vor dem Mikrophon ablief. Wiederholt hat auch Mann selbst den technischen Aufwand dieser Sendeform hervorgehoben. Vgl. wiederum das Vorwort zur Teiledition der *Deutschen Hörer!* (XI, 984), ferner den Brief an Ida Herz vom 5. Juni 1942 sowie den an Hans Wolf vom – vermutlich – 30. Mai 1943 (DüD II, 616f. u. 618).

[13] So sprach die Sendung vom Oktober 1940 vom Kommentar der amerikanischen Illustrierten *Life* (siehe die Hefte vom 6., 13., 20. u. 27. Mai 1940) zur Bombardierung Hollands (vgl. XI, 987), so die Sendung vom November des Jahres zunächst von den internen Konsequenzen der Wiederwahl Roosevelts (vgl. ebd., S. 989).

All die Änderungen, die angeführt wurden, entsprangen der persönlichen Initiative Manns, was einmal mehr beweist, mit wieviel Engagement er die Sache in die Hand genommen hatte. Die Verlängerung der Zeit, das Inhaltliche dann, dem sich die BBC wohl anpassen mußte,[14] und schließlich die Entscheidung bezüglich der Stimme, für die sich die Radioleute freilich schnell gewinnen ließen, als sie feststellten, wie geeignet das Timbre und die Sprechweise des Schriftstellers, seine klare und gesetzte Artikulation, für die Rundfunkübertragungen waren.[15] Ja, es kam sogar so weit – und wer den Redner Mann von Tonaufnahmen her kennt, wird kaum überrascht sein –, daß er anderen Transatlantiksprechern als Modell zur Nachahmung empfohlen wurde.[16]

Thomas Mann wußte natürlich genau, was er tat, als er um Wiedergabe der eigenen Stimme bat anstelle einer Verlesung seines Textes durch einen Londoner *speaker* deutscher Muttersprache.[17] Das Hören seiner selbst im Original, der Stimme dessen, der sich im Exil weiterhin als Repräsentant deutscher Kultur, als *praeceptor Germaniae* verstand und in solchem Sinne öffentlich sprach, mußte den, der ihn in Deutschland vernahm, insofern er nur irgend gewogen war, ganz anders bewegen als es bei einem fremden Organ möglich war. Explizit gemacht hat Mann denn auch seiner Art gemäß, wo er doch überhaupt Eigenentscheidungen so gern erklärte, besagte Modalität der Übertragungen im Rahmen der Texte selbst, indem er seine Ansprache vom März 1940 mit folgenden Worten anheben ließ: „Deutsche Hörer! / Was ich euch aus der Ferne zu sagen hatte, das haben andere Münder euch bisher überliefert. Diesmal hört ihr meine eigene Stimme.“ (XI, 997)

Bleiben wir bei der Stelle. Mit einem Schlag nämlich wird durch sie klar, nach welcher Methode Mann prinzipiell verfuhr, wenn man verfolgt, wie sie weiterhin lautet:

[14] Verwiesen sei wiederum auf die wertvollen Archivrecherchen J. F. Slatterys, und zwar diesmal auf seinen Beitrag: Thomas Mann und die B.B.C.. Die Bedingungen ihrer Zusammenarbeit 1940–1945, in: TM Jb 5, 1992, 142–170. „... man wollte“, so der englische Wissenschaftler, „daß Mann vor allem aus amerikanischer Sicht spreche und dadurch das Informationsdefizit aufhebe, das durch die Neutralität der Vereinigten Staaten enstand.“ (S. 157)

[15] Als „excellent“ gibt Slattery das Urteil des Redakteurs des Londoner Deutschen Dienstes – und späteren Leiters des BBC-Nachrichtendienstes in den Vereinigten Staaten – Leonard Miall wieder. Vgl. ebd., S. 150.

[16] Siehe nochmals ebd.

[17] Unter ihnen Carl Brinitzer, der auch von den eigenen Erfahrungen als Sprecher der Mannschen Texte berichtet in seinen Erinnerungen: Hier spricht London. Von einem der dabei war, Hamburg: Hoffmann und Campe 1969, S. 96ff.

Es ist die Stimme eines Freundes, eine deutsche Stimme; die Stimme eines Deutschland, das der Welt ein anderes Gesicht zeigte und wieder zeigen wird als die scheußliche Medusenmaske, die der Hitlerismus ihm aufgeprägt hat. Es ist eine *warnende* Stimme, – euch zu warnen ist der einzige Dienst, den ein Deutscher wie ich euch heute erweisen kann; und ich erfülle diese ernste und tiefgefühlte Pflicht, obgleich ich weiß, daß keine Warnung an euch ergehen kann, die euch nicht längst vertraut, nicht längst in eurem eigenen, im Grunde nicht zu betrügenden Wissen und Gewissen lebendig wäre. Euch warnen heißt: euch in euren eigenen schlimmen Ahnungen bestärken; es heißt: euch versichern, daß diese unheilvollen Ahndungen *wahr*, daß sie nur zu gerechtfertigt sind, – und diese Versicherung muß man euch geben; denn an die Erweckung allein eures Gefühles dafür, daß ihr fürchterlich falsche Wege geht, knüpft sich die Hoffnung, ihr könntet diese Wege vielleicht doch noch verlassen. (Ebd.)

Wer aus diesen Worten spricht, ist nicht nur der politisch verantwortliche Intellektuelle, als welcher vergleichsweise der Theologe Paul Tillich vom Exil aus Rufe in die Heimat gesandt,[18] es ist in unserem Fall zugleich der Dichter, der dem Intellektuellen das Instrumentarium liefert, seine Botschaft, will sagen den Aufruf zum Widerstand, so wirkungsvoll als möglich zu gestalten. Man beachte doch nur, mit welcher Eindringlichkeit sich der Verfasser der *Deutschen Hörer!* seinen Adressaten als Vertrauensmann empfiehlt. Nicht allein, daß er, wie auch schon die zuvor zitierten Textstellen zeigten, den Landsmann mit Du anspricht, wodurch von vornherein

[18] Um eine Vorstellung vom Stil der Reden zu geben, die Tillich von 1942 bis 1944 über die *Voice of America* an seine Landsleute – mit Blick vor allem auf die Opposition in Deutschland – richtete, sei ein kurzer Ausschnitt aus ihnen zitiert. Und zwar der Beginn der Ansprache vom 31. März 1942: „Meine deutschen Freunde! / Als evangelischer Theologe und Geschichtsphilosoph will ich heute über eine Frage zu Euch sprechen, die neben den großen Ereignissen der Geschichte, die wir erleben, von geringerer Bedeutung zu sein scheint, die aber in Wahrheit für unser geistiges und politisches Schicksal entscheidend ist: *Die Frage des jüdischen Volkes.* Ich spreche vornehmlich zu protestantischen Christen, also zu Menschen, die an der Tatsache nicht vorbei können, daß ihre Religion im Schoße der jüdischen Geschichte vorbereitet ist, daß der, in dem sie die Gegenwart Gottes in der Welt anschauen, von jüdischer Abstammung war, daß das Alte Testament auch für die Christen Bibel ist, daß die Tat der Reformatoren im Geiste und Namen des Juden Paulus geschehen ist, daß seit zweitausend Jahren Juden und Christen aus den gleichen Geboten des Gesetzes und den gleichen Verheißungen der Propheten und den gleichen Gebetsworten der Psalmen religiöse Kraft ziehen. Wir können es aufgeben, Christen sein zu wollen, aber solange wir Christen bleiben wollen, können wir es nicht aufgeben, aus den gleichen religiösen Wurzeln zu leben, aus denen der religiöse Jude lebt." Paul Tillich: An meine deutschen Freunde. Die politischen Reden Paul Tillichs während des Zweiten Weltkriegs über die „Stimme Amerikas", mit einer Einleitung und Anmerkungen von Karin Schäfer-Kretzler, Stuttgart: Evangelisches Verlagswerk 1973, S. 19 (Ergänzungs- und Nachlaßbände zu den Gesammelten Werken von Paul Tillich, Bd. 3). Tillich hat im übrigen seine über Kurzwellen nach Deutschland gesendeten Reden nicht selbst gesprochen. So die eigene Aussage in seinem Artikel: Es geht um die Methode, in: Aufbau. Das jüdische Monatsmagazin, 7. August 1942, S. 7.

das Ganze auf die Ebene eines Umgangs von Mensch zu Mensch gebracht wird, eine, so sei gleich hinzugefügt, außergewöhnliche Maßnahme bei Thomas Mann,[19] der sich in der Regel ja als Redner hanseatisch diskret an die Logik eines „verehrte Damen und Herren" hält,[20] hinzukommt ein Rekurrieren auf Kunstgriffe, welches seine Intervention zu einem rhetorischen Glanzstück werden läßt. Gemeint ist zunächst einmal die Klaviatur, die er durchspielt, wenn er das Moment seiner Stimme einbringt, ein *crescendo* von Familiarität stiftenden Assoziationen, angefangen von „eigener Stimme" und „Stimme eines Freundes" über „deutsche Stimme" und „Stimme" eines Deutschland „anderen Gesichts" bis hin zur „*warnenden* Stimme". Vor allem aber sei hinzuweisen auf seine Psychologie, was die vorausgesetzte Gemütslage der Zuhörerschaft betrifft, denn als der, welcher bestätigt, was diese insgeheim ahnen mag, zeigt er sich gesprächsweise sogleich mit ihrem Gewissen verknüpft. Daß ihm durch die gesamte Sendesituation solche – mit einem Wort aus dem Literaturbetrieb – auktoriale Haltung auch von vornherein zugebilligt wurde, versteht sich; der Deutsche, der seinerzeit die Gefahr nicht scheute, auf Radio London zu gehen, wollte ja mehr wissen, als er *de facto* wußte.

Was die Behandlung der sachlichen Fragen angeht, so hat sich Thomas Mann seinerseits – auch darin seiner Art gemäß – aufs gründlichste informiert. Nicht nur die Tagebücher zeigen es, von denen bereits wiederholt die Rede war, es zeigen darüber hinaus auch, und zwar ganz besonders, die umfangreichen Materialsammlungen, die von seinem Studium der politischen Aktualität Zeugnis ablegen. Drei ganze Mappen sind es, die überlie-

[19] Daß es für den Redner Mann – im Unterschied auch zu Tillich – doch etwas sehr Ungewöhnliches war, läßt sich besonders gut an einem Versehen seinerseits eben in Verbindung mit den Radioansprachen aufzeigen. Als er von der BBC im November 1945 gedrängt nochmals eine Sendung aufsetzte, die dann Anfang Januar 1946 als Replik auch auf den erwähnten Molo-Brief als letzte Ansprache *Deutsche Hörer!* nach Deutschland übertragen wurde, hat er im Manuskript zunächst als Anrede das „Sie" gebraucht, es dann aber, um beim alten Stil der Sendungen zu bleiben, durch ein „Du" bei der Korrektur ersetzt. Er hat sich wohl des Abstands wegen, den er inzwischen zu der Aktion *Deutsche Hörer!* hatte, erst wieder darauf besinnen müssen, wie er es seinerzeit gehalten hatte, was einmal mehr beweist, daß er bei öffentlichen Ansprachen – die Unterhaltungen des Dichters mit dem Leser stehen auf einem anderen Blatt – sich automatisch bei der Anrede der Höflichkeitsform bediente. Zugänglich ist besagtes Manuskript im TMA, Signatur: Mp V 64 Nr. 30 grün.

[20] Angeführt seien vergleichsweise zwei Reden zum Zeitgeschehen. „Meine geehrten Zuhörer", so der Beginn des *Appells an die Vernunft* von 1930, „ich weiß nicht, ob ich auf Ihr Verständnis rechnen darf für den vielleicht phantastisch anmutenden Schritt, den ich unternahm, indem ich bitten ließ, mich heute abend anzuhören." (XI, 870) Die Ansprache *Das Problem der Freiheit* von 1939 eröffnet ihrerseits: „Meine Damen und Herren, die moderne Demokratie ist historisch nicht weiter als die Herrschaftsform des Bürgertums [...]." (XI, 952)

fert im Thomas-Mann-Archiv zu Zürich[21] mit ihren unzähligen Zeitungsausschnitten, Illustriertenblättern wie auch Zuschriften verschiedener Korrespondenzpartner vor Augen führen, wie der Dichter sich im Hinblick auf das Zeitgeschehen ein Bild aus den diversesten Quellen, selbst bemüht also um ausgewogene Information, erstellen wollte. Da finden sich unter den Materialien Publikationsorgane Amerikas wie *Los Angeles Times* und *The Washington Post*, dann solche aus der Schweiz mit der *Neuen Zürcher Zeitung*, der *Weltwoche* und dem *Staatsbürger*, auch – selbstredend – Emigrantenpost findet sich unter dem überkommenen Material, so etwa das *Freie Deutschland* Mexikos oder die Exilblätter *Union* von Johannesburg.

Reichhaltig weist das Material Spuren der Lektüre auf. Thomas Mann, der bekanntlich – in seiner eigenen Ausdrucksweise – mit „Stift"[22] zu arbeiten pflegte, hat gleichwohl in dem Fall, und zwar vorwiegend rot oder blau, immer wieder deutlich markiert, was ihm besonders ins Auge fiel. Und blickt man von dieser Dokumentation auf die Texte der Sendungen, so kann man sehen, wie er kontinuierlich zitiert, vielfach sogar unter Angabe seiner Quelle beziehungsweise mit einem auf Authentizität bestehenden Hinweis vom Schlag etwa, was er berichte, sei kaum zu glauben, doch seine Gewährsmänner seien gut. (Vgl. XI, 1025) Speziell aus Reden zitiert er gern, häufig dabei Erklärungen aus Nazi-Mund,[23] um durch entsprechenden Kommentar – mit deftigsten Urteilen wie „Bockmist" (XI, 1069f.)[24] und dergleichen – die Regimepropaganda zu demontieren.

[21] Vgl. TMA, Signatur: Mat. 9. Hinweisen möchte ich bezüglich einer Auswertung dieser Materialien auf die von mir besorgte kritische Ausgabe in italienischer Sprache: Thomas Mann: Ascoltatori Tedeschi! Cinquantacinque radiomessaggi alla Germania. Nella traduzione di Cristina Baseggio. Note al testo, postfazione e cura di Jutta Linder, Bologna: Il Capitello del Sole 2006 (= Bibliothek, Bd. 3).

[22] Siehe von den vielen Selbstzeugnissen etwa den Brief an Josef Ponten vom 24. Mai 1926 (Br I, 253; nicht aufgenommen in 23.1). Wieviel Gewicht Mann selbst auf sein Lesen mit „Stift" gelegt hat, zeigt besonders gut sein Brief an Karl Kerényi vom 18. Februar 1941, in dem er diesem auf die Lektüre des *Göttlichen Kindes* hin mitteilt: „Es würde Sie amüsieren, zu sehen, mit wieviel An- und Unterstreichungen die Seiten meines Exemplars bedeckt sind. Für mein Teil habe ich mich gefreut, zu sehen, wie eifrig und aufgeregt ich noch lesen kann, wenn ich wirklich in meinem Elemente bin [...]." (BrKer, 97)

[23] „Thomas Mann hat Hitlers Reden", betont in diesem Zusammenhang Wißkirchen, „sowohl in gedruckter Form als auch über den Rundfunk in den USA gelesen und gehört. Seine eigenen Rundfunkansprachen sind daher häufig unmittelbare Reaktionen auf die Hitler-Reden. Auf diese Weise entsteht gewissermaßen ein Dialog zwischen Hitler und Thomas Mann [...]". Hans Wißkirchen: Gegen Hitler – Thomas Manns mediale Strategien auf dem Weg zum Repräsentanten des anderen Deutschland, in: TM Jb 23, 2010, 91–103, 101.

[24] Mann bezieht sich in dem Fall auf Hitlers „große Kulturrede" auf dem Nürnberger Parteitag von 1934, aus der er in der Sendung vom 28. März 1943 wiedergibt: „„Noch vor zwanzig Jahren war die künstlerische Darstellung der Schnelligkeit eines Körpers verbunden mit der Konstruktion der Spitze nach vorn und der Verdickung nach rückwärts.

Die Argumentation Manns selbst folgt denn auch immer dem gleichen Prinzip: Einzelheiten sind es, die quellengetreu wiedergegeben und versehen mit seinem eigenen Kommentar an den Hörer in der Ferne weitergeleitet werden. Vor allem geht es dem Sprecher um Anschaulichkeit, insbesondere bei der Aufdeckung des Schreckensregisters der Nazi-Diktatur; er weiß ja als Dichter, wie ungleich mehr als allgemeine Darlegungen die Evokation von Bildern das Gemüt zu bewegen vermag, indem sie der das Emotionale miteinbeziehenden Einbildungskraft Nahrung gibt. Daß die – um die betreffenden Begriffe der Rhetorik zu gebrauchen – *persuasio* umso mehr anschlagen kann, wenn das *docere* über ein *movere* abläuft, wie es die Aufklärungsstrategie Thomas Manns so brillant leistet, versteht sich.

Beispiele sollen nun gebracht werden, dabei zunächst einmal mit der Sendung vom 27. September 1942, wo von Frankreich berichtet wird:

In Paris wurden binnen weniger Tage sechzehntausend Juden zusammengetrieben, in Viehwagen verladen und abtransportiert. Wohin? Das weiß der deutsche Lokomotivführer, von dem man sich in der Schweiz erzählt. Er ist dorthin entflohen, weil er mehrmals Züge voller Juden zu fahren hatte, die auf offener Strecke hielten, hermetisch verschlossen und dann durchgast wurden. Der Mann hatte es nicht mehr ausgestanden. Aber seine Erfahrungen sind keineswegs außerordentlich. (XI, 1052 f.)

Bis ins kleinste, so sieht man, malt der Verfasser der *Deutschen Hörer!*, was er zu sagen hat, aus. Die Mitteilung des Schrecklichen gestaltet er mit den Stilmitteln, die ihm als Erzähler vertraut sind; das eingeschaltete „Wohin?" sei dabei zu erwähnen, weil das vorenthaltene Wissen die Furcht noch zu

In zwanzig Jahren, *von heute ab gerechnet*, wird das Schönheitsempfinden gebieterisch die umgekehrte Tropfenform identisch finden mit der Vorstellung der Schnelligkeit. Der Künstler ist daher in der inneren Ahnung solcher Naturgesetzlichkeiten sowohl der Wissenschaft wie damit überhaupt der Menschheit stets voraus. Er hat die Pflicht, seine ihm von Gott gegebene Ahnung und Einsicht einer nachstrebenden Menschlichkeit als Richtpunkt nach vorn aufzustellen und nicht diese wieder nach rückwärts zu führen...'". (XI, 1069). Exakt so – bis auf die Kursivsetzung – findet sich die Passage wieder in einem Artikel mit dem Titel „Das Fest ist zu Ende" einer nicht näher zu identifizierenden deutschsprachigen Zeitung der Mannschen Materialsammlung. (TMA, Signatur: Mat. 9). Von den Stellen aus Reden, die der Schriftsteller der ausländischen Presse entnommen hat, sei noch ein Goebbels-Beispiel gebracht. „,If the day should ever come when we most go, if some day we are compelled to leave the scene of history, we will slam the door so hard that the universe will shake and mankind will stand back in stupefaction!'", referierte *The Nation* am 19. Dezember 1942 unter der Rubrik „Political war". (TMA, Signatur: Mat. 9). „,Wenn je der Tag kommen sollte'", gibt Mann dann in der Sendung vom 24. Januar 1943 wieder, „,wo wir gehen müssen; wenn wir eines Tages gezwungen sein sollten, von der historischen Szene abzutreten, dann werden wir die Tür hinter uns zuschmettern, daß der Erdkreis erbeben und die Menschheit starr dastehen soll vor Staunen'." (XI, 1064) erhöhen vermag, auch der Hinweis „seine Erfahrungen sind keineswegs außerordentlich" tut das Seinige hinzu, indem er die Ahnungen ins Ungezählte gehen läßt.

In derselben Sendung hat man auch zuvor schon von Polen erfahren, vom Warschauer Ghetto, über das Mann wörtlich sagt:

Das Ghetto von Warschau, wo fünfhunderttausend Juden aus Polen, Österreich, Tschechoslowakien und Deutschland in zwei Dutzend elende Straßen zusammengepfercht worden sind, ist nichts als eine Hunger-, Pest- und Todesgrube, aus der Leichengeruch steigt. Fünfundsechzigtausend Menschen sind dort in *einem* Jahr, dem vorigen, gestorben. Nach den Informationen der polnischen Exil-Regierung sind alles in allem bereits siebenhunderttausend Juden von der Gestapo gemordet oder zu Tode gequält worden, wovon siebzigtausend allein auf die Region von Minsk in Polen entfallen. Wißt ihr Deutsche das? Und wie findet ihr es? (XI, 1052)

Wiederum ist es ein Ausmalen bis ins kleinste Detail, dem wir hier folgen können. Minutiös wird das Schreckliche enthüllt, Zahlen werden geliefert, die das Faktische besiegeln; und wenn dabei vom Zeitraum „in *einem* Jahr" gesprochen wird, dann erhält die Angabe selbst durch das nachgesetzte „dem vorigen" zusätzliche Kraft, da sie die Aktualisierung auf dem Fuße folgen läßt. Die Fragen an die Zuhörerschaft dann, ein Stilmittel, mit dem Thomas Mann im übrigen seine Sendungen durchweg durchsetzt,[25] mahnend, warnend, oft auch provokativ wie hier, machen aus dem Gesamten ein regelrechtes Ins-Gewissen-Reden.[26]

Noch ein Beispiel sei gebracht, und zwar der Bericht über die Aufde-

[25] Noch einige Beispiele im folgenden: „Glaubt jemand von euch, daß das Schicksal des unglückseligen Geschöpfes, das sich den Führer Deutschlands nennt, anders sein wird als das aller Gewaltmenschen in der Geschichte?" (Oktober 1941; XI, 1018); „Kriegsweihnacht wieder [...] Wie ist euch zumute, Deutsche, beim Fest des Friedens, dem Fest der Lichtgeburt, dem Fest der niedergestiegenen, den Menschen geborenen Barmherzigkeit? Rate ich recht, daß Scham und grenzenlose Sehnsucht euch dabei erfüllen: Sehnsucht nach Unschuld – aus der Verstrickung in irrsinnige Schuld, in der ihr euch windet; Scham, heiße Scham vor dem Liebesgeist dieses Festes?" (24. Dezember 1941; XI, 1022); „Ein Volk, mit dem niemand leben kann, wie soll das selber leben? Wie soll es teilnehmen am seelischen und geistigen Leben der Menschheit, an der allgemeinen Kultur? Mit welchem Gesicht will, was deutsch ist, sich nach diesem Krieg in menschlicher Gesellschaft zeigen?" (Februar 1942; XI, 1030); „Ihr könnt nicht, sagt ihr? Zu stark ist der Terror, der Gestapo-Staat unüberwindlich? Wir müssen uns an den Krieg klammern, um die Schrecken der Niederlage hinauszuschieben? So ist euch zu wiederholen: Ein Volk, das frei sein *will*, ist es im selben Augenblick" (April 1942; XI, 1038).

[26] So sagt Mann selbst in der letzten, der Aktion *Deutsche Hörer!* im Winter 1945/46 nachgeschickten Sendung, die Radioreden nach Deutschland während des Krieges seien „eine einzige, inbrünstige Aufforderung an das deutsche Volk" gewesen, sich des „menschheitsschändenen Unfugs" zu entledigen. (19.1, 114)

ckungen, die Mann mit der Sendung vom 14. Januar 1945 über polnische KZ, speziell Maidanek, liefert, indem er ausführt:

Weißt du, der mich jetzt hört, von Maidanek bei Lublin in Polen, Hitlers Vernichtungslager? Es war kein Konzentrationslager, sondern eine riesenhafte Mordanlage. Da steht ein großes Gebäude aus Stein mit einem Fabrikschlot, das größte Krematorium der Welt. Eure Leute hätten es gern rasch noch vernichtet, als die Russen kamen, aber größtenteils *steht* es, ein Denkmal, *das* Denkmal des Dritten Reiches. Mehr als eine halbe Million europäischer Menschen, Männer, Frauen und Kinder, sind dort in Gaskammern mit Chlor vergiftet und dann verbrannt worden, vierzehnhundert täglich. Tag und Nacht war die Todesfabrik in Betrieb, ihre Kamine rauchten immer. Schon war ein Erweiterungsbau begonnen... Die Schweizer Flüchtlingshilfe weiß mehr. Ihre Vertrauensmänner sahen die Lager von Auschwitz und Birkenau. Sie sahen, was kein fühlender Mensch zu glauben bereit ist, der's nicht eben mit Augen gesehen: die Menschenknochen, Kalkfässer, Chlorgasröhren und die Verbrennungsanlage, dazu die Haufen von Kleidern und Schuhen, die man den Opfern ausgezogen, viele kleine Schuhe, Schuhe von Kindern, wenn du, deutscher Landsmann, du, deutsche Frau, es hören magst. (XI, 1107)

Über das hinaus, was bisher festgestellt wurde, die plastische Reproduktion des Schrecklichen vor allem also, welche hier voll zum Tragen kommt mit den Beschreibungen, die Mann wie als Erzähler liefert, seien die syntaktischen Eigenheiten zur Sprache gebracht. Die Steigerung beispielsweise mit „ein Denkmal, *das* Denkmal des Dritten Reiches“, dann insbesondere die Sequenz „Haufen von Kleidern und Schuhen, die man den Opfern ausgezogen, viele kleine Schuhe, Schuhe von Kindern“, bei der durch das Sukzessive der Spezifizierung, das Allmähliche der Enthüllung – ein Mittel, das bekanntlich auf dem Gebiet der tragischen Dichtung wichtig ist[27] – das Gemüt des Wahrnehmenden noch vermehrt getroffen wird.

[27] Angeführt sei in dem Zusammenhang Schiller, der immer wieder auf die besondere Wirkung der Enthüllungsmethode hingewiesen hat. So etwa im Rahmen seiner einschlägigen Diskussionen mit Goethe, wenn er in einem Brief vom 2. Oktober 1797 am Modell des *Oedipus Rex* die Vorzüge der „tragischen Analysis“ hervorhebt und dabei vermerkt, „daß das Geschehene, als unabänderlich, seiner Natur nach viel fürchterlicher ist, und die Furcht, daß etwas *geschehen seyn* möchte, das Gemüth ganz anders affiziert, als die Furcht, daß etwas geschehen möchte.“ Schillers Werke. Nationalausgabe. Bd. 29: Briefwechsel. Schillers Briefe 1.11.1796–31.10.1798, hrsg. von Norbert Oellers und Frithjof Stock, Weimar: Böhlaus Nachfolger 1977, S. 141. [Diese Ausgabe nachfolgend als NA] Seine Karten offen gelegt hat Schiller im eigenen Fall vor allem mit den dramatischen Vorarbeiten, die er als Zeugnisse aus seiner Dichterwerkstatt von unvollendet gebliebenen Bühnenplänen hinterlassen hat. So schreibt er zum Projekt *Die Kinder des Hauses*: „Es ist [von] tragischer Kraft, daß etwas furchtbares, was man nicht erwartet, etwas noch viel schlimmeres als was man weiß, noch zurück ist und ans Licht / kommt.“ (NA XII, 139) Und ähnlich notiert er zu seinem Vorhaben *Die Polizey*: „Ein ungeheures, höchst verwickeltes, durch viele Familien verschlunge-

In den Rundfunksendungen, so wird deutlich, hat Thomas Mann, um die Landsleute in der Ferne in höchstmöglichem Maße gegen die Diktatur aufrütteln zu können, seine Kunst als Dichter – so auch der Titel unseres Beitrags – in den Dienst der Politik gesetzt.[28] Nicht von ungefähr hat er daher für die Erstellung der jeweils zu sprechenden Texte sich in der Hauptsache die wertvollen Stunden des Vormittags vorbehalten, wie er es gewöhnlich bei der kreativen Arbeit tat. Mehrere Vormittage, in der Regel zwei oder drei, waren es, an denen er an den Sendungen schrieb, wofür abermals die Dokumentation seiner Tagebücher bürgt, in welchen sich entsprechende Notate finden. "Vormittags an einer Weihnachtsmessage für Deutschland geschrieben", heißt es beispielsweise in den Aufzeichnungen für den 17. Dezember 1940, für den Morgen des 18. dann: „schrieb etwas an der Sendung nach Deutschland", und unter dem 19. schließlich: „gefrühstückt, danach im Laufe des Vormittags die Weihnachtsbotschaft nach Deutschland zu Ende geschrieben."

In den einschlägigen Studien – nicht viele, aber doch einige liegen inzwischen über die *Deutschen Hörer!* vor[29] – wird mitunter im Zusammenhang

nes Verbrechen, welches bei fortgehender Nachforschung immer zusammengesetzter wird, immer andre Entdeckungen mit sich bringt, ist der Hauptgegenstand. Es gleicht einem ungeheuren Baum, der seine Äste weitherum (1) durch andere (2) mit andren / verschlungen hat, und welchen auszugraben man eine ganze Gegend durchwühlen muß." (NA XII, 96f.)

[28] So erklärt sich auch, weshalb die Reden trotz der Tatsache, daß es sich bei ihnen als Widerstandsappell um „eine einzige, inbrünstige Aufforderung" handelte, doch vor Eintönigkeit geschützt waren. Bezeichnend ist Manns eigene Aussage im Brief an Pierre-Paul Sagave vom 28. Januar 1946 [Poststempel]: „Die 55 Radio-Ansprachen liegen nun gesammelt vor und wirken zu meiner eigenen Überraschung nicht monoton, obgleich sie beharrlich dasselbe sagen." (Br II, 475)

[29] Siehe insbesondere folgende Arbeiten: Walter Kiewert: Thomas Manns Radiobotschaften, in: Berliner Hefte für geistiges Leben, H. 2, 1947, S. 941-944; Hartmut Melenk: „Trotz allem eine große Stunde". Rundfunkansprachen von Graf Schwerin-Krosigk und Thomas Mann zur Kapitulation 1945, in: Praxis Deutsch, Jg. 22, H. 131, 1995, S. 59–66; Rolf Geißler: Zusammenbruch und Neubeginn. Zu den Rundfunkkommentaren von Thomas Mann (1940-1945) und Alfred Döblin (1946-1952), in: Literatur für Leser, H. 1, 1996, S. 1–16; Jochen Strobel: Monologe im Krieg: Die Rundfunkansprachen *Deutsche Hörer!*, in ders.: Entzauberung der Nation. Die Repräsentation Deutschlands im Werk Thomas Manns, Dresden: Thelem 2002, S. 223–235; Bernd Hamacher: Die Poesie im Krieg. Thomas Manns Radiosendungen *Deutsche Hörer!* als „Ernstfall" der Literatur, in: TM Jb 13, 2000, 57–74; Heike Weidenhaupt: Gegenpropaganda aus dem Exil. Thomas Manns Radioansprachen für deutsche Hörer 1940 bis 1945, Konstanz: UKV 2001 (= Journalismus und Geschichte, Bd. 5); Winfried Halder: Exilrufe nach Deutschland. Die Rundfunkreden von Thomas Mann, Paul Tillich und Johannes R. Becher 1940-1945. Analyse, Wirkung, Bedeutung, Münster: Lit 2002 (= Tillich-Studien-Beihefte, Bd. 3); Martina Hoffschulte: „Deutsche Hörer!". Thomas Manns Rundfunkreden (1940 bis 1945) im Werkkontext. Mit einem Anhang: Quellen und Materialien, 2. Aufl., Münster: Telos 2004; Matthias Wobold: Die Rundfunkreden Thomas Manns, Paul Tillichs und Sir Robert Vansittarts aus dem Zweiten Weltkrieg, Münster: Lit 2005 (= Tillich-Studien, Bd. 17); Jutta Linder: „Sofferenza per la Germania": Thomas Mann

mit diesen Ansprachen der Begriff Propaganda, und zwar vor allem in Form des Kompositums Gegenpropaganda, gebraucht.[30] Auch wenn klar ist, was letztlich damit gemeint sein soll, ist meinem Dafürhalten nach die Einführung des Terminus überhaupt irreführend, zunächst einmal schon deshalb, weil er die Diskussion Manns durch das Moment des „Gegen" sprachlich auf ein und dieselbe Ebene bringt wie das Phänomen der eigentlichen Propaganda selbst, was an sich schon nicht angeht. Und überhaupt hat vom Gedanklichen sein eigenes Unternehmen nichts mit solcher Kategorie zu tun, wie um so klarer wird, wenn man eingedenk des bisher Beschriebenen die Definition zu Rate zieht, die als maßgebliche Instanz Uedings *Historisches Wörterbuch der Rhetorik* liefert, das zum Begriff „Propaganda" in dem betreffenden Artikel vermerkt: „Der moderne Begriff der Propaganda bezeichnet den gezielten Versuch von Personen oder Institutionen, einen bestimmten Adressatenkreis durch Informationslenkung für eigennützige Zwecke zu gewinnen und diese Zwecke zugleich zu verschleiern".[31] Weder „Informationslenkung", noch „eigennützige Zwecke", noch „Verschleierung" der Zwecke haben in unserem Fall Geltung, weshalb der Terminus selbst auch in Form des genannten Kompositums aus der Beurteilung der Mannschen Sendungen ganz herausbleiben sollte.[32]

Was die Aussage der *Deutschen Hörer!* über Manns eigene Position betrifft, so ist zu dem zwischendurch schon deutlich Gewordenen noch einiges hinzuzufügen, bezüglich dessen wir uns freilich wiederum nur aufs Wesentliche beschränken. Anzuführen ist zunächst einmal der Haß auf das Regime, ein unbändiger – weil durch Enttäuschung von dem einst

da Radio Londra, in: Thomas Mann: Ascoltatori Tedeschi! (zit. Anm. 21), S. 179–223; Carolin Hagen: Deutsche Gegenpropaganda im Auslandshörfunk. Motive, Ziele und Wirkungsweise am Beispiel von Thomas Mann und Paul Tillich, Saarbrücken: VDM 2008; Wißkirchen (zit. Anm. 23).

[30] Thomas Mann habe seine Reden „als eine Art Gegenpropaganda, Gegengift zur Nazipropaganda" verstanden, merkt zum Beispiel Martina Hoffschulte in ihrer Monographie zum Thema an (zit. Anm. 29; S. 61). Heike Weidenhaupt – weiter bei den Monographien zu bleiben – bringt den Begriff schon programmatisch im Titel ihrer Studie mit der Formulierung „Gegenpropaganda aus dem Exil" (zit. Anm. 29). Carolin Hagen schließlich, die es gleichfalls bereits bei der Titelgebung ihrer Arbeit tut, nennt dann ein Kapitel sogar „Thomas Mann als Propagandist" (zit. Anm. 29; S. 26–28).

[31] Historisches Wörterbuch der Rhetorik, Bd. 7: Pos–Rhet, hrsg. von Gert Ueding, Tübingen: Niemeyer 2005, Sp. 266–290, 267.

[32] Im übrigen sei geltend gemacht, daß Mann selbst sehr fein zwischen Aufklärung und Propaganda unterschieden hat, und zwar, als er in einer der letzten Sendungen seiner *Deutschen Hörer!* sich mit dem beschäftigte, was nach der Kapitulation zu kommen hatte. So sagt er von dem „Grauen", von dem man weithin das eigene Gewissen bislang ferngehalten habe: „Es muß aber in euer Gewissen eindringen, wenn ihr verstehen und leben wollt, und ein gewaltiges Aufklärungswerk, das ihr nicht als Propaganda mißachten dürft, wird nötig sein, um euch zu Wissenden zu machen." (XI, 1107)

so geliebten Deutschland gesteigerter[33] – Haß, welcher sich in den Texten selbst oft auch in wahren Schimpfkanonaden entladen hat, angesichts derer sogar die Leute der BBC wiederholt mit Aufrufen zur Mäßigung auf den Plan traten.[34] Neben also bloßen Epitheta, die auch schon Bände sprechen wie etwa „sentimentale Rohlinge" (XI, 1041), „apokalyptische Lausbuben" (XI, 1064) oder „verjauchte Gehirne" (XI, 1051), mit denen Thomas Mann die Reihen der Nazi-Vertreter versieht, offeriert er immer wieder ausgedehnte einschlägige Qualifizierungen, bei denen er seinem Sprachschöpfertum freies Spiel läßt. So zum Beispiel im April 1941, wo er „Herrn Hitler" folgendes anempfiehlt:

Möchte er sich doch überzeugen lassen, daß das Individuum Hitler in seiner unergründlichen Verlogenheit, seiner schäbigen Grausamkeit und Rachsucht, mit seinem unaufhörlichen Haßgebrüll, seiner Verhunzung der deutschen Sprache, seinem minderwertigen Fanatismus, seiner feigen Askese und armseligen Unnatur, seiner ganzen defekten Menschlichkeit, die jeden kleinsten Zug von Großmut und höherem seelischem Leben vermissen läßt, die abstoßendste Figur ist, auf die je das Licht der Geschichte fiel. (XI, 1001)

Eine Tirade sondergleichen, die ihren Abschluß in dem Fazit findet: „Der Tag seines Falles aber, der Tag, an dem diese Stimme eines bösen Kettenhundes nicht mehr um das Erdrund schallen, diese zur Faust geballte Hysterikerklaue nicht mehr auf die Weltkarte schlagen wird, dieser Tag wird ein Tag tiefsten Aufatmens und der Erlösung sein für aber Millionen". (Ebd.)[35]

[33] „Ihn mußte", erklärt Heinrich Mann im Rückblick zur Reaktion des Bruders, „mehr als die meisten, sein Deutschland enttäuschen. Was es seither aus sich gemacht hat – oder wie es erlaubt hat, daß man es zeige –, Feind der Vernunft, des Gedankens, des Menschen: ein Anathem, das traf ihn persönlich, je später es ihn traf. Er fühlte sich verraten. [...] Der Schmerz über einen sittlichen Zusammenbruch ist stärker, als wenn Städte untergehen. Er hatte Deutschland sittlich gesichert geglaubt. Daher ein Zorn, der nichts nachgibt." Heinrich Mann: Ein Zeitalter wird besichtigt, Berlin/Weimar: Aufbau 1973, S. 221 f.

[34] Ich stütze mich abermals auf Slattery, der direkte Stellungnahmen dazu aus den archivalisch überlieferten Vereinbarungen zwischen der Londoner BBC und ihrer Vertretung in New York geltend macht (zit. Anm. 14; S, 163–166). Unter dem Angeführten sei – auch um die Motivation der Radioleute zu verdeutlichen – folgender Passus aus einem Brief des Nachrichtenkommentators Londons Lindley Fraser nach New York vom 4. Dezember 1942 wiedergegeben: „The last Mann script, besides being too long, ist far too abusive. It is stimulating to *us*, to see him inventing new terms of opprobrium for the Nazi leaders – and admittedly he, with his name and reputation, can afford to go father in the direction of abuse than anyone else could. But we all feel that he would be even more effective (which is saying a lot) if he could be a little more objective." (S. 164)

[35] Von besonderem Interesse ist dabei, daß auch Hitler die Radioreden gehört hat. Mann selbst, der über Kuno Fiedler aus der Schweiz davon informiert worden war (Brief vom 20. März 1941, in: BlTMG 12, 1972, 7–9), weist auf den Umstand in seinem Vorwort zur Teil-

Geltend zu machen ist weiterhin die Positionsbeziehung, die Thomas Mann im Hinblick auf die Kriegsfronten in den Rundfunksendungen zu erkennen gibt. Was ihrerseits die Tagebücher vor Augen führen, kommt – wenngleich nicht so massiv wie etwa bei deren Eintragungen über die Bombardierung Münchens als „albernem Platz“, der solches des Abkommens von 1938 eingedenk „geschichtlich verdient“ habe (Tb, 20.9.1942)[36] – ebenfalls in den „Messages“ selbst zum Tragen. Die Tatsache nämlich, daß der Schriftsteller ganz auf Seiten der Verbündeten stand, auch, und dies ist besonders hervorzuheben, wenn es um die alliierten Luftangriffe ging, denn es war Nemesis, so seine Argumentation, was nunmehr waltete. Zitiert sei aus der Sondersendung vom April 1942, wo es zunächst dazu lautet:

Hat Deutschland geglaubt, es werde für die Untaten, die sein Vorsprung in die Barbarei ihm gestattete, niemals zu zahlen haben? Es hat kaum zu zahlen begonnen – über dem Kanal und in Rußland. Auch was die Royal Air Force in Köln, Düsseldorf, Essen, Hamburg und andern Städten bis heute zuwege gebracht hat, ist nur ein Anfang. (XI, 1034)

Und kurz darauf heißt es dort:

Beim jüngsten britischen Raid über Hitlerland hat das alte *Lübeck* zu leiden gehabt. Das geht mich an, es ist meine Vaterstadt. Die Angriffe galten dem Hafen,

edition der *Deutschen Hörer!* hin, indem er sagt: „[...] daß mein Führer selbst in einer Bierkellerrede zu München unmißverständlich auf meine Allokutionen angespielt und mich als einen derer namhaft gemacht hat, die das deutsche Volk zur Revolution gegen ihn und sein System aufzuwiegeln versuchten.“ (XI, 984 f.) Gehandelt hat es sich um die Rede vom 24. Februar 1941, in der es wörtlich heißt: „Die Revolutionäre sind nicht bei uns, die ‚Revolutionäre‘ Thomas Mann und ähnliche solcher Leute sind in England. Manche sind schon wieder von England nach Amerika abgereist, denn auch England liegt ihnen zu nahe dem kommenden Operationsgebiet ihrer ‚Revolution‘. Sie legen also ihr Hauptquartier weit weg von ihrem Schlachtfeld. Aber immerhin behaupten sie, die Revolution werde kommen.“ Max Domarus: Hitler. Reden und Proklamationen 1932–1945. Kommentiert von einem deutschen Zeitgenossen, Bd. 2, 2, Wiesbaden: Löwit 1973, S. 1669. Auch Goebbels hatte nachweislich von den Sendungen Kenntnis. „Thomas Mann“, so sein Tagebuch vom 11. August 1941, „hält in deutsch eine Rede von USA an unser Volk. Sie ist so blöde, daß sie gar keine [!] Erwiderung wert ist. Dieser verkommene und wurmstichige Literat hat ja auch seit 1914 so viele politische Metamorphosen durchgemacht, daß er wohl kaum noch irgendwo ernst genommen wird.“ Die Tagebücher von Joseph Goebbels, Teil II, Bd. 7, im Auftrag des Instituts für Zeitgeschichte und mit Unterstützung des Staatlichen Archivdienstes Rußlands hrsg. von Elke Fröhlich, München u. a.: Saur 1993, S. 212.

[36] Siehe auch die beiden Eintragungen „Die R.A.F. findet Zeit und Kraft zum Bombardements Münchens, was ich diesem dummen Nest gönne“ (Tb, 16.8.1940) und „Die Zeitung über / die Bombardements von München mit 6000 Toten u. 100 000 Obdachlosen, /Vernichtung des Braunen Hauses, des Justizpalastes etc. – Kann Gefühle der Genugtuung nicht unterdrücken.“ (Tb, 18.7.1944)

den kriegsindustriellen Anlagen, aber es hat Brände gegeben in der Stadt, und lieb ist es mir nicht, zu denken, daß die Marienkirche, das herrliche Renaissance-Rathaus oder das Haus der Schiffer-Gesellschaft sollten Schaden gelitten haben. Aber ich denke an Coventry – und habe nichts einzuwenden gegen die Lehre, daß alles bezahlt werden muß. Es wird mehr Lübecker geben, mehr Hamburger, Kölner und Düsseldorfer, die dagegen auch nichts einzuwenden haben und, wenn sie das Dröhnen der RAF über ihren Köpfen hören, ihr guten Erfolg wünschen. (Ebd.)

Ob solches aber auch noch realistisch gedacht war, bleibe dahin gestellt. Gewiß war es – wenngleich Mann, indem er wenig später von der Zerstörung des Buddenbrook-Hauses spricht, ebenfalls den eigenen Tribut geltend macht[37] – nicht günstig im Hinblick auf die Rezeptionsstrategie des Unternehmens *Deutsche Hörer!*, was der Verfasser vielleicht im Moment selbst nicht mitbedacht hat.

Kommen wir zum letzten Punkt, und zwar zu seiner Analyse des Nazi-Phänomens überhaupt, die eng an das Problem der Schuldfrage gekettet ist. Thomas Mann hat, so ist bekannt, weniger den externen Faktoren – so auch nicht dem Thema Versailles, das in der Tat seinerzeit längst an Akutem verloren hatte – das Ereignis einer deutschen „Rebarbarisierung"[38] zugeschrieben als vielmehr internen Komponenten. Von einem Umschlag der „Innerlichkeit" (XI, 1142, 1146), wie sie den Volkscharakter präge, in chaosfreundliche Hysterie hat er gesprochen, insbesondere in seinem großen Aufsatz von 1945 *Deutschland und die Deutschen*, wo er unter anderem ausführt:

Und, heruntergekommen auf ein klägliches Massenniveau, das Niveau eines Hitler, brach der deutsche Romantismus aus in hysterische Barbarei, in einen Rausch und Krampf von Überheblichkeit und Verbrechen, der nun in der nationalen Katastrophe, einem physischen und psychischen Kollaps ohnegleichen, sein schauerliches Ende findet. (XI, 1146)

[37] „Das alte Bürgerhaus", so erläutert er weiterhin, „von dem man nun sagt, daß es in Trümmern liege, war mir das Symbol der Überlieferung, aus der ich wirkte." (XI, 1035)

[38] Schon früh hat Mann sich dieses Begriffes bei seiner Zeitdiagnose bedient. Am 20. April 1933 notierte er – bei freilich noch gespaltenem Verhältnis zum Judentum – ins Tagebuch: „Die Rebarbarisierung, die in antiken Zeiten durch primitive Völker von außen kam, willentlich als ‚Revolution' vorgenommen, mit Hülfe einer stark vereinfachten Jugend. Austreibung des mittelständisch-humanen Geistes, die sich hauptsächlich in Antisemitismus kleidet, und Reduzierung aufs Völkisch-Nationale, gründlicher u. gewaltsamer als je früher schon. Die Revolte gegen das Jüdische hätte gewissermaßen mein Verständnis, wenn nicht der Wegfall der Kontrolle des Deutschen durch den jüdischen Geist für jenes so bedenklich und das Deutschtum nicht so dumm wäre, meinen Typus mit in den selben Topf zu werfen und mich mit auszutreiben."

Genau dieser Argumentationsansatz, seinerseits bereits vorbereitet in dem frühen – eingangs erwähnten – *Goethe und Tolstoi*-Essay mit dem Wort von der „romantischen Barbarei" (15.1, 932)[39], findet sich auch in den *Deutschen Hörern!* wieder. Und zwar schon bald, da die „Message" vom August 1941, dem Monat, in dem der Vormarsch nach Stalingrad begann, die Erklärung bringt:

Ich gebe zu, daß, was man Nationalsozialismus nennt, lange Wurzeln im deutschen Leben hat. Es ist die virulente Entartungsform von Ideen, die den Keim mörderischer Verderbnis immer in sich trugen, aber schon dem alten, guten Deutschland der Kultur und Bildung keineswegs fremd waren. Sie lebten dort auf vornehmem Fuße, sie hießen ‚Romantik' und hatten viel Bezauberndes für die Welt. Man kann wohl sagen, daß sie auf den Hund gekommen sind und bestimmt waren, auf den Hund zu kommen, da sie auf den Hitler kommen sollten. (XI, 1011)

Möglich sogar, daß sich Mann im Hinblick auf das Moment deutscher „Innerlichkeit" von Überlegungen hat leiten lassen, die ihm aus der Beschäftigung mit Goethe, seinem großen Vorbild schon in mittleren Jahren,[40] erwachsen waren. Denn ähnlich wie er selbst hat sich mit Blick auf den eigenen Zeitzusammenhang im Kernpunkt auch der Weimarer geäußert, als er in einem Gespräch mit Riemer von 1808 mit folgenden Worten auf das Problematische besagter Mentalität hinwies: „‚Die meisten Menschen im Norden haben viel mehr Ideales in sich, als sie brauchen können, als sie verarbeiten können; daher die sonderbaren Erscheinungen von Sentimentalität, Religiösität, Mystizismus usw.'".[41] Bekannt war Mann die Stelle auf jeden Fall, denn markiert hat er sie im eigenen

[39] Die Kritik – insbesondere die historische – hat im übrigen oft harsch auf den Beitrag *Deutschland und die Deutschen* reagiert. So etwa Görtemaker mit Ausführungen wie: „Die Rede, die das Unerklärliche erklären wollte, zeigte einmal mehr die Ratlosigkeit Thomas Manns bei seinem Versuch, den Nationalsozialismus aus der deutschen Geschichte herzuleiten. Während er in seinen kürzeren, weniger ambitionierten Beiträgen, wie zuletzt in ‚The End', in der Lage gewesen war, eine klare Position gegenüber dem Nationalsozialismus und seinen Verbrechen zu formulieren, kehrte er mit seiner Festrede in der Library of Congress zum Geist der *Betrachtungen eines Unpolitischen* zurück und verwies Schuld und Verantwortung in das Reich religiös verbrämter Unverbindlichkeit." Manfred Görtemaker: Thomas Mann und die Politik, Frankfurt/Main: S. Fischer 2005, S. 175.

[40] Bei Ende des Ersten Weltkriegs, und zwar mit der Niederschrift des Hexametergedichts *Gesang vom Kindchen*, das sich an dem klassischen Epos *Hermann und Dorothea* orientierte, hat in gezielter Form die Goethe-Nachfolge Manns eingesetzt. Siehe dazu meine Arbeit: „Vaterspiel". Zu Thomas Manns Goethe-Nachfolge, Soveria Mannelli: Rubbettino 2009, S. 69–112.

[41] Goethes Gespräche. Gesamtausgabe, neu hrsg. von Flodoard Frhr. von Biedermann unter Mitwirkung von Max Morris, Hans Gerhard Gräf und Leonhard L. Mackall, Bd. 1, Leipzig: Biedermann 1909, S. 533.

Exemplar der Goetheschen *Gespräche* Biedermanns seiner Art gemäß mit „Stift".[42]

Der Schritt zur Schuldzuweisung, wenn über die beschriebene Argumentation das, wie der Schriftsteller auch sagt, „böse" Deutschland nur als Umkehrung, als fatale Degeneration des „guten" erscheint,[43] ist nicht weit. Und in der Tat bewegt er sich gleichfalls in den Sendungen selbst auf eine solche zu, indem er zwar nicht eigentlich von Schuld, aber doch von Verantwortung spricht.[44] Überhaupt laufen ja die vielen dortigen Ermahnungen auf das Moment der Mitverantwortung hinaus, und nicht von ungefähr heißt es mit dem Possessivpronomen, wie es schon bei einem früheren Zitat aus den *Deutschen Hörern!* aufgetaucht war, „eure" Leute, wenn von den Machthabern die Rede ist.[45] Daß Mann am Ende der Serie als Tröster in Erscheinung tritt – er selbst gebraucht im Tagebuch das Wort „Trost-Ansprache" (Tb, 4.3.1945) –, vervollständigt das Bild. Sühne, so der Tenor seiner Rede, muß sein, Schweigen allein ist angebracht, doch über den Weg einer Umorientierung auch von innen heraus[46] kann ein Neubeginn mög-

[42] Mann bediente sich der alten Ausgabe: Goethes Gespräche, hrsg. von Woldemar Frhr. von Biedermann, Bd. 2, Leipzig: Biedermann 1889. Dort auf S. 213. Zugänglich in der Nachlaßbibliothek des TMA, Signatur: Thomas Mann 530.

[43] Ausführlich sei der betreffende Passus aus *Deutschland und die Deutschen* zitiert: „Das böse Deutschland, das ist das fehlgegangene gute, das gute im Unglück, in Schuld und Untergang. Darum ist es für einen deutsch geborenen Geist auch so unmöglich, das böse, schuldbeladene Deutschland ganz zu verleugnen und zu erklären: ‚Ich bin das gute, edle, das gerechte Deutschland im weißen Kleid, das böse überlasse ich euch zur Ausrottung'. Nichts von dem, was ich Ihnen über Deutschland zu sagen oder flüchtig anzudeuten versuchte, kam aus fremdem, kühlem, unbeteiligtem Wissen; ich habe es auch in mir, ich habe es am eigenen Leibe erfahren." (XI, 1146.) Wiederholt hat Thomas Mann diese Argumentation gebracht, aufgegriffen hat er sie zum Beispiel in seinem schon mehrmals erwähnten Antwortbrief an Molo von 1945 (vgl. 19.1, 80).

[44] „Wir wollen", sagt er in der Sendung vom 14. Januar 1945, „von Schuld nicht reden. Es ist kein Name für die fatale Verkettung von Folgen einer unglücklichen Geschichte, und *ist* es Schuld, so ist sie verschränkt mit vieler Schuld der Welt. Aber Verantwortlichkeit ist etwas anderes als Schuld. Verantwortlich sind wir alle für das, was aus deutschem Wesen kam und von Deutschland als Ganzem geschichtlich verübt wurde." (XI, 1109). Nicht immer freilich hat Mann an solcher Abmilderung festgehalten. In seiner schon mehrmals zitierten Rede vom Jahreswechsel 1945/46 sprach er dann wieder ohne großes Federlesen von „nationaler Gesamtschuld". (19.1, 116)

[45] Schon zu Beginn des Unternehmens hat Mann sich so ausgedrückt. Dazu nur zwei Belege aus der Rede vom Januar 1941: „Eure Herren und Meister werden um Auskünfte und Mittel zu weiteren trügerischen Siegen noch lange nicht verlegen sein, werden fortfahren, Untat auf Untat zu häufen [...]." (XI, 996) „Was bevorsteht, mag eine ganze Geschichtsperiode wechselseitiger kriegerischer Verwüstung sein [...]. Dies alles, weil eure Führer der Welt ein System aufzwingen wollen und, um sich zu erhalten, auch aufzwingen müssen, das von der Welt um keinen Preis, auch um den höchsten nicht, angenommen werden kann." (Ebd.)

[46] Siehe dazu u.a. folgende Ausführungen: „Möge die Niederholung der Parteifahne, die aller Welt ein Ekel und Schrecken war, auch die innere Absage bedeuten an den Größen-

lich sein. Entsprechend dann seine letzten Worte, mit denen im Mai 1945, unmittelbar auf die Kapitulation hin, die Kriegssendungen schließen:

Ich sage: es ist trotz allem eine große Stunde, die Rückkehr Deutschlands zur Menschlichkeit. Sie ist hart und traurig, weil Deutschland sie nicht aus eigener Kraft herbeiführen konnte. Furchtbarer, schwer zu tilgender Schaden ist dem deutschen Namen zugefügt worden, und die Macht ist verspielt. Aber Macht ist nicht alles, sie ist nicht einmal die Hauptsache, und nie war deutsche Würde eine bloße Sache der Macht. Deutsch war es einmal und mag es wieder werden, der Macht Achtung, Bewunderung abzugewinnen durch den menschlichen Beitrag, den freien Geist. (XI, 1123)

Fragt man sich nach der Wirkung des Unternehmens insgesamt, so ist für die Zeit selbst nur Vages zu sagen. Zuverlässige Statistiken gibt es nicht, was die BBC über die Einschaltefrequenz seinerzeit festgehalten, ist 1945 vernichtet worden.[47] Nur Einzelstimmen sind überliefert, von denen allerdings viele, wie eingangs schon vermerkt, Thomas Mann selbst erreichten. „Sehr komischer Brief eines mit Konni Kellen“, dem Sekretär, „dienenden Deutschen“, hält er unter dem 14. März 1945 im Tagebuch fest, „der aber zeigt, daß meine Sendungen in Deutschland viel gehört worden sind“. Und so – noch einen Fall anzuführen – notiert er den Monat darauf: „Beeindruckt von sozialdemokr. Äußerung im / ‚New Leader‘, daß Hunderttausende in Deutschland dem Londoner Rundfunk zugehört und meine Sendungen besonders geschätzt hätten.“ (Tb, 27.4.1945)[48]

Auch viel Negatives ist bekannt, von Stimmen weiß man zum Beispiel – eine Umfrage in Bayern bringt eine Reihe solcher[49] –, die sich mit

wahn, die Überheblichkeit über andere Völker, den provinziellen und weltfremden Dünkel, dessen krassester, unleidlichster Ausdruck der Nationalsozialismus war. Möge das Streichen der Hakenkreuzflagge die wirkliche, radikale und unverbrüchliche Trennung alles deutschen Denkens und Fühlens von der nazistischen Hintertreppen-Philosophie bedeuten, ihre Abschwörung auf immer.“ (XI, 1123)

[47] Dankbar greife ich noch einmal auf die so hilfreichen Informationen Slatterys zurück (zit. Anm. 14; S. 167).

[48] Zitiert sei schließlich noch an dieser Stelle ein etwas ausführlicherer Bericht aus einem unveröffentlichten Brief an Charlotte von Bird vom 28. Juli 1945, in dem Mann schreibt: „Mein eigener Kontakt mit der Heimat ist jetzt gewissermaßen wiederhergestellt durch Briefe, die ich durch amerikanische und englische Vermittlung von Zeit zu Zeit erhalte. Sie sind ausserordentlich troestlich und den Glauben an die deutsche Jugend staerkender Art, teils auch toericht und unverstaendig. Auch deutsche Kriegsgefangene schreiben, und immer wieder bin ich erstaunt zu hoeren, wie viele Menschen es doch gewagt haben, meinen Ansprachen, die BBC nach Deutschland leitete, zuzuhören.“ (TMA, masch. Kopie; Teilauszug in DüD II, 620)

[49] Siehe dazu die – von der amerikanischen Besatzung im Sommer 1947 durchgeführten – Meinungsumfragen in Würzburg, Augsburg, München, Nürnberg und Regensburg, die aufgearbeitet vorlegt werden in: Jost Hermand/Wigand Lange: „Wollt ihr Thomas Mann

Empörung zu Wort meldeten in dem Stil ungefähr, in dem Frank Thieß gesprochen hat, als er im Rahmen der schon erwähnten Debatte um Manns Nicht-Rückkehr, diesem vorhielt, er habe aus den privilegierten Logen des Auslands der deutschen Katastrophe zugeschaut.[50] Und sicher hat über die einschlägige Kontroverse bezüglich des Verbleibens im Exil hinaus das Unternehmen *Deutsche Hörer!* auch weiterhin manches im Negativen bewirkt, die Invektive Hausmanns zum Beispiel hat es geschürt, wie aus dessen Erklärung vom März 1947 hervorgeht, schon die Rundfunkansprachen während des Krieges hätten verraten, daß Thomas Mann die „Bedrängnisse" nicht gekannt, unter denen der „aufrechte Deutsche" gelebt habe.[51]

Thomas Mann selbst hat, wie anfangs bereits angesprochen, auf die Aktion mit Stolz zurückgeblickt; daß sie sich vom eigentlichen Ziel her als „verlorene Liebesmüh" herausstellte, hat er schließlich hingenommen. Und gewiß nicht nur strategisch ist es zu deuten, daß er von seinem *Appell an die Vernunft* aus dem Jahr 1930, der vom Geist her ja schon auf der Linie der Rundfunksendungen lag, in deren Rahmen selbst, und zwar in der Ansprache vom November 1941, festhielt:

> Ich kannte euch auch, gute Deutsche, und eure Fehlbarkeit im Begreifen eurer wahren Ehre und Würde, und daß ich damals, im Oktober 1930, meine Natur überwindend, in die politische Arena stieg und im Berliner Beethovensaal, schon unter grölenden Unterbrechungen der Nazibuben, die Rede hielt, an die einer oder der andere von euch sich wohl noch erinnert und die ich ‚Appell an die Vernunft' nannte, obgleich sie ein Appell an alles bessere Deutschtum war, – das dient heute, so vergeblich es sein mußte, meinem Gewissen zu tieferer Beruhigung als alles, was ich mit glücklicherem Gelingen als Künstler ausrichten konnte. (XI, 1020)

Seine Natur mußte er überwinden, so sagt er hier rund heraus, als er in die politische Arena stieg. Umso ungewöhnlicher noch für ihn, daß er seine Kunst in den Dienst der politischen Sache gestellt hat, wie er es so gezielt mit den *Deutschen Hörern!* tat. In gewisser Weise aber überrascht es auch wieder nicht, wenn man bedenkt, daß die kreative Sprache doch immer die seine blieb und er selbst als Publizist nie verborgen hat, was er war, ein Dichter.

wiederhaben?" Deutschland und die Emigranten, Hamburg: Deutsche Verlagsanstalt 1999, S. 69–201.

[50] Schon im August 1945, einen Monat bevor Mann seine Antwort an Molo im New Yorker *Aufbau* veröffentlichte, hatte der Wortführer der inneren Emigration sich so ausgedrückt. Vgl. Thomas Mann/Walther von Molo/Frank Thieß: Ein Streitgespräch über die äußere und innere Emigration, Dortmund: Crüwell 1946, S. 3.

[51] In: Frage und Antwort. Interviews mit Thomas Mann 1909–1955, hrsg. von Volkmar Hansen und Gert Heine, Hamburg: Knaus 1983, S. 267.

Abstracts

Thomas Sprecher: Thomas Mann saggista

Thomas Mann scrisse dei saggi lungo tutto l'arco della sua vita di scrittore. Questa relazione presenta la saggistica di Thomas Mann nel suo insieme. Inizialmente si tenta di stabilire delle suddivisioni: secondo tematiche, cronologie, occasioni e funzioni. Dopo alcune osservazioni sui temi e sui titoli, viene dato risalto a singole caratteristiche come estensione, struttura flessibile, asistematicità, soggettività e immediatezza. Poi l'indagine si sposta sul perché, in definitiva, Thomas Mann abbia scritto dei saggi e quali funzioni essi abbiano assunto all'interno di tutta la sua produzione. Aspetto, questo, che ci porta al rapporto della saggistica con l'opera narrativa, ma anche con altri generi espressivi quali i diari e le lettere. Dopo uno sguardo sulle tipologie principali dei saggi – autobiografici, politici e ritratti di poeti –, la relazione focalizza l'evoluzione di Thomas Mann come saggista e si occupa delle varie rispettive raccolte. In conclusione viene fatto un breve *flash* sulla ricezione della saggistica manniana.

Sommario
1. Introduzione; 2. Cosa sono saggi?; 3. Tentativi di suddivisione (in senso tematico, in senso cronologico, secondo le occasioni, secondo le funzioni; 4. Temi; 5. Titoli; 6. Caratteristiche (estensione, struttura flessibile, sistematicità, cura, citazioni, dipendenza dal tempo, soggettivismo, immediatezza); 7. Perché la saggistica?; 8. Rapporto con l'opera narrativa; 9. Rapporto con i diari e le lettere; 10. Tipologie principali (saggi autobiografici, saggi politici, ritratti di poeti); 11. Thomas Mann saggista; 12. Raccolte di saggi; 13. Osservazioni specifiche; 14. Ricezione.

Helmut Koopmann: Affreschi letterari. I *Dichterporträts* di Thomas Mann

Di ritratti di poeti ve ne sono numerosi in Thomas Mann. Ma non vi sono modelli preesistenti a cui riferirli, e chi li osserva si muove con loro in un campo che si colloca tra la biografia e le memorie, tra l'agiografia e il genere documentario, tra il saggio storico e la leggenda. Sono da considerarsi i ritratti di poeti delle biografie miniaturizzate? Ma, per esser questo, troppo spesso si parla dell'epoca. Appartengono allora alla storiografia? Ma, per appartenervi, troppo spesso trattano di cose personali. Quanta finzione vi può essere in un ritratto di poeta, quanto autentico esso deve essere?

In che misura a Thomas Mann sia stata familiare la storia dei ritratti di poeti non lo sappiamo, ma di sicuro egli è del tutto consapevole dello spazio di un ritratto letterario. Si sforza però, come fanno molti biografi, di rappresentare la linearità e la continuità interiore di una vita, di non mostrarla nella sua eventuale frantumazione, bensì nell'unità che gli risulta necessaria. Thomas Mann non scrive di cose che gli sono contrastanti, avverse, incomprensibili o contrapposte, scrive invece soprattutto su fenomeni familiari, su persone a cui deve qualcosa: i suoi affreschi letterari sono positivi quasi senza eccezione; di critica ve n'è di rado; quel che risulta incomprensibile viene escluso. Diversi ritratti letterari si trovano anche in sue prefazioni e introduzioni, in recensioni di libri e in una serie di miscellanee, in risposte a inchieste, in saluti inaugurali e in premesse, in allocuzioni, discorsi conviviali e congratulazioni, ma si tratta solo di copie in miniatura di ciò che in fondo intende con i ritratti letterari: sono riservati ai grandi personaggi.

Non sono figure casuali. Thomas Mann dipinge i suoi ritratti nel senso di una *imitatio*, come un muoversi sulle orme altrui. In *Adel des Geistes*, la sua galleria più vasta di raffigurazioni, i suoi affreschi si riferiscono, con una sola eccezione, a figure dell'Ottocento o almeno a personaggi che cronologicamente ancora vi rientrano – è questo, in fondo, il secolo della sua provenienza spirituale. Balza fin troppo evidente all'occhio che, di coloro che sono stati da lui dipinti, si trova solo poco di singolare-individuale; ciò che viene ritratto è l'epoca e quello che di essa si riflette nei suoi personaggi. Perciò si parla pure così poco di biografie altrui, perché molti dei suoi ritratti di poeti sono, appunto, autoritratti camuffati, sono tentativi identificatori anche là dove egli lavora in maniera comparativa, confrontando Goethe con Tolstoj e Schiller con Dostoevskij. – All'arte biografica di Heinrich Mann, d'altra parte, egli si era orientato già presto. Ma questi scriveva in maniera diversa: non su di sé, quando scriveva su Zola. Thomas Mann invece, ancora nell'ultimo suo grande discorso avente per oggetto Schiller, parla anche di se stesso.

Fabrizio Cambi: „Il mio rapporto con l'ebraismo è stato da sempre quello di un avventuriero-cosmopolita". Thomas Mann e la questione ebraica

Sul rapporto tra Thomas Mann e la questione ebraica, presente nei vari generi, nella narrativa, nella saggistica, negli epistolari e nei diari, esiste ormai una vasta letteratura critica in particolare per quanto riguarda la sua declinazione in numerose figure letterarie, come in *Luischen*, nei *Buddenbrooks,* in *Königliche Hoheit*, *Tod in Venedig*, *Wälsungenblut*, nello *Zauberberg*, fino a *Joseph und seine Brüder* e al *Doktor Faustus.* In realtà è forse possibile riesaminare criticamente in chiave diacronica le posizioni dell'autore, sviluppate in alcuni brevi saggi e interventi fra i primi del Novecento e il 1948. Il frequente intreccio di autobiografismo e inquadramento storico e ideologico-politico, che caratterizza il confronto fra antisemitismo e filosemitismo, non esente dal ricorso a stereotipi ma denso anche di acute riflessioni, rende tuttavia problematica e a volte strutturalmente non soddisfacente l'articolazione interna del saggio. Figura centrale nelle prese di posizione manniane sulla questione ebraica è quella del noto scrittore ebreo Jakob Wassermann, che nel 1921 pubblica la dirompente autobiografia *Mein Weg als Deutscher und Jude*, che già nel titolo esclude la coesistenza dell'essere tedesco ed ebreo. Al di là del duro confronto epistolare, Mann risponde con il controverso saggio *Zur jüdischen Frage*, ritenuto dall'autore non pubblicabile anche per l'eccessiva connotazione autobiografica. Il testo si rivela in realtà di notevole interesse per la ricostruzione del complesso e contradditorio accostamento alla questione ebraica nonché per l'uso delle categorie di diversità e di eccezione riferite all'ebreo con palesi analogie alla condizione di emarginazione dell'artista. Il saggio del 1921 dà quindi modo di recuperare una serie di elementi presenti in contributi precedenti come *Die Lösung der Judenfrage* (1907) e *Gabriele Reuter* (1903). A partire dagli anni Trenta i saggi sulla questione ebraica, in particolare *Zum Problem des Antisemitismus* (1937), si intrecciano con la stesura della tetralogia di *Joseph und seine Brüder,* esercitando una forte azione di contrasto ideologico contro l'irrazionalismo pangermanico e ferocemente antisemita del Nazionalsocialismo.

Margherita Cottone: Critica come „Passaggio dalla creazione incosciente alla coscienza creatrice": Thomas Mann e i russi

L'interesse di Mann per la letteratura russa si manifestò in una serie nutrita di saggi di grande rilievo: *Goethe und Tolstoi* (Vortragfassung 1921 – Essay 1925), *Tolstoi*, (1928), *Anna Karenina* (1940), *Dostojewski – mit Maßen* (1946), *Versuch über Tschechow* (1954). Nell'intervento l'attenzione viene focalizzata innanzitutto sul ruolo che gli scritti del filosofo e scrittore russo Dmitrij Sergeevič Merežkovskij svolsero sulla concezione manniana di critica, e in particolare la sua idea, fortemente connotata in termini religiosi, che con Gogol' la letteratura diventa critica intesa come „passaggio dalla creazione incosciente alla coscienza creatrice", una formula che Mann, secolarizzandola, riprende alla ricerca di una sintesi tra le contrapposizioni in cui si dibatteva da sempre, vale a dire quelle tra *Geist* e *Kunst*, *Schriftstellertum* e *Dichtertum*, *Kritik* e *Plastik*, ma anche tra naiv e sentimentalisch. „Dichterischer Kritizismus" e „kritisches Dichtertum" sono infatti i modelli a cui egli aspira come saggista e scrittore e che ritroverà oltre che in Nietzsche anche nel grande critico russo, i cui scritti leggerà a partire dal 1903. Anche attraverso quest'ottica Mann leggerà la grande „santa" letteratura russa, espressione di una nuova e moderna concezione della letteratura, vale dire di consapevolezza, rapporto religioso con la vita, impegno personale e umano, realizzazione di ciò che egli chiama il „Terzo Regno". In particolare Tolstoj, il grande „moralista", sarà l'autore che nel periodo tra le due guerre sembra incarnare la ricerca dello scrittore moderno. Artista „naiv", „göttlich", „Kind der Natur", e per questo contrapposto a Dostoevskij, il „Kind des Geistes", viene presentato come colui che autonegando la sua stessa arte aspira allo spirito. Si analizzerà in tal senso l'evoluzione dell'interpretazione manniana di Tolstoj, la cui ricerca di spiritualizzazione dapprima da Mann criticata, verrà sempre più rivalutata anche alla luce della sua presa di coscienza politica e sociale.

Volkmar Hansen: Il patto col diavolo rifiutato. Il riconoscimento di Chamisso da parte di Thomas Mann

Nel supplemento natalizio del „Berliner Tageblatt" del 25 dicembre 1910 appare l'acuto riassunto umoristico che Thomas Mann offre dell'opera di Chamisso *Peter Schlemihls wundersame Geschichte*, lavoro a cui diede impulso l'edizione bibliofila del testo illustrata dall'amico Emil Preetorius. L'impronta a questo schizzo viene data dall'evoluzione di Chamisso a poeta tedesco. Su suggerimento del proprio editore S. Fischer, Mann scrive sei mesi dopo una introduzione per una nuova edizione in volume a sé stante di *Peter Schlemihl*, nella quale elabora una valutazione complessiva di Chamisso dove, in forma riduttiva, il riassunto viene integrato. Il motivo della lotta di Schlemihl per una condotta etica viene completato da una rielaborazione delle conoscenze generali su Chamisso, non necessariamente profonda ma sfumata dall'esperienza soggettiva di Mann e rispecchiata in un'estetica artistica autobiograficamente determinata. Quanto al metodo, il ragionamento per processo di formazione, analisi dell'opera, rispecchiamento soggettivo e fortuna generale, diventa, per Mann, il modello delle sue interpretazioni storico-letterarie.

Hans Wisskirchen: Amore dubitante. Sulla saggistica wagneriana di Thomas Mann tra il 1933 e il 1939

Nel 1918, e più precisamente nelle *Betrachtungen eines Unpolitischen*, Thomas Mann scrisse una frase, citata molto spesso, che riassume la struttura sostanziale del suo rapporto con Wagner quasi in una sorta di formula: „Schopenhauer, Nietzsche e Wagner: tre astri di spiriti eternamente legati tra loro. La Germania e il mondo stavano nel loro segno, fino a ieri, fino a oggi – anche se non più domani".

Tre cose sono di fondamentale importanza in questa citazione.

In primo luogo il fatto che Thomas Mann non può e non vuole pensare a Wagner senza Schopenhauer e Nietzsche. Ne consegue che è lo sguardo di Nietzsche su Wagner – formatosi con lo studio di Schopenhauer e segnato da ammirazione scettica – quello sguardo che ha caratterizzato Thomas Mann per tutta la vita. Il suo Wagner è stato sempre un Wagner visto attraverso gli occhi di Nietzsche.

In secondo luogo è di grande significato che Thomas Mann, pur localizzando i tre astri in Germania, estenda del tutto consapevolmente la loro importanza – al mondo intero, appunto. Con questo, già qui, alla fine della Grande Guerra, si esprime contro una comprensione riduttiva e nazionalista-chauvinista di Richard Wagner.

Il terzo aspetto, finora, non è stato ancora sufficientemente considerato. Thomas Mann parla dell'importanza immensa dei tre astri per la Germania, per il mondo e naturalmente anche per il proprio universo spirituale in una chiara cronologia temporale che viene determinata da uno ieri, da un oggi e da un domani. Ieri, nel secolo XIX appunto, l'importanza era stata immensa ed epocale, e così pure ancora oggi, alla fine della Grande Guerra.

Ma questa, già alla sua fine, è percepita da Mann come cesura d'epoca – la ricerca storica la definirà più tardi come la fine del lungo secolo XIX – ed egli vede che in futuro, „domani" come dice, qualcosa di diverso, di nuovo dovrà arrivare, che, appunto, non si potrà più ricondurre a uno Schopenhauer, a un Nietzsche e a un Wagner. Questo significa una forte relativizzazione dell'influsso, anche e soprattutto sul più tardo rapporto di Thomas Mann con Wagner.

Come questo si configuri concretamente sarà da dimostrare a proposito dei discorsi di Thomas Mann su Wagner che vanno dal 1933 al 1939. Sono sempre discorsi, questi, anche su altri due personaggi.

Intanto si tratta di Adolf Hitler. Il grande discorso di Thomas Mann del 1933, *Leiden und Größe Richard Wagners*, non a caso è stato uno dei motivi della perdita della sua cittadinanza. In esso veniva offerta un'immagine di Wagner che, nella sua ambivalenza ammiratrice, non risparmiava critiche e iniziava addirittura con un sacrilegio: il musicista idolatrato dal Führer non veniva amato incondizionatamente. Era lo sguardo di Nietzsche a dominare qui. Wagner continuava ad essere ammirato come un grande, ma accanto a ciò non venivano nascosti gli elementi negativi della sua personalità e le debolezze della sua arte.

Ma il discorso su Wagner ha un ulteriore significato; è, nello stesso tempo, sempre un discorso sulla propria persona, quindi un'autoanalisi ed un'autocritica nascosta. Ciò appare soprattutto nelle affermazioni su Wagner dei tardi anni Trenta. In esse si mette al centro una domanda che spinge lo sguardo su Wagner verso una messa in questione più forte: „Se a due persone piace la stessa cosa, e se una di queste è di valore inferiore, non inferiore è allora anche lo stesso oggetto?" Con questo il proprio entusiasmo per Wagner e l'entusiasmo di Hitler per Wagner – non a caso all'inizio della Seconda Guerra Mondiale e al tempo del massimo potere hitleriano – vengono dichiarati un problema. Lo sguardo di Thomas Mann su Wagner assume, nel nuovo contesto, un'altra coloritura. Ed è proprio quest'ultima ad essere messa in evidenza nella relazione. Senza, però, sminuire le ambivalenze che continuano a sussistere. Vale l'ammonimento dato dallo stesso Thomas Mann: „Ci sono casi in cui si possono ammettere tante cose possibili, ma rimane pur sempre qualcosa di oltremodo stupefacente".

MASSIMO BONIFAZIO: Spostamenti. I saggi di Thomas Mann su Sigmund Freud

La scrittura saggistica di Thomas Mann tende a elaborare il materiale di riferimento secondo focalizzazioni che riguardano sempre da vicino il mondo interiore e gli interessi dello scrittore stesso. Questo è particolarmente evidente nei due saggi dedicati a Sigmund Freud, nei quali il centro dell'attenzione non è posto tanto sul fondatore della psicoanalisi e sul suo lavoro quanto su varie preoccupazioni dello scrittore legate al momento storico-culturale. In entrambi i casi è chiaro il tentativo di attirare la psicoanalisi all'interno del suo pensiero tramite l'associazione con i suoi maggiori punti di riferimento: Schopenhauer, Nietzsche e il Romanticismo. Soprattutto questi ultimi due costituiscono un cruccio per lo scrittore, che vuole sottrarli alla taccia di oscurantismo e mostrarne i lati più ‚rivoluzionari' (le virgolette sono d'obbligo: nell'uso che ne fa Thomas Mann ‚rivoluzione', ‚socialismo', ‚democrazia', ‚psicoanalisi' sono parole che subiscono sempre uno slittamento, una *Verschiebung* – parola chiave dell'interpretazione dei sogni freudiana, insieme a *Verdichtung*, cioè condensazione – arrivando ad acquistare un significato del tutto peculiare, sempre un po' diverso da quello corrente). Questa preoccupazione è molto evidente nel saggio del 1929 *Die Stellung Freuds in der modernen Geistesgeschichte*, che è solo uno degli attacchi che Mann lungo gli anni Venti sferra contro i movimenti irrazionalisti contemporanei che esaltano l'istinto, la nazione come unità organica fondata sul sangue, il ‚ritorno al grembo materno' – non a caso è di questo periodo la riscoperta di Johann Jakob Bachofen ad opera di Alfred Bäumler – esprimendo il massimo disprezzo per l'intelletto e la ragione. Nel saggio Mann esalta invece la „volontà sanitaria" di Freud: è vero che egli è fra gli irrazionalisti che danno risalto scientifico al lato ctonio e notturno dell'anima, vedendo in esso l'elemento „propriamente creativo e determinante della vita"; ma al contrario di autori come Ludwig Klages e Oswald Spengler, che esaltano e adorano l'irrazionale, ha come obiettivo ultimo la liberazione e la guarigione. Quello di Freud è un lavoro *per* la ragione, non *contro* di essa. *Freud und die Zukunft* (1936) viene definito da Mann „una propaggine saggistica" del romanzo di Giuseppe. Fra un saggio e l'altro Hitler ha preso il potere e Mann è andato in esilio. Il nazionalsocialismo rimane sullo sfondo, non è un tema diretto del discorso (e anzi stupisce che la presa di posizione antinazista sia così blanda). Lo scrittore riflette sul suo lavoro, in particolare sull'uso del mito, che intende „rifunzionalizzare" tramite la psicologia, contro l'uso cattivo che ne viene fatto dai fascismi. Lo scrittore si sofferma sull'idea di „mito vissuto", cioè della vita come ripetizione di una precedente. Ciò che è interessante, anche qui, è il taglio peculiare che viene dato dallo scrittore, il suo sforzo di spostare l'accento del discorso su ciò che a lui preme maggiormente. La psicoanalisi appare interessante per Mann solo laddove lo scrittore riesce a ricollegarla ai suoi punti di riferimento e come strumento ‚sociale' legato all'illuminismo: più che sorprendente, nel saggio del 1936, è il riferimento allo studio della psicoanalisi come ricetta per salvare i giovani che hanno „il braccio alzato nel saluto romano". È soprattutto il Freud di *Totem und Tabu* e del *Das Unbehagen in der Kultur* a interessare Mann, ossia lo studio ‚filogenetico' delle trasformazioni che ha subito la psiche umana sotto il fardello delle convenzioni sociali; lo scrittore lo ricollega alla sua classe sociale, la borghesia, per rilevarne controluce tutta la problematicità.

Gianluca Miglino: Nietzsche dopo l'impolitico. Sulla ricezione manniana di Nietzsche nella saggistica degli anni 1914–1933

Nel complesso tessuto di citazioni, rimandi e appoggi costruito per condurre e legittimare la propria polemica culturale e politica – parliamo delle *Betrachtungen eines Unpolitischen* –, Mann enuclea un campo di opposizioni polari ruotante intorno alla coppia di *Kultur* e *Zivilisation* che proietta sulle figure di riferimento della propria formazione spirituale ed artistica. Secondo uno schema promosso dallo stesso Mann e a lungo confermato dalla critica, al centro della tradizione della *Kultur* apolitica di cui lo scrittore si proclama erede e prosecutore vi è il *Dreigestirn* di Schopenhauer, Wagner e Nietzsche. Una lettura attenta del testo manniano lascia però emergere un gioco di riferimenti più complesso e contradditorio. A parte la presenza già fondamentale di Goethe, che diventerà sempre di più il vero punto di riferimento del Mann posteriore, cruciale è la funzione di Nietzsche: le *Betrachtungen* sono dominate sia quantitativamente sia qualitativamente dai riferimenti all'opera e alla figura del filosofo che rappresenta per il Mann di questi anni non solo l'ultimo erede della tradizione della *Kultur* ma anche l'anticipatore del ‚nuovo', l'agente attivo di profondi rivolgimenti culturali, in altri termini il vero e proprio campo di battaglia su cui si affrontano le contraddizioni del moderno.

Nella saggistica degli anni Venti, sempre più condizionata dalle *Forderungen des Tages*, Mann farà costante riferimento alla figura e al pensiero di Nietzsche, il cui significato storico-culturale riassumerà in modo sempre più deciso nel concetto di *Selbstüberwindung*, nell'idea cioè di un superamento dall'interno dell'eredità romantica, identificata sempre di più con la

Sympathie mit dem Tode, in una nuova idea di impegno, artistico, morale e quindi anche politico, a favore della vita e delle forze in grado di promuoverne lo sviluppo.

Le tormentate autoanalisi delle *Betrachtungen* e la ‚svolta' democratica del 1922 confluiscono nel grande tessuto narrativo dello *Zauberberg*, al cui centro è proprio la scelta ‚nietzscheana' di Castorp di dire di no alle forze seducenti della morte e di affermare una nuova idea di vita che sarà ribadita, in costante riferimento a Nietzsche, nei saggi posteriori, in cui l'eredità del filosofo sarà prima usata e poi difesa, in polemiche sempre più esplicite e frontali, contro i tentativi di strumentalizzazione compiuti da parte di quella cultura reazionaria e fascista che sarebbe confluita nel nazismo. Dalla *Pariser Rechenschaft* del 1926, con la polemica contro Baeumler per l'uso reazionario di Nietzsche, al saggio su *Kultur und Sozialismus* (1928), in cui l'autore dello *Zarathustra* diventa l'anticipatore di una possibile convergenza tra umanesimo borghese ed emancipazione socialista, fino al fondamentale saggio su Freud del 1929, in cui Mann prende le mosse proprio dalla „dialettica dell'illuminismo" diagnosticata da Nietzsche, la saggistica del Mann degli anni Venti è segnata da un tentativo di *imitatio* politica di Nietzsche che entrerà in crisi solo con l'avvento del nazismo e l'esilio, eventi radicali che costringeranno Mann ad una riconsiderazione del significato storico-culturale di Nietzsche per la cultura tedesca che culminerà nella stesura del *Doktor Faustus* e nel saggio nietzscheano del 1947.

Ruprecht Wimmer: La saggistica nel periodo del *Doktor Faustus*

Quando Thomas Mann – nel 1933 – dovette emigrare, si trovava in mezzo alla stesura della tetralogia del romanzo *Joseph und seine Brüder*. Gli eventi politici gli fecero però presto capire che doveva prendere posizione e che non se la poteva più cavare con reazioni indirette riguardo allo sviluppo degli eventi in Germania. Ma si stava maturando pure un altro progetto di romanzo, la cui materia aveva accompagnato l'autore già dai primi anni del secolo: la storia del mago tedesco medievale e patteggiatore col diavolo, dottor Faust. La stesura di questo testo cominciò nel 1943 (dopo la conclusione di *Joseph*, quindi) e l'opera fu terminata, nella sua prima versione, nel 1947. Il romanzo rappresenta una resa dei conti in doppio senso: Thomas Mann sottopone a giudizio la Germania, ma cita, nello stesso tempo, „in causa [...] il proprio io". (Ibsen). Ma anche la „confessione parlante-giudicante" diretta si fa valere ripetutamente: la genesi del romanzo è accompagnata da saggi che – spesso versioni amplificate di grandi discorsi – trattano in maniera critica gli eventi tedeschi e i loro presupposti.

La relazione si occupa prevalentemente di tre di questi testi: *Deutschland und die Deutschen* (conferenza tenuta in prima versione nel 1945 alla Library of Congress), *Nietzsche's Philosophie im Lichte unserer Erfahrung* (discorso del 1947, anch'esso tenuto alla Library of Congress nella sua prima versione) e *Die drei Gewaltigen* (1949). Viene sostanzialmente esclusa dalla discussione la serie di trasmissioni *Deutsche Hörer* (1940 sgg.), la quale, in quanto genere *sui juris*, richiede una trattazione a parte.

Thomas Mann discute, nei discorsi del 1947 e del 1949, del ruolo di alcuni tedeschi importanti (soprattutto Nietzsche e Lutero) all'interno dello sviluppo storico tedesco e con ciò la questione del loro „essere precursori"; nel 1945 prende di mira la Germania in generale, quella Germania cioè che è anche la sua patria culturale e politica. Tutti questi testi non si possono comprendere senza il mondo di semi-finzione del *Doktor Faustus*, ma essi chiariscono, a loro volta, alcuni motivi centrali del bilancio di questo romanzo tardo.

Jutta Linder: Al servizio della politica. I *Deutsche Hörer!* di Thomas Mann

Invitato nell'ottobre 1940 dalla sezione americana della BBC a collaborare ai servizi in lingua tedesca di Radio Londra, Thomas Mann coglie quest'occasione – ed è la prima volta che una tale opportunità gli si presenta dopo il divieto ufficiale di diffusione delle sue opere da parte nazista – per entrare in contatto diretto con i suoi connazionali in Germania.

E infatti, cambiando l'originaria concezione del progetto radiofonico secondo il quale si sarebbero dovuti trasmettere commenti di notizie americane, lo scrittore, parlando dal suo esilio nel nuovo continente, tenta di far valere tutto il peso della sua autorevolezza spirituale sui tedeschi in patria, da *Praeceptor Germaniae* appunto, in funzione di un auspicato moto di resistenza interna contro il regime hitleriano.

Così, l'iniziativa dei *Deutsche Hörer!* – più di cinquanta radiogrammi, della durata media di circa otto minuti ciascuno, messi in onda dalla BBC da allora per tutta la durata della guerra con cadenza quasi mensile – rappresenta, con questa spinta prettamente operativa, la prova più concreta, nell'ambito della pubblicistica politica del Mann saggista, della funzione civilizzatrice alla quale, in modo progressivo, egli si è sentito chiamato. Ma, a voler conferire la desiderata efficacia a quell'adoperarsi politicamente, emerge con forza, nell'intellettuale osservatore del suo tempo, la figura del grande poeta che interviene – e questo è l'argomento centrale della relazione – con gli strumenti della *persuasio* a lui consoni, facendo in tale maniera dell'intera impresa un capolavoro di creatività retorica.

Die Autorinnen und Autoren

Dr. Massimo Bonifazio, Università degli Studi di Catania, Dipartimento di Scienze Umanistiche, Piazza Dante 32, I-95124 Catania

Prof. Dr. Fabrizio Cambi, Viale Mameli 72, I-57127 Livorno

Prof. Dr. Margherita Cottone, Via Cagliari 4, I-90133 Palermo

Prof. Dr. Dr. h.c. mult. Volkmar Hansen, Heinrich-Heine-Universität Düsseldorf, Germanistik II, Universitätsstraße 1, D-40225 Düsseldorf

Prof. Dr. Dr. h.c. Helmut Koopmann, Watzmannstrasse 51, D-86163 Augsburg

Prof. Dr. Jutta Linder, Università degli Studi di Messina, Dipartimento di Civiltà Antiche e Moderne [vormals Facoltà di Lettere e Filosofia], Polo dell'Annunziata, I-98168 Messina

Dr. Gianluca Miglino, Università degli Studi di Messina, Dipartimento di Civiltà Antiche e Moderne [vormals Facoltà di Lettere e Filosofia], Polo dell'Annunziata, I-98168 Messina

PD Dr. phil. et iur. Thomas Sprecher, Silbergrundstrasse 1, CH-8700 Küsnacht

Prof. Dr. Ruprecht Wimmer, Schimmelleite 42, D-85072 Eichstätt

Prof. Dr. Hans Wißkirchen, Kulturstiftung Hansestadt Lübeck, Die Lübecker Museen, Schildstraße 12, D-23552 Lübeck

Siglenverzeichnis

[Band arabisch, Seite]	Thomas Mann: Große kommentierte Frankfurter Ausgabe. Werke – Briefe – Tagebücher, hrsg. von Heinrich Detering, Eckhard Heftrich, Hermann Kurzke, Terence J. Reed, Thomas Sprecher, Hans R. Vaget und Ruprecht Wimmer in Zusammenarbeit mit dem Thomas-Mann-Archiv der ETH Zürich, Frankfurt/Main: S. Fischer 2002 ff.
[Band römisch, Seite]	Thomas Mann: Gesammelte Werke in dreizehn Bänden, 2. Aufl., Frankfurt/Main: S. Fischer 1974.
BlTMG	Blätter der Thomas-Mann-Gesellschaft Zürich 1 (1958) ff., Zürich: Thomas-Mann-Gesellschaft.
Br I–III	Thomas Mann: Briefe 1889–1936, 1937–1947, 1948–1955 und Nachlese, hrsg. von Erika Mann, Frankfurt/Main: S. Fischer 1962–1965.
BrKer	Thomas Mann – Karl Kerényi. Gespräch in Briefen, hrsg. von Karl Kerényi, Zürich: Rhein-Verlag 1960.
DHA	Heinrich Heine: Historisch-kritische Gesamtausgabe der Werke. Düsseldorfer Ausgabe, hrsg. von Manfred Windfuhr, Hamburg: Hoffmann und Campe 1973–1997.
DüD I–III	Dichter über ihre Dichtungen, Bd. 14/I–III: Thomas Mann, hrsg. von Hans Wysling unter Mitwirkung von Marianne Fischer, München: Heimeran; Frankfurt/Main: S. Fischer 1975–1981.
Ess I–VI	Thomas Mann: Essays, Bd. 1–6, hrsg. von Hermann Kurzke und Stephan Stachorski, Frankfurt/Main: S. Fischer 1993–1997.
FA	Johann Wolfgang von Goethe: Sämtliche Werke. Briefe, Tagebücher und Gespräche, Frankfurter Ausgabe, 2 Abteilungen, hrsg. von Friedmar Apel u.a., Frankfurt/Main: Deutscher Klassiker Verlag 1985–1999.
GKFA	Thomas Mann: Große kommentierte Frankfurter Ausgabe […]

KGW	Friedrich Nietzsche: Werke. Kritische Gesamtausgabe, begr. von Giorgio Colli und Mazzino Montinari, weitergef. von Wolfgang Müller-Lauter und Karl Pestalozzi, Berlin/New York: de Gruyter 1967 ff.
Mat	Materialien des Thomas-Mann-Archivs der ETH Zürich.
Mp	Materialien des Thomas-Mann-Archivs der ETH Zürich.
NA	Friedrich von Schiller: Schillers Werke. Nationalausgabe, begr. von Julius Petersen, fortgef. von Lieselotte Blumenthal und Benno von Wiese, heute im Auftrag der Klassik Stiftung Weimar und des Schillermuseums Marbach hrsg. von Norbert Oellers, Weimar: Böhlaus Nachfolger 1943 ff.
Notb I–II	Thomas Mann: Notizbücher 1–6 und 7–14, hrsg. von Hans Wysling und Yvonne Schmidlin, Frankfurt/Main: S. Fischer 1991–1992.
Tb, [Datum]	Thomas Mann: Tagebücher. 1918–1921, 1933–1934, 1935–1936, 1937–1939, 1940–1943, hrsg. von Peter de Mendelssohn, 1944–1.4.1946, 28.5.1946–1948, 1949–1950, 1951–1952, 1953–1955, hrsg. von Inge Jens, Frankfurt/Main: S. Fischer 1977–1995.
TMA	Thomas-Mann-Archiv der ETH Zürich.
TM Hb	Thomas-Mann-Handbuch, 3. aktualisierte Aufl., hrsg. von Helmut Koopmann, Stuttgart: Kröner 2001.
TM Jb	Thomas Mann Jahrbuch 1 (1988) ff., Frankfurt/Main: Klostermann.
TMS	Thomas-Mann-Studien I (1967) ff., hrsg. vom Thomas-Mann-Archiv der ETH Zürich, Bern/München: Francke, ab IX (1991) Frankfurt/Main: Klostermann.

Thomas Mann: Werkregister

Kursive Seitenzahlen verweisen auf die Anmerkungen.

Personenregister

Kursive Seitenzahlen verweisen auf die Anmerkungen.